中国民政发展报告

（2014）

民政部政策研究中心

王杰秀　主编

中国社会出版社

图书在版编目(CIP)数据

中国民政发展报告. 2014/王杰秀主编. —北京:
中国社会出版社,2015.6
ISBN 978 -7 -5087 -5080 -4

Ⅰ.①中… Ⅱ.①王… Ⅲ.①民政工作—研究报告—
中国—2014 Ⅳ.①D632

中国版本图书馆 CIP 数据核字(2015)第 134255 号

书　　名: 中国民政发展报告(2014)
主　　编: 王杰秀

出 版 人: 浦善新
终 审 人: 李　浩
责任编辑: 李冬雁　　　　**责任校对**: 宋　南

出版发行: 中国社会出版社　　　　**邮政编码**:100032
通联方法: 北京市西城区二龙路甲 33 号新龙大厦
电　　话: 编辑部:(010)58124825
邮购部:(010)58124848
销售部:(010)58124845
传　真:(010)58124856
网　　址: www. shcbs. com. cn
经　　销: 各地新华书店

中国社会出版社天猫旗舰店

印刷装订: 中国电影出版社印刷厂
开　　本: 165mm×240mm　　1/16
印　　张: 20.75
字　　数: 220 千字
版　　次: 2015 年 6 月第 1 版
印　　次: 2015 年 6 月第 1 次印刷
定　　价: 48.00 元

中国社会出版社微信公众号

代　序

全面加强民政法治建设
规范引领民政事业健康发展

民政部部长　李立国

2015 年，是全面深化改革的关键之年，是全面推进依法治国的开局之年，也是全面完成“十二五”规划的收官之年，民政事业发展意义重大、任务繁重。全国民政系统干部职工要突出问题导向、坚持正确方向，不断深化改革、推进法治建设，把民政工作提高到新水平。

一、增强民政改革意识，树立法治思维

伴随国家改革发展，民政部门增加和加强了社会组织登记管理、社会救助、养老服务、慈善事业发展、地名管理、社会工作、志愿服务、境外烈士纪念设施保护管理等近 10 项职能，增强了民政工作在党和国家工作大局中的作用。先后建立了勘界工作、老龄事业、

减灾救灾、双拥工作、退役士兵安置、流浪乞讨人员救助管理、社会救助、社区建设、地名管理等综合协调机制和基层"一门受理、协同办理"、家庭收入财产核对、婚姻登记联网核对、优抚对象数据核对、发放个人资金社会化等管理运行机制,提高了民政工作效能和质量。民政事业费从 2000 年 229.7 亿元,增加到去年 4404.1 亿元,其中中央财政投入从 86.6 亿元,增加到 2105 亿元,动员支持社会组织参与社会救助、社会福利服务和优待抚恤工作,每年都有数千万人次的志愿服务、数百亿元的资金捐赠;采用调剂编制、购买服务、设立窗口、公开办事等方式,使乡镇、街道和社区基本达到了民政工作有人办事、有钱办事、有场所办事,壮大了民政工作资源和能量。这些是国家和地方不断推进经济体制、政治体制、社会体制及财税体制、机构改革的产物,也是各级民政部门坚持改革创新,勇于承担责任,善于打破体制机制束缚,不断加强制度建设的成果。

当前和今后一个时期,在经济发展新常态下,围绕实现全面建成小康社会目标,按照与经济发展和群众需求相适应的要求,民政工作面临怎样建立和完善优抚待遇与救助、福利标准动态调整、正常调整机制,怎样健全家庭收入财产核对机制达到内容完整、机构普及、信息平台完善和有关部门及时比对、共享共用,怎样有效保护未成年人、发展儿童福利事业,怎样配合深化国防和军队体制改革做好优抚安置工作,怎样在党委领导、政府主导下,激发社会组织活力,增强社会自治功能尤其是基层群众自治功能等诸多问题。破解这些大问题及其内含的众多小问题,仍然要靠改革创新。

改革是破解难题的重要法宝,推进工作的强劲引擎,发展事业的不竭动力。我们要进一步增强改革意识,深化民政改革。要坚定改革信念，勇于冲破思想观念束缚和利益固化的藩篱。按面临问题设定改革议题，按事业发展需要破除体制机制障碍，要增加很多工作量，要进行权力利益调整，甚至带来部门内部变革，不是轻轻松松、舒舒服服的，也不可能是皆大欢喜的。需要提上改革议程的问题是绕不开、躲不过的，早改革、早主动。只要是有利于人民群众的根本利益，有利于党和国家工作大局，有利于民政事业发展，我们就应当为官有为、积极作为，坚持改革，推动民政事业发展迈上新台阶。要善谋改革举措，努力达成共识协调合作。民政体制机制改革既有内部责权调整、规范运行，如建立权力清单、责任清单，推行窗口办理、便捷服务，实行民主决策、社会监督等，更有外部联系、多方负责，如涉及单项职能的，都有相关部门政策衔接、管理交叉，如涉及资金、物资、人力资源的，都有其他主管部门统筹安排、监督管理，还涉及社会力量、社会资源。这就决定了，民政改革不能闭门造车、单打独斗，要善于衔接有关政策、利用多种资源，争取多方支持。即使是推进民政系统内部改革，也要思想先导、达成共识、民主决策，注意借鉴外部合适经验，总结推广基层成功经验。要做到改革于法有据。我国已形成中国特色社会主义法律体系，总体上实现了有法可依、引领工作，要依法推进改革。各级民政部门要充分利用现行法律制度提供的空间和条件，积极改革创新。搞改革，难免打破现有格局和体制机制，突破有关法律规定，只要符合实际需要、符合发展趋势，各级民政部门就要勇于改革，待改革成果经过验证后再提请完善法律制度。在国家层面确定民政重大改革事项要突破法律制度规定的，民政部要按中央要求，先按规定程序提请取得授权或先修订法律制度后实施，保证改革在法治轨道上进行。

法治是党和政府治国理政的基本方式,是推进国家治理体系和治理能力现代化的主要依托。在全面推进依法治国的新形势下,履行民政职能,推动改革创新,发展民政事业,各级民政部门和广大民政干部必须树立法治思维,加强法治保障。一是遇到问题要找法。无论是分析群众需求、预测发展趋势、主动提出发展性问题,还是面对群众和舆论反映强烈的缺点、失误问题,不能跟着感觉走、凭着经验办,必须首先查找法律依据,弄清楚法律制度是怎样规定的,按照法律制度应当怎样安排、怎样解决,弄明白法律制度没有规定的应当怎样办,理性地看待问题、研究问题。二是解决问题要靠法。对任何排上日程、摆在面前的问题,无论是回应社会关注,或者表明工作态度,还是提出解决办法,都必须充分研究有关法律制度,既要研究直接相关的、规范调整民政工作的法律制度,也要研究与问题相关的所有法律制度,综合运用法律制度的相关规定,正确地处理问题、解决问题。三是创新发展要立法。对于现行法律制度没有规定的问题,或是已有规定过时的、解决问题要突破现行法律制度的,要及时提请制定新的法律制度,或是修订、解释、废止不合时宜的法律制度,充分发挥法律制度规范行为、引领工作的作用,更好地推动民政事业发展。

二、积极推动民政立法工作

经过多年努力,民政部和地方民政部门不断协调推进民政法律制度体系建设,已形成 10 件法律、24 件行政法规、410 余件地方性法规、46 件部门规章、570 余件地方政府规章和大量规范性文件支撑民政事业。民政工作总体达到有法可依、有章可循,既规范了民政行为，又促进了民政事业发展。但要看到，按照党和国家工作大局要求和人民群众需要，与其他社会领域和政府部门相比，民政法律制度体系仍处于相对落后状态。规范调整民政行为的法律制度总体上存在位阶低、有空白、相对滞后和衔接不够等问题。国家层面主要依靠行政法规、部门规章和规范性文件，省级层面主要依靠地方政府规章和规范性文件；一些重要民政业务规范尚未上升到国家法律和地方性法规高度；有些法律出台或修订了，但未能上下呼应、协同动作，及时配套制定、修订相应行政法规、部门规章及地方性法规、地方政府规章，未能取得普遍的贯彻落实效果；有些民政法律制度严重老化，有运行 25 年的法律、30 年的行政法规、31 年的部门规章，尤其是有 7 件暂行规定，暂行时间最长的 26 年，最短的也已有 14 年，有些内容已经不合时宜，调整手段已经过时，甚至已经与上位法不一致，既影响制度的权威性，也削弱政府的公信力。

法律是治国之重器，良法是善治之前提。十八届四中全会《决定》明确指出，建设中国特色社会主义法治体系，必须坚持立法先行，发挥立法的引领和推动作用，抓住提高立法质量这个关键，并确定了一系列完善立法机制、推动科学民主立法的措施。民政部和有立法权地方的民政部门，要充分发挥在政府提出法律案或地方人民代表大会及其常委会制定地方性法规方面的参与作用、在国务院制定行政法规或地方人民政府制定政府规章方面的协调作用、在制定部门规章或规范性文件方面的主动作用，加快立法工作步伐，早日改变民政法律制度相对落后的局面，适应民政事业发展的需要。

党的政策和国家法律都是人民根本意志的反映，在本质上是一致的。党的政策在我国经济社会发展和政治生活中与法律制度具有同样的效力,并且,还拥有引领、指导工作更灵活、有力的优势。把具有引领意义的党的政策固化定型为国家法律,也是党领导立法的一种具体体现。我们在积极参与、协助做好民政立法工作的同时,要积极争取将关系党的领导、党的建设、政治体制、社会治理、服务军队建设的民政发展任务上升为党的政策,通过参与、协助制定相关党内法规和中央及地方党委重要规范性文件,促进民政事业发展。

第一,要紧密结合重要改革举措推动民政立法工作。去年召开十八届三中全会后,中央对336项重要改革举措制订分工方案,其中,民政部单独牵头10项、联合牵头6项、参与配合19项。2014年十八届四中全会闭幕不久,中央又把190项法治改革重要举措进行分工,其中,民政部单独牵头1项、联合牵头3项、参与配合11项,并且还要结合落实这次全会《决定》中关于民政领域的社会救助、社会组织、慈善和老年人、残疾人、儿童合法权益等重点立法任务。两个分工方案都明确了具体成果形式,其中许多是法律法规。我们要抓住机遇、乘势而上,抓紧提出今后6年民政法律法规立法建议,争取列入全国人大常委会、国务院立法规划和计划,主动做好调研、论证和参与起草工作。2015年,在已做大量前期工作的基础上,要积极配合全国人大常委会制定慈善事业法,实现以法治方式引领和规范慈善事业发展;要配合修订社会组织3个行政法规,配合全国人大常委会法工委和国务院法制办开展社会组织法立法前期工作,为改革社会组织管理制度、促进社会组织健康发展提供法治保障;还要协助开展《城市居委会组织法》《殡葬管理条例》《行政区域界线管理条例》《军人抚恤优待条例》《地名管理条例》《城市生活无着的流浪乞讨人员救助管理办法》修订工作，配合做好《中国公民收养子女登记条例》《行政区划管理条例》《志愿服务条例》《儿童福利条例》《退休军官安置条例》《社会工作专业人才管理条例》立法工作。

第二，要加大部门联合规章协调制定力度。部门联合规章虽然在法律体系中位阶不高，但具有立法环节少、权威性比较强、比部门规章更有效力等优势，并且易于适时推动上升为行政法规乃至法律。为此，民政部要依据有关法律法规，从贯彻落实角度寻找制定部门联合规章的立法点，积极协调有关部门合力制定，争取在两三年内取得较多成果和较大影响。一是根据老年人权益保障法，协调制定养老服务投融资机制、土地供应、税费减免、补贴支持和老年人社会优待、宜居环境建设等部门联合规章，推动这一法律全面有效落实。二是根据未成年人保护法，协调制定规范弃婴孤儿收留、未成年人社会保护等部门联合规章，为未成年人健康成长营造更好环境和条件。三是根据《工伤保险条例》、《医疗器械监督管理条例》，分别协调制定工伤保险康复辅具器具配置管理、康复辅具类医疗器械管理等部门联合规章，推进康复辅具业健康发展。四是根据突发事件应对法和《自然灾害救助条例》，协调制定救灾物资应急保障、中央救灾物资储备库资产管理、应急避难场所建设管理等部门联合规章，进一步提高防灾减灾和救灾应急能力。五是根据国防法、兵役法等法律法规，协调制定符合政府安排工作条件的退役士兵岗位落实、拥军优属、双拥共建等部门联合规章，推动拥军优抚安置政策全面落实。六是根据《社会救助暂行办法》，协调制定加强基层经办能力、低保标准量化调整、低收入家庭经济状况核对、基层“一门受理、协同办理”等部门联合规章,编密织牢基本民生保障网。此外,民政部2015年还要制定或修订社会组织评估管理办法、全国性社会组织直接登记暂行办法、社会团体信息公开办法、社会团体名称管理规定、行政区划调整审核办法、假肢与矫形器生产装配企业资格认定办法、儿童福利机构管理办法等10多个部门规章,并提请党中央、国务院制定改革社会组织管理制度促进社会组织健康有序发展的意见、加强新形势下优抚安置工作的意见、深入推进农村社区建设试点工作的指导意见、推进城乡社区治理和服务能力现代化的意见、加强乡镇服务型政府建设的指导意见和市(县级)设置标准等高层次规范性文件,指导和促进民政工作发展。

第三,要充分发挥民政部门在相关立法中的参与配合作用。除民政主题直接立法外,在相关立法中也会涉及民政职能、包含民政内容,按立法程序会征求民政部门意见,吸收民政部门参与论证,这也是民政立法工作的重要组成部分。部里和有立法权地方的民政部门要加强与立法主体、报请部门、有关方面沟通协商,积极参与起草研究、专家论证,力争在相关立法中对民政内容有合适的制度安排。

第四,地方各级民政部门要同步加强立法工作。十八届四中全会《决定》中明确指出:“强化中央政府宏观管理、制度设定职责和必要的执法权,强化省级政府统筹推进区域内基本公共服务均等化职责,强化市县政府执行职责”。按照这一要求,有立法权地方的民政部门在贯彻国家相关法律法规中,首先要着眼于提请制定地方性法规和地方政府规章;对党中央、国务院下发的相关规范性文件,要积极争取同级党委、政府相应制定贯彻落实的规范性文件。这不是以文件落实文件,而是将国家法律法规政策结合本地实际具体化,是上位法和上级政策的配套实施,是贯彻落实的必备条件。这已经成为民政部评估省级民政部门工作的首要内容,今后还将适当增加其在评估中的权重。没有立法权地方的民政部门,尤其是基层民政部门,在执行相关法律制度和上级重要规范性文件中,要争取同级党委、政府相应制定规范性文件,对执行标准、程序、条件、评价等作出制度性安排,并确定执行措施,做好落实工作。对于与上位法和国家政策不相抵触的事项,地方民政部门可视实际需要和成熟条件,提请制定有关地方性法规、地方政府规章或同级党委、政府重要规范性文件,带头引领民政工作并为全国民政法律制度建设率先垂范、奠定基础。在推进法律制度立法工作的同时,各级民政部门要按照登记管理社会组织、指导基层群众自治和管理民政企事业单位的职能,指导推动社会组织、城乡社区群众性自治组织和民政企事业单位,普遍制定好市民公约、村规民约、员工守则、行业规章、自治章程等社会规范,增强行业自律、公民自律、员工自律,增强社会互助、社会监督,增强社会自治功能与基层群众自治功能。

第五,民政立法工作要坚持科学民主立法。立法是为了规范行为、引领工作。只有提高立法质量才能起到这样的作用。民政立法要冲破部门利益固化藩篱、跳出部门局限性的狭隘眼界,抓住提高立法质量这个关键,从方法、程序上做到科学立法、民主立法。提出立法项目要经过充分论证,既看群众需求、事业需要,又看经验积累、认识程度和相关条件,既要内部研究,又要群众讨论、专家论证。

安排立法调研工作要有利于形成共识,既要本部门先行调研,又要邀请有关部门和专家学者深入调研,共同面对群众需求和社会需要,共同分析成功经验和普遍意义,既要坚持立法目的和基本安排,又要适当妥协,形成立法共识。起草和研究相关法律制度草案要注重社会参与、民主协商。可以委托第三方进行专门课题研究,辅助立法工作,也可以委托第三方起草法律制度草案。形成法律制度草案,要与社会组织、有关方面进行民主协商,适时提请公开征求意见,广泛凝聚社会共识。提请中央制定党内法规或同级党委、政府制定重要规范性文件,也应按照上述做法和规定程序,做好调研、起草论证、协商和征求意见等工作,保证文件的质量和权威性。

三、依法履行民政职能

按照依法治国和建设法治政府要求,民政部门坚持依法履行职能,体现了负责精神,发挥了应有作用。仅看2014年两方面数据反映的常年工作量就足以证明。从发放政府补助资金上看,截至2014年底,民政部门通过金融机构社会化发放主渠道,向7029.2万低保对象发放生活补助资金1592亿元,向529.1万五保对象发放和支付生活补助金196.1亿元,向6723.7万参加基本医保人员看病就医提供医疗救助金284亿元,向24353.7万人次自然灾害受灾群体发放救灾补助资金96.3亿元,向917.3万优抚对象发放抚恤金或补助金338亿元。从提供民政公共服务上看,截至2014年底,办理结婚登记1306.7万对、离婚登记363.7万对,火化遗体459.3万具,救助生活无着流浪人员351.7万人次,其中儿童17万人次。这些数据的背后,是民政干部常年不断地入户调查、对象审核、公开公示、动态调整、协调提高标准等辛勤工作和面对社会公众、面对每个当事人的热情服务。没有各级民政干部的依法履职和共同奋斗,就没有党和国家基本民生保障政策的落实和相关公共服务的开展。但是,从群众举报、媒体揭露、公众批评的个别问题看,民政系统还有面对群众办事敷衍塞责、效率低下的,有在低保工作中优亲厚友、徇私舞弊的,有办理低保、五保强收手续费的,有法外设权、随意行事的。按照法律法规授权,民政部门有上百项行政处罚、行政强制的执法权,但很少付诸实施,实施项目主要集中在社会组织和殡葬管理领域,存在象征性执法、选择性执法、越权执法等问题,既有执法制度不配套、执法队伍不健全等客观原因,也存在不敢执法、不愿执法或不会执法的主观原因。

十八届四中全会对推进依法行政、建设法治政府提出了一系列明确要求。我们要认真贯彻,坚持依法行政、积极作为,赢得人民群众的信任和好评。

首先,要认真履行法定民政职责。国务院和各级地方人民政府对民政部门作出的“三定”规定中的职能界定和有关法律法规确定的责任就是法定民政职责。按照法定职责必须为的要求,我们要认真负责、敢于担当,把所有民政职能都履行好,把所有民政工作都做好。要认真组织实施《2015 年民政工作要点》,继续加快发展养老服务业,扎实开展养老服务业综合改革、公办养老机构改制等试点工作,确保 2015 年实现每千名老年人拥有养老床位达到 30 张的目标。协调调整残疾人集中就业单位税收优惠政策,推动建立困境儿童分类保障制度。推进四类社会组织直接登记工作,启动行业协会商会与行政机关脱钩试点,完善政府向社会组织购买服务制度,创新政府监管和社会监督,配合加强在华境外非政府组织管理。继续推动全面建立临时救助制度、基层“一门受理、协同办理”机制和县(市、区)以上核对机制,开展“救急难”综合试点,继续提高城乡低保标准、完善重特大疾病医疗救助政策。高效应对各种自然灾害,提高自然灾害救助精细化、规范化水平。推动中央企业接收安置退役士兵,做好退役士兵职业技能教育培训和符合安排工作条件退役士兵安置岗位落实工作,建立公开公平的退役士兵“阳光安置”工作机制,继续提高优抚对象抚恤补助标准,创新军休安置管理,逐步理顺烈士纪念设施管理保护隶属关系,协同安排好烈士纪念日、抗战胜利70周年等系列纪念活动,做好双拥模范城(县)创建评比和命名表彰工作。继续推进城乡社区治理创新、社区减负增效和社区公共服务综合信息平台建设,启动农村社区建设试点。全面开展第二次全国地名普查工作,深化拓展地名公共服务与地名文化建设,审慎稳妥审核办理行政区划调整事项,认真完成行政区域界线联检任务。继续推进殡葬改革尤其是节地生态殡葬,发展基本殡葬服务,提高殡葬管理规范化水平。认真实施《关于依法处理监护人侵害未成年人权益行为若干问题的意见》,切实依法加强未成年人监护权干预工作,继续开展未成年人社会保护试点和“流浪孩子回校园”专项行动。认真贯彻落实《国务院关于促进慈善事业健康发展的指导意见》,抓紧协调制定配套政策措施,启动公益信托试点,着力加强福利彩票发行销售管理和公益金使用管理,拓展销售渠道,开发游戏品种。继续实施“三区”计划和“大爱之行”项目、拓展多领域社会工作实务,推动实施《志愿服务记录办法》,鼓励和引导志愿者广泛开展志愿服务。地方各级民政部门既要相应落实上述重点任务，又要从本地实际出发，按照同级党委政府的部署，制定和落实好本地年度工作任务，共同履行好民政职责。

其次，要健全重大行政决策合法性审查机制。按照十八届四中全会的要求，把公众参与、专家论证、风险评估、合法性审查、集体讨论决定确定为重大行政决策必经程序。未经合法性审查或经审查不合法的重大决策事项，不得提交决策会议研究。严格执行《民政部规范性文件制定与审查办法》，加强规范性文件审查工作。按照2015年工作要点，部里对新开展的各项试点实验工作、新出台法律制度及重要规范性文件、拟开展重大活动、拟兴办公共服务设施项目，都要履行重大行政决策规定程序，都要进行合法性审查工作，避免产生决策失误，避免产生违法增加公民、法人和其他组织义务或者减损其合法权益的问题。与此相联系，要建立民政法制机构人员为主体、吸收专家和律师参加的法律顾问队伍，建立重大决策终身责任追究制度及责任倒查机制。

再次，要改进和加强行政执法工作。要按照规范公正文明执法的要求，规范执法主体，界定执法权限，整合执法资源。进一步完善行政执法程序，规范工作流程，重点规范行政许可、行政处罚、行政强制、行政检查等执法行为。严格执行重大执法决定法制审核制度。建立健全行政裁量权基准制度，细化、量化行政裁量权标准，规范裁量范围、种类、幅度。改进执法方式，规范执法行为，严格落实执法责任制，对违法者要依法追究责任。民政部要依法加大对全国性社会组织违法行为和非法社会组织的查处力度。要完善执法制度，加强执法力量，建立有关部门联合执法机制，提高执法效能和社会影响。同时，对群众举报、媒体揭露和检查发现的其他业务范畴违法问题,指导、督促地方民政部门做好查处工作,维护法律制度权威,促进民政干部队伍依法行政、公正执法。地方各级民政部门,尤其是市县民政部门,在履行执行职责中,要注重对所有法定监督处罚权责的业务范畴加强执法工作,整合执法力量,探索综合执法、联合执法,提高执法效能和服务水平。要严格执行行政复议法和行政诉讼法,加强行政复议应诉工作,尊重并严格执行生效复议决定和法院裁定。建立案件分析、通报制度,充分发挥案例在依法行政、规范执法中的警示作用。

最后,要防止和杜绝法外设权乱作为。各级民政部门和广大民政干部要增强法无授权不可为的意识。不得法外设定权力,不得擅自以备案、认可、评定等名义法外设权,不得随意增加程序、要件法外设权。没有法律法规依据不得作出减损公民、法人和其他组织合法权益或者增加其义务的决定。要按照十八届四中全会《决定》的要求,逐步建立权力清单制度。部里已制定权力清单并将开始内部试运行,待经过检验、条件成熟时向社会公开,接受社会监督。地方民政部门也要在同级党委政府统一部署下积极建立这一制度,把权力关进制度的笼子里,严格遵守清单所规范的权力运行流程,坚持做到清单之外无权力,达到权力运行公开透明、高效便捷,消除权力设租寻租空间,防止权力行使的随意、异化和滥用。

四、切实加强民政督察评估工作

督察是行政监督中的政府内部层级监督行为,是行政机关推动工作落实的基本方式。评估是根据设定标准对设定事项进行评价、估量,越来越成为行政机关衡量工作绩效、督促任务落实的常用方法。近年来,各级民政部门不断加强督察和评估工作,取得了推动工作落实的明显成效。部里对省级政府民政部门落实年度重点工作进行综合评估,推动了党和国家决策部署在民政领域的贯彻落实。但是,在民政系统还存在工作落实普遍性不够、力度不够的现象。比如,老年人权益保障法修订公布两年来,只有15个省份相应制定了地方性法规或地方政府规章;前年国务院下发关于加强和改进城乡低保工作的意见,对加强基层经办能力建设有明确要求,是解决这一问题的有力依据,但有些地方落实不够,未取得带动基层民政能力建设的应有效果。我们要认真贯彻习近平总书记强调的督促检查要抓到位和做实做细评估工作等要求,全面落实《国务院办公厅关于进一步加强政府督促检查工作的意见》,切实加强民政督察和评估工作,确保决策落实、政策落地。

要进一步开展民政督促检查工作。现行的民政法律制度和规范性文件,是民政部门履行职能的基本依据。我们要珍惜这些来之不易的成果,以踏石留印、抓铁有痕的劲头开展民政督察工作。今后,部里要在每年争取全国人大、国务院开展或自身组织开展3至4件民政法律制度执法检查的基础上,积极争取党中央、国务院对有关民政规范性文件适时开展专项督察,并组织开展部门规章和重要规范性文件的层级督察。2015年,部里既要配合开展好《社会救助暂行办法》《国务院关于促进慈善事业健康发展的指导意见》落实工作等督察,又要组织开展好列入2015年督察计划的层级督察,还要完善实施好年度业务工作综合评估,使用好综合评估结果。地方民政部门要把督察贯穿于工作主要环节,研究决策时提出督察要求,部署工作时明确督察事项,决策实施中开展督察,决策部署落实后进行评估,确保各项工作落实到位。

要积极推行民政重点业务工作单项评估。相对综合评估而言,单项评估在组织方式和时间安排上更具机动灵活性,针对性更强,更加聚焦重点,操作起来也简便易行,我们要更加善于应用单项评估方式。部里将实行重点业务工作单项评估和民政工作综合评估有机结合、年度评估和其他随机评估有机结合、网上查阅评估和实地检查评估有机结合、自评估和委托第三方评估有机结合,着力提高评估的科学性和时效性。2015 年,组织开展《婚姻法》《婚姻登记条例》和《收养法》实施情况评估、《退役士兵安置条例》实施情况评估和 18 个部门《关于加强社会工作专业人才队伍建设的意见》贯彻落实情况评估,推动婚姻及收养行为规范化,维护好当事人合法权益,推动提高自主就业退役士兵参训后的就业率、符合政府安排工作条件退役士兵岗位落实率,推动医疗住房优待待遇有效落实、优抚资金管理使用规范,推动社会工作政策制度完善、保障机制创新、服务机构健全、服务领域拓展。

五、加大民政法治宣传教育力度

法治宣传教育是依法治国的基础性工作,对于增强全民法治观念、推进法治社会建设具有重要意义。民政部门既要履行国家机关“谁执法谁普法”的普法责任,又要引导和支持社会组织、城乡社区、各类志愿者在促进全民守法中发挥作用,更要提高民政干部尤其是领导干部的依法办事能力。

要完善民政干部学法用法制度。在全面推进依法治国的新形势下,民政干部如果没有法治思维就寸步难行,如果没有法治水平就难以胜任工作。要把新公布的基本法律、民政法律制度和高位阶的规范性文件，列入各级民政部门党委（党组）中心组学习内容，使各级民政领导干部熟练掌握履行职责所必需的法制知识，成为尊崇法律、运用法律、严守法律的表率。要把法治作为民政部门初任公务员和初任领导岗位培训的必备内容，使民政干部掌握工作所必需的法治通识、法律知识、守法常识，养成自觉依法办事习惯。要加大法制建设成效在评估工作中的权重，把述法结合述职纳入干部年度业绩考核内容。

要广泛开展民政法律制度社会宣传活动。法律制度只有被人们所掌握，才能为人们所运用。要实施“法律六进”，利用国庆节、建军节、重阳节、儿童节、法制宣传日、助残日、防灾减灾日、烈士纪念日等时间节点，经常性地向社会公众特别是民政对象宣传普及民政法律制度和政策。新的民政法律制度和政策公布后，要及时大力组织开展宣传活动。充分发挥新闻媒体在民政普法宣传中的主渠道作用，紧紧依靠党报党刊、广播电视、民政门户网站，积极运用微信、微博、客户端，大力宣传民政法律制度和政策实施带来的社会效果，提高民政法律制度政策的社会知晓率和民政对象认知度。

要发挥民政职能在促进全民守法中的作用。基层群众性自治组织、社会组织、志愿者群体是普法的重要主体和依托，在促进全民守法中具有积极作用。要在指导居民自治实践中强化规矩意识、倡导契约精神、弘扬公序良俗，要在社区服务和社区共建中引导居民养成遇事找法、解决问题靠法的行为习惯。要支持行业协会商会发挥行业自律功能，参与制定行业规则和标准，发挥好社会组织对其成员的行为引导、规则约束、权益维护作用。要支持普法志愿者队伍建设,鼓励有法律专业知识的社会成员踊跃参加普法志愿服务活动。

2015年,还要完成“十二五”民政规划任务,编制“十三五”民政规划,重点安排好政策导向、项目建设、资金预算、人才队伍建设4大要素。要深化拓展党的群众路线教育实践活动成果,深入贯彻中央八项规定精神,继续提高民政反腐倡廉和行风建设水平。抓紧全民社会保障信息化工程社会救助与社会福利项目论证和立项工作,加快民政电子政务系统建设。加强民政智库建设,提高民政科研水平,完成40余项民政领域国家标准和行业标准研制任务。抓好部省(市)合作重点课题实施工作,进一步加大民政援藏援疆和支持罗霄山片区扶贫攻坚、赣南等原中央苏区振兴发展力度。继续推进逐级走访、治理重信重访积案工作,切实做好传统媒体和新兴媒体融合发展条件下的民政新闻宣传工作,全面推进民政政务公开,进一步扩大民政领域国际及港澳台交流合作。

目　录

第一章　历史回顾

第一节　新中国成立前的民政发展历程

我国的民政工作历史悠久，源远流长，许多民政业务已有3000多年的历史，是最原始、最古老的一项社会事务管理工作。自古以来，有识之士认为“民为邦本，本固邦宁”，只有广大民众安居乐业，社会才能稳定，主张当政者应考虑民众的愿望，办理民众事务，予民以利，惠民利民而安民，也就是所谓“为民行政”。在漫长的历史进程中，伴随着政治、经济、社会的发展变化，民政的内容也常有变化。但变中有恒，一些基本的事务始终未曾间断，历代相承，延续至今。

民政的含义分广义与狭义两种。广义的民政是同军政相对应，泛指国家除军事以外的一切民众的基本事务管理；狭义的民政是指对国家的一部分社会事务的行政管理。无论从哪个角度讲，民政始终都是政府的重要工作内容。民政内涵与民本理念决定了传统民政事务的具体内容，体现在我国历史上的各个时期不尽相同，但“民政工作是政府管理特定社会事务和服务基本民生的基础性公共管理活动”的基本属性从未改变。

上古时期,民政工作称“民事”[①]。尧、舜、禹时期,舜即命契为司徒管理民政;在婚姻、殡葬、恤民、区划、救灾等方面都可以找寻到民政工作的历史源头。据《尚书》记载,舜摄政时期,就有开辟地域,疏通河道,类似划分疆域版图、行政区划的内容,称肇州(始创立州)、封山(划山界疆域)、濬川(疏通河道)为“肇十有二州,封十有二山,濬川”。《史记》记载,尧让舜摄政时,舜就对尧摄政时所举用而没有实行分职分工的禹、皋陶、契、后稷、伯夷等一些人分别进行了分职分工。命令契作司徒,专管教化民众百姓,实行五教,教民信服五品五常[②]。《虞书·大禹谟》:“罔违道以干百姓之誉,罔咈百姓以从己之欲。”《虞书·皋陶谟》:“在知人,在安民。”“安民则惠,黎民怀之。”讲的正是执政者应当不违背正义、不违背人民,真正公平办事,心里就不会感到羞惭;统治者如果想维持国家繁荣昌盛,应当把知人善用和安抚民心放在同样重要的位置来对待。

夏商时期,国家机构中设司徒管理民政事务,负责解决老百姓的基本生活;并推行名为“飨礼”、“食礼”的养老制度,恤有功勋于国家的长者,取得了“化万民于慈顺,导万民于孝悌”的积极效果。大禹治水以后,古代文献里尚有治理黄河水患的记载。《夏书·五子之歌》“民可近不可下,民为邦本,本固邦宁。予视天下愚夫愚妇一能胜予。”“予临兆民,懔乎若朽索之御六马,为人上者奈何不敬!”《商书·太甲中》:“后非民罔以辟四方。”《商书·太甲下》:“无轻民事,惟难。”《商书·盘庚上》:“汝无侮老成人,无弱孤有

① 《商书·太甲下》:“无轻民事,惟难。”

② 五教指“教五品五常”;五品五常指“父母兄弟子为五品,他们之间的伦常关系为五常”。

幼。"《商书·伊训》:"代虐以宽,兆民允怀。"这些思想皆体现国家应当"重民"、"安民"的思想理念。

西周时期,周王朝从商朝灭亡的教训中,确立尊天敬德、保民裕民的国家治理方针,认识到"民"的重要性,主张"民之所欲,天必从之",要求"恤民为得"、"为惠之怀"、"惟民其康"。西周时期的"民事",包括领土疆域划分、基层组织设置、婚丧嫁娶管理、鳏寡孤独救助等社会事务。掌管民事的机构被列为中央政府职官"六官"之一,排行第二,冠以"地官"的名称。古代有天地各半之说,由此可见西周民事机构位置的重要。这一时期,实施了"以荒政十有二聚万民"(救灾),"以保息六养万民"(救助),"以本俗六安万民"(基层社会管理)等保障民生的民政政策。《周书·泰誓上》:"惟人,万物之灵。"《周书·泰誓中》:"天视自我民视,天听自我民听。"《周书·酒诰》:"人无于水监,当于民监。"《周书·吕刑》:"皇帝清问下民。"《周书·无逸》:"先知稼穑之艰难,……则知小人之依。"《周书·大诰》:"抚民以宽,除其邪虐。"《周书·君牙》:"思其艰以图其易,民乃宁。"《周书·文侯之命》:"好生之德,洽于民心。"这些思想同样反映了统治者想要知道自己政绩的得失,应当重视人民的反映,而聚拢民心的做法是应当关注百姓的诉求。

春秋战国时期,在社会动荡之际,由于诸侯争霸对于争取民心的政治需要,民本思想开始确立。如《左传》中的轻天重民思想,孔子的仁爱惠民思想和孟子的民贵君轻思想。民本思想也影响并体现到当政者的民政思想之中。管子认为"德有六兴",修政"始于爱民","政之所兴,在顺民心","治国之道,必先富民"。为此,应"养长老,慈孤幼,恤鳏寡,问疾病,吊祸丧"。就是说,治理国家应施行六项德政,这六项德政就是要采取宽松政策,引导经济发展,扶贫济困,救急救难,改善民生。这六项德政的具体措施包括赡养老人、关爱孤儿、抚恤鳏夫寡妇、救助病人、慰问灾难者等方面。管仲治齐,实施了老老、慈幼、恤孤、养疾、合独、问疾、通穷、振困、接绝"九惠之教"的政策,这些政策包括扶贫、救灾、生活救助、医疗救助、优抚保障和老年福利、儿童福利、残疾人福利等方面,基本涵盖了当今民政工作中保障民生的主要内容。荀子曰:"君者,舟也;庶民者,水也。水则载舟,水则覆舟"①,同样体现了以民为本对国家长治久安的重要作用。

秦统一六国,划天下为三十六郡,实施大规模的民户迁徙和严密的户政管理制度,实行优厚的奖励军功等优抚政策。

西汉时期,"民政"一词首次在中国历史上出现②,借鉴暴秦的教训,罢兵归家,大兴黄老之道,与民休养生息。贾谊在《过秦论》中也提出了重民、安民的思想。西汉注重人民的基本生计,设置"民曹尚书",由丞相亲自负责民政事务,掌管民户、农桑,兼管部分救灾事宜。两汉从与民休养生息出发,主要实行了移民就粟和赈济、施粥、居养、赎子等民政政策,并以皇帝的名义抚恤鳏寡孤独者,设专人负责埋葬客死他乡的流民。

隋唐时期,《贞观政要·旧唐书》有"安民立政,莫此为先"之说,这是民政概念的先导。唐李世民历经隋末之乱,提出了"矜恤民困"的重民思想,认为"国以人为本,人以食为本","为君之道,必

---

① 源自:周礼·王制。

② 民政一词最早见于南宋知府徐天麟编撰的《西汉会要》和《东汉会要》。

须先存百姓”，要求重视民生，实施仁政，体恤人民的疾苦，让老百姓安居乐业。隋朝开始设立民部管理民政事务，唐朝为避李世民讳，改民部为户部。从此，户部成为历代管理民政事务的国家机构。隋唐重视救灾制度建设，初步建立了全国性救灾备荒的仓储体系，实施了赈灾、调粟、养恤、减租免征等改善民生的民政政策。

北宋时期，北宋司马光继承了儒家重民的传统，认为“夫为政在顺民心。苟民之所欲者，为之；所恶者，去之”。主张“修治民政”，要求实施宽政养民以及藏富于民、勿与民争利的政策。《宋史·职官七府州军监》中，有“州谓民政焉”[①]这样的话。这里的民政是广义的，泛指各种有关民众事务管理，囊括了除军政以外的全部社会事务管理职能。

南宋时期，民政一词开始特指部分社会行政事务管理。南宋徐天麟编纂《两汉会要》把国家管理活动分为十五大类[②]，民政作为其中的一大类，与其他门类相并列，初步确立了民政概念的特定含义，并为后人所认同。民政门类包括：户口、风俗、傅籍（制定出徭役、贡赋人员的册籍）、更役（轮换劳役）、乡役（乡里劳役）、泛投（一般劳役）、复除（减免役赋及从军负担）、置三老（有修行能帅（率）众为善者，置以为三老）、尊高年、赐孝弟力田、钱（尽赏赐给有学弟货行和农耕勤劳者钱或布帛）、恤鳏寡孤独、恤流民、锭豪族（迁移豪门族户）、奴婢（买卖奴婢）、治豪猾（治理刁猾豪霸分子）、杂录、乡三老、民伍（居民组织）、劝农桑、假民田苑（提供土地田园给贫人劳

---

① 意思是说州官的职责是对民政的管理。

② 《西汉会要》《东汉会要》都是南宋知府徐天麟编撰的。《西汉会要》成于嘉定四年（1211年），共70卷；《东汉会要》成于宝庆二年（1226年），共40卷。

动),蠲免税、赐酺(指命令所特许聚众饮酒,因汉律规定三人聚在一起饮酒受罚)、赐民爵(赐爵位给重赏善民)、崇孝行、戒奢侈、荒政、禁厚葬、瘗遗骸(收理无主尸骨)等数十项事务。至此,民政概念由泛指各种民众事务的行政管理转变为特定的部分行政管理工作。宋代重视基本民生问题,建立了社仓、义仓、惠民仓、丰储仓等更为复杂的仓储体系,实行赈谷、赈银、赈工等救灾政策,还开始为孤、穷、老、残、病者发放冬春时节救济款,并专门设立了京师居养院、福田院和地方安济坊,收养"不能自存者"。

元代开始设立广济提举司,负责医疗救助,医治贫民。

明代东林党人李应升认为应"恤内地之民生"。这是中国比较早的关于民生的直接论述。明代民政工作有较为突出的发展,实施了应对灾荒的赈济、调粟、养恤和安辑四大民政政策,并制定了临时收养、救助制度。洪武五年,朱元璋颁诏天下郡县都设置养济院,专门收养孤苦无依之人,并由国家财政供给米、薪、布匹。各地普遍设立了惠民药局,专门救治贫病军民。同时,还设有栖流所,救助流浪乞讨人员 。

清朝时期,黄宗羲第一次提出了天下之人为天下之主人的人民主权论。林则徐建议治理国家要"用民心、恃民力、纾民困"。清朝建立了报灾、勘灾和赈灾等较为完备的救灾制度,除动用官银在州县修建济养院、栖流所收容孤贫无依之人之外,建立了善公所和习艺所收容不良少年与贫民,设育婴堂养育孤儿,设义学收容贫寒子弟,设施药局收治贫病者,设清节堂收容无力自给的寡妇,设埋葬局处理倒毙流民。

光绪三十二年(1906 年),清政府宣布预备立宪。颁布改革中央官制的诏谕称:设官职,莫不因时制宜。巡警为民政一端,着改为民政部,这也是中国历史上首次设立民政部,专管民政事务,民政部为集全国公安、内务、民政于一身的最高首脑机关。清末民政部主管的事务主要有:地方行政、地方自治、行政区划、警务治安、户口管理、风尚习俗、灾荒政务、移民事务、土地管理、官办土木工程、医药卫生、宗教寺庙、丧葬事务及编审图志、管理文物等。民政部的设立是行政管理专业化的产物,标志着独立的民政管理体系开始形成。

辛亥革命以后,中国开始实行新的行政体制,行政管理机构设置更加专业化。北洋军阀时期和国民党统治时期,中央政府均设内务部主管全国内务行政,基本业务同清末民政部,新增了地方选举和地方官吏任免等少量业务。与内政部对应的地方机构,省为民政厅,市为民政局(处),县设民政科,负责地方民政事务。这个时期的政府职能机构中,一般把民(政)、财(政)、建(设)、教(育)作为必设机构。

梳理漫长而厚重的旧中国民政发展史,可以看出几个鲜明特点:一是民政自古以来就与百姓生活息息相关,安民立政是我国数千年民政历史发展的主线。二是民政部门的名称历经更迭,但核心职能逐步定型,即民政主要是管理民众基本事务的基础性社会管理工作,主要功能作用是解决基本民生问题。三是济民、慈爱、奉献、和谐是民政的基本价值理念,也是民政工作的本质要求。

第二节 新中国成立以来的民政发展历程

1949 年,中华人民共和国成立,揭开了民政事业发展的新篇章。新中国成立 60 多年来,随着中国特色社会主义建设的不断深入,我国的社会生产力、经济实力极大增强,综合国力和国际竞争力显著提升,人民生活水平、居民收入水平迈上了新台阶。我国的民政事业不断发展壮大,民政工作在保障基本民生、创新社会治理、支持国防和军队建设以及管理社会事务提供社会服务等方面的作用日益彰显,在社会主义革命、建设和改革的各个不同历史时期都发挥了重要作用。

一、新中国成立以来民政发展回顾

(一)国民经济恢复时期和过渡时期的民政工作(1949 年至 1956 年)

新中国建立伊始,百废待兴。长期半封建半殖民地统治和近半个世纪的战祸连年,使我国国民经济濒临崩溃,工业破产、农业凋敝、饥民遍野;国民党残余部队负隅顽抗,特务捣乱,帝国主义封锁、禁运,妄图颠覆新生政权,新中国在艰难中起步、在医治战争创伤中重建。从 1949 年到 1952 年年底,共产党在领导建立和巩固新生的人民政权的同时,领导全国人民用 3 年的时间对经受战争创伤处于崩溃状态的国民经济实行全面恢复。1949 年 9 月通过的《中央人民政府组织法》规定设立内务部,主管全国民政工作;11 月 7 日,内务部正式成立，位列中央政府30个部（委、院、署、行）之首，受中央人民政府政务院领导和政务院政治法律委员会的指导，其内设机构有：办公厅、干部司、民政司、社会司、地政司和优抚司6个单位。

1950年7月，内务部在北京召开第一次全国民政会议，明确提出民政部门有三项重点工作，即民主建政、救灾救济和复员军人安置，特别强调要以民主建政推动民政工作全面发展。这一阶段，民政部门在各级政府领导下，把民主建政作为一项中心工作来抓，着手起草了省、市、县各级各界人民代表会议组织通则草案，参加了新区接管和基层政权改造工作，彻底废除保甲制度，建立起新的基层政权；确立了新中国行政区划的新构架；依法取缔了一大批反动团体，对符合社会需要的社会团体进行了登记，保护了其合法权益，保障了人民群众依法结社的自由；大力开展救灾救济，在农村根据自然灾害多发、国民党长期统治下民生凋敝的状况，帮助受灾群众生产自救，互助互济，结束了旧社会每遇灾害灾民四处逃荒，"赤地千里，饿殍载道"的悲惨历史；在城镇建立了社会救济制度，确立了救济工作的方针和措施，收容遣送流入城镇的灾民和贫困农民回乡生产，资遣国民党军队溃败后流落城市的散兵游勇，收容安置流浪街头、生活无着的孤老残幼人员，帮助数百万失业人口解决就业和生活中的困难问题，接收改造旧的慈善社团和各种社会福利救济机构，禁烟禁毒，取缔妓女，解决一系列旧社会遗留问题；妥善安置回乡复员军人，帮助他们解决土地、住房等生产、生活资料问题；发动各界群众以实际行动支援人民志愿军赴朝作战。民政工作对于巩固新生政权、恢复国民经济、支援抗美援朝等都起到了重要作用。此时内务部的职能也发生了一些变化，干部司及其主管的地方行政干部管理工作合并至中央人民政府人事部,内务部管理的中国红十字总会改归卫生部直接指导和联系,城市营建规划考核工作移交给政务院财政经济委员会,增设救济司和户政司。

1953 年至 1956 年,我国完成了对农业、手工业和资本主义工商业的社会主义改造,这是从新民主主义社会向社会主义社会的过渡时期。1953 年,党中央确立了过渡时期的总路线和总任务,同时国家开始实施第一个五年建设计划,标志着我国已从经济恢复时期进入到大规模的有计划的建设时期。1956 年 9 月,中国共产党第八次全国代表大会召开,会议在分析国内形势的基础上指出,中国共产党已经领导人民取得了社会主义改造的决定性胜利,社会主义社会制度在我国已基本建立。党和人民当前的主要任务是集中力量发展社会生产力,把我国尽快从落后的农业国变为先进的工业国。完成社会主义改造、推动社会主义建设成为这一阶段党和国家的中心工作。

1953 年 10 月,内务部在北京召开第二次全国民政会议。会议通过了《第二次全国民政会议决议》,提出民政工作必须进一步贯彻过渡时期的总路线总任务,为发展生产和社会主义改造的总要求服务,明确要做好政权建设、优抚、农村救灾、城市救济、地政等工作,以保证总路线的实现有广大的民主基础。《决议》首次全面明确了民政部门的主管业务:建政、优抚、救济、地政、户政、国籍、行政区划、民工动员、婚姻登记、社团登记等。1954 年 2 月,政务院发布《关于民政部门与各有关部门的业务划分问题的通知》,就麻风病人、精神病人的治疗和收养、革命史迹、宗教遗迹、古建筑及山林风景的管理以及房屋管理工作、民族、华侨事务等问题,明确了各部门的职责权限。1954 年 9 月，根据《中华人民共和国国务院组织法》，中央人民政府内务部改为中华人民共和国内务部，由国务院领导并接受国务院政法办公室的领导。

1954 年 11 月，内务部在北京召开第三次全国民政会议，内务部原计划为贯彻全国人大通过的《地方各级人民代表大会和地方各级人民委员会组织法》，继续加强地方政权建设。会议后半期内务部坚决贯彻毛泽东主席、周恩来总理和陈毅副总理的指示，纠正了工作部署，确定了“以优抚、复员、救灾、社会救济为主要业务，并相应地做好其他民政工作”的方针。会后，内务部根据社会主义过渡时期的总路线和第三次全国民政会议确定的民政工作方针，把工作重点转移到优抚、复员、救灾和社会救济上来，积极开展群众性拥军优属活动，发动、组织烈军属和革命残废军人、复员军人参加互助合作组织，让他们在各条战线发挥骨干作用；加强救灾救济工作，采取发动群众、生产自救、互助互济、及时发放救济款、救济粮等措施，帮助受灾群众和贫困户克服困难；承担基层政权建设和基层选举的具体事务及民族、宗教、民工动员、婚姻登记等工作，对密切军政、军民关系，保障人民基本生活，稳定社会秩序，促进社会主义革命取得胜利发挥了积极作用。

（二）社会主义制度建成初期的民政工作（1956 年至 1968 年）

从 1957 年开始，急于求成、急于过渡的“左”倾思想逐步发展成为占主导地位的指导思想。1958 年 5 月，中共八大二次会议正式通过了“鼓足干劲、力争上游、多快好省地建设社会主义”的总路线。1956 年 1 月至 1958 年 6 月，先后把内务部户政司掌管的农村户口登记、统计工作和国籍工作交给公安部门管理，城市房管工作移交城市服务部管理,同时,为适应游民改造任务和城市贫民移民、灾区移民工作的需要,国务院重新核定内务部的编制,在内务部增设移民局、游民改造司。1958 年 3 月 24 日,国务院决定将移民工作连同机构、人员移交给农垦部。1959 年 4 月,中共中央决定,将国务院直属的政府机关人事局改为内务部管理,内务部增设政府机关人事局。

1958 年 5 月,内务部在北京召开第四次全国民政会议,会议提出了"民政工作促进社会主义所有制和社会生产力发展,从生产出发,为生产服务"的意见,明确社会福利生产的概念,肯定了五保户集中生产养老做法。在这一阶段,民政工作出现了脱离经济基础,大搞福利生产和福利事业的偏差。虽然兴办了一批优抚、医疗单位,发展了社会福利事业和城镇社会福利生产,贯彻了"互助互济"的救灾方针,解除了大批优抚和救济对象的后顾之忧,但在"左"的思想干扰下,以大搞群众运动的形式办社会福利事业和福利生产,大多脱离实际,不仅造成人、财、物的极大浪费,而且削弱了其他民政工作。1959 年 7 月,内务部在北京召开第五次全国民政会议,会议认为优抚、复员安置、救灾和社会救济仍然是民政部门的主要任务,要继续做好地方选举、基层政权组织建设的具体任务、行政区划、土地征用、婚姻登记、婚丧礼俗改革等工作,改正了在复员安置工作中片面强调精神鼓励的倾向,强调既要发动烈军属、荣复军人在生产建设中发挥积极作用,又要帮助解决他们的生活和参加生产建设方面的困难问题;纠正了在福利生产问题上片面追求生产效果的做法,强调既要组织残疾人和生活上有困难的烈军属、贫民参加生产,又要关心并解决他们的生产福利问题。1960 年 3 月,内务部召开第六次全国民政会议，经过总结经验教训，内务部重申民政工作要以优抚、复员安置、救灾、社会救济为主要业务，纠正把集体福利事业作为民政工作的中心任务的做法。教育干部坚持实事求是精神，关心群众，积极参与安排群众生活的工作，对部分地区大量发生的水肿病等灾荒事故，积极进行救治、处理，做好灾民和外流人员的收容遣送工作，在克服经济困难、保障群众生活、安定社会秩序方面发挥了积极作用。1960 年 12 月到 1961 年 10 月间，根据周恩来总理关于精简机构、下放干部、加强农业生产第一线的报告精神，一度撤销民政司，把该司原主管的行政区划及选举事务连同三名干部一并交国务院秘书厅，婚姻登记、土地征用等工作移交本部办公厅。1961 年 11 月，民政司得以恢复。

中华人民共和国内务部阶段的民政工作最突出的特点是：随着政府职能部门健全和分工细化，民政工作范围比以前有所缩小，地方政权建设的职能被取消，农村户口登记、统计、移民、国籍、城市房管等项工作划归其他部门管理，但是民政工作的主要职能也逐步清晰。

（三）“文革”时期民政事业遭受严重挫折（1968 年至 1978 年）

“文革”期间，民政工作受到严重冲击。1968 年 12 月，最高人民检察院、最高人民法院和内务部的军事代表联合公安部领导小组向中央上报了《关于撤消高检院、内务部、内务办三个单位，公安部、高法院留下少数人的请示报告》。1969 年 1 月，内务部撤销，从省、市、自治区民政厅、局到基层民政组织，都受到不同程度的冲击，有的被撤销，有的与其他部门合并。但由于民政工作是“保国安民”的重要工作，民政业务并没有被中断，而是分别移交其他部门管理:行政区划、收容遣送由公安部管理;救灾、救济、优抚、拥军优属等由财政部管理;盲人、聋哑人、麻风病人、精神病人安置、教育和管理由卫生部管理;国家机关工作人员的待遇,退职退休和复员转业军人的安置等由国家计委管理;政府机关人事由国务院政工小组代管。这一阶段,许多地方民政工作者在艰苦的环境条件下,坚守工作岗位,仍然以满腔热情为民政工作对象排忧解难,使他们感到党和政府的关怀和温暖。尤其是优抚方面,广大人民群众不断发扬拥军优属的光荣传统,坚持进行春节和“八一”等节日期间的拥军优属活动,这为以后民政工作全面恢复和发展奠定了基础。

(四)改革开放初期的民政工作新局面(1978年至1991年)

随着“四人帮”被粉碎和国家拨乱反正工作的全面、深入和有序开展,民政机构得以恢复,民政工作不断发展。1978年3月,第五届全国人民代表大会第一次会议决定设立中华人民共和国民政部。5月20日,民政部党组举行第一次会议,标志着民政部正式成立。其内设机构有:办公厅、政治部、优抚局、农村社会救济司、城市社会福利司、民政司、政府机关人事局和中国盲人聋哑人协会,主管的业务包括优抚安置、救灾救济、社会福利、行政区划、婚姻登记、殡葬改革和政府机关人事工作。

1978年9月民政部召开了第七次全国民政会议,回顾总结了苏区以来尤其是新中国成立以来党中央对民政工作的重要指示和要求,充分肯定了民政工作在各个革命和建设历史时期所发挥的重要作用,明确了民政部门主要业务范围仍然是优抚、复员安置、生产救灾、社会救济和社会福利,以及党和政府交办的其他事项。优抚工作继续坚持“政治挂帅、安排生产、群众优待、国家抚恤”的方针;复员退伍军人安置坚持“从哪里来、回哪里去”的原则,做到“妥善安置、各得其所”;农村救灾和社会救济工作,必须全面贯彻“依靠群众、依靠集体力量、生产自救为主,辅之以国家必要的救济”的方针;城市社会福利和社会救济工作,要继续坚持“生产自救、群众互助、辅之以政府必要的救济”的方针,认真抓好生产自救、社会救济、收容安置三个环节。同时,积极做好革命根据地的建设、婚姻登记、殡葬改革、行政区划的调整和边界纠纷的解决等其他各项民政工作。拨乱反正阶段,民政系统加强了组织建设、思想建设和业务建设,全面恢复了民政工作重大方针和主要任务,确保了民政职能的履行和各项民政工作的开展,为民政工作长远发展奠定了坚实基础,有力促进了党和国家工作中心的转移。

1982 年 10 月召开的党的十二大,提出了全面开创社会主义现代化建设新局面的宏伟纲领,吹响了建设中国特色社会主义的时代号角。党的十二届三中全会通过了《中共中央关于经济体制改革的决定》,开始打破传统的计划经济体制,把率先在农村发起的改革推向城市和各行各业。1987 年 10 月召开的党的十三大,提出了社会主义初级阶段理论,确立了党的基本路线。1983 年 4 月,第八次全国民政工作会议召开,会议用“三个一部分”概括了民政工作在新的历史时期的性质和任务,即有的属于政权建设的一部分,有的属于社会保障的一部分,有的属于行政管理的一部分,将民政工作基本特征提炼为“群众性、社会性、多元性”。1988 年 12 月,第九次全国民政会议召开,提出民政工作要在巩固成果的基础上继续深化改革,发挥稳定机制的作用,为社会主义现代化建设贡献力量。会议提出了今后五年各项工作任务:加强基层政权和基层自治组织建设,推进基层政治民主;进一步加强和改进优抚、安置工作;改革救灾救济工作,继续探索农村基层社会保障;巩固和发展社会福利事业、福利生产;加强行政区划和地名管理;制定社团法规,强化社团管理;完善婚姻法规,加强婚姻管理;加强殡葬改革和收容遣送工作;做到指导中国残疾人联合会、中国老龄问题全国委员会和领导中国社会福利有奖募捐委员会的工作;进一步加强国际交往,拓宽国际合作渠道。

这一时期,民政工作取得了重大成绩。一是基层政权建设工作有重要进展。配合农村经济体制改革和政治体制改革,各级民政部门积极参加了改革人民公社政社合一和生产大队管理体制的工作。二是农村救灾救济工作取得重大成绩。积极改革救灾款的使用管理方法,帮助灾民开展生产自救,促进了灾区生产的恢复和发展。同时,各地民政部门还把救灾同扶贫紧密地结合起来,用多种方法扶持贫困户和优抚对象发展生产,变“输血”为“造血”。“双扶”工作产生了重大影响,成为当时全党的一项重要工作。三是福利事业由单一形式向多种形式发展。提出由救济型向福利型、由供养型向供养与康复结合转变的目标。四是优抚工作在改革中取得明显成效。适应国民经济发展和军队现代化建设需要,改革了国家抚恤制度,调整了各项标准,对部分在乡老复员军人扩大了定期定量补助,落实了群众优待,初步形成国家、社会、群众相结合的优待抚恤制度。五是退伍军人和军队离退休干部安置工作迈出了新的步伐。军休干部服务管理工作已走上轨道,城镇退伍安置普遍实行了退伍安置和服役期间的表现挂钩、区别对待;农村退伍安置工作由救济抚慰转向扶持生产、开发使用退伍军地两用人才。六是社会事务和行政管理工作加快发展。行政区划改变了过去的城乡分割设置市、镇的方式，制定了新的标准，推动了中小城市和建制镇的发展。开展了全国勘界工作的试点。殡葬管理工作划定了火葬区和土葬改革区，规定了共产党员和干部应简办丧事，带头实行火葬。加强了婚姻登记法制建设，修订了《婚姻登记办法》和涉外、涉港澳、涉台婚姻登记的一系列规定，使这项工作纳入了法制的轨道。

(五)社会主义市场经济体制时期的民政工作(1991年至2002年)

从1991年党的十三届四中全会和1992年党的十四大提出建立社会主义市场经济体制的改革目标到2002年党的十六大召开，这期间我国改革开放取得突破性进展，社会主义市场经济体制初步建立。这一时期，民政部门坚持以邓小平理论和"三个代表"重要思想为指导，紧紧围绕发展社会主义市场经济的时代主题，主动适应建立社会主义市场经济体制的新要求，大力改革计划经济条件下形成的民政工作管理体制和运行机制，民政事业呈现出蓬勃发展的崭新局面，在服务改革发展稳定大局中发挥了重要作用。

1994年5月，第十次全国民政工作会议召开，会议以"适应建立社会主义市场经济体制的需要，保障人民群众的基本生活权益，维护社会稳定"为主题，指出民政部门是政府进行社会管理的重要职能部门之一，其基本职责是调节社会矛盾，促进社会公平，依法维护和保障人民群众的基本生活权益，维护社会稳定，为党的中心任务服务。要着力做好以下工作：深化救灾救济体制改革，逐步推进农村社会养老保险；大力发展社区服务业，建立和发展城市社会福利服务体系；改革完善优抚安置制度，落实优抚安置政策，建立优抚安置管理服务体系;加强基层政权和群众自治组织建设,推进基层民主;强化社会行政管理,发展社会公益事业,建立、完善管理与服务相结合的管理体制。

2002 年 5 月,以“确定新形势下民政工作的指导思想和目标任务,为改革、发展、稳定大局服务”为主题召开了第十一次全国民政会议,指出民政工作要为广大人民群众服务、为最需要帮助的困难群众服务、为改革发展稳定的大局服务,要建立健全农村村民自治制度,推进农村基层民主政治建设;建立城市居民最低生活保障制度,进一步提高救灾工作的水平和效率;深入开展优抚安置工作,全面落实优抚安置政策;大力推进城市社区建设工作;完善民间组织管理体制,将民间组织发展纳入法制轨道;建立新的老龄工作机制,促进老龄事业的发展;全面勘定省、县两级行政区域界线;加快社会福利事业发展,推动社会福利社会化进程;加快法规建设,推进民政工作法制化进程。

这一时期,各级民政部门紧紧围绕建立与社会主义市场经济体制相适应的民政工作管理体制和运行机制这个课题,全面深化各项改革。在社会救助方面,在城市普遍建立最低生活保障制度;建立起救灾工作分层、分级管理体制和民政部门统一组织协调救灾工作的新体制;组织实施了经常化、制度化、大规模的扶贫济困送温暖捐助活动。在社会福利方面,提出了社会福利社会化的新思路,形成了政府调控、民办公助、法人管理、市场调节的新体制,深化福利事业单位内部的人事制度、分配制度和管理制度改革,有步骤地对福利企业改组、改制和改造。在拥军优抚安置方面,探索建立了双拥工作军地双方经常性协商机制,推进建立抚恤金自然增长机制，创造了多形式、多渠道安置的有效方式。在基层政权和社区建设方面，建立健全了村民自治制度，拓展了基层政权建设的职能，及时提出了社区建设工作的基本思路，适应了城市基层社会管理由“单位制”向“社区制”转变。在专项社会事务管理工作方面，建立起民间组织业务主管和登记机关双重管理的新体制，提出培育发展与监督管理并重的新思路；改革行政区域界线管理方式，完成全面勘界工作；积极推进了殡葬改革，修改《收养法》。经过这十几年的改革发展，已经基本建立起与社会主义市场经济体制相适应的民政工作体系，为促进改革发展稳定的大局，把中国特色社会主义建设事业全面推向21世纪提供了有力保障。

（六）新世纪以来的民政工作（2002年至今）

党的十六大以来，我国进入了全面建设小康社会、加快推进社会主义现代化的新的历史时期，我国的改革发展也随之进入了关键时期。党中央围绕建设中国特色社会主义，确立了科学发展观，作出了构建社会主义和谐社会、建设社会主义新农村等一系列重大战略部署，有力推进了中国特色社会主义伟大事业向前发展。我国社会主义建设总体布局，由政治建设、经济建设、文化建设“三位一体”转变为包括社会建设在内的“四位一体”。这些既为民政工作的发展带来了重大历史性机遇，又带来了一系列重大挑战。这一时期，民政部门抢抓机遇，应对挑战，迎难而上，奋力开拓，各项民政工作在原有基础上取得了新的重大突破，民政事业发生了重大而深刻的变化。

2006年11月，国务院召开了第十二次全国民政会议，在回顾总结过去工作的基础上，与时俱进地明确了新阶段民政工作的职责作用,确定了“十一五”期间民政工作总体要求、总体目标和基本任务。明确了民政工作是政府履行公共服务和社会管理职能的重要方面,负有保障困难群体、特殊群体、优抚群体基本生活权益,维护和发展人民群众民主政治权利的重要职责。民政工作是为民之政,直接为人民群众服务、为人民群众排忧解难,与人民群众最关心、最直接、最现实的利益息息相关。民政工作是增强社会活力的基础,也是实现社会安定有序的基石,在构建社会主义和谐社会的伟大进程中具有不可替代的重要基础作用。要完善城乡社会救助体系,切实保障困难群众基本生活;健全灾害应急救援体系,不断提高灾害救助水平;发展社会福利事业,进一步形成以居家为基础、社区为依托、机构为补充的社会福利事业发展格局;支持慈善事业发展,逐步健全社会扶助体系;加强社区建设,夯实和谐社会建设基础;引导民间组织健康有序发展,增强服务社会的功能;提高优抚安置保障水平,增进军政军民团结;加强区划地名管理等工作,提高专项社会事务管理水平。

2012 年 3 月,国务院召开了第十三次全国民政会议,会议以“发挥民政在社会建设中的骨干作用”为主题,以“深入推进改革,创新社会管理服务体制”为主线,高度评价了第十二次全国民政会议以来的民政工作,提出了“十二五”时期民政工作的总体要求、发展任务和保障措施。骨干作用概括地说就是“一统四分”,“一统”即骨干作用,“四分”即支撑骨干作用的四大支柱。主要体现为:围绕保障和改善民生,发挥民政的保底作用,具体要加强减灾救灾能力建设、完善城乡社会救助体系、发展适度普惠型社会福利事业、促进公益慈善事业健康发展;围绕加强和创新社会管理,发挥民政的基础作用，具体要深化基层群众自治、构建社区综合管理服务平台、推动社会组织管理体制创新、加快推进社会工作专业人才队伍建设；围绕国防和军队建设，发挥民政的支持作用，具体要实施新型退役士兵安置制度、加强拥军优抚褒扬工作、推进军休复退人员工作；围绕提供和强化社会服务，发挥民政的支撑作用，具体要增强区划地名管理服务效能、完善专项社会事务管理服务、加强社会服务设施建设。

党的十八大以来，我国进入了全面建成小康社会、实现“两个一百年”奋斗目标的新的历史阶段，经济运行进入新常态，社会发展显露新特征，深化改革发展面临新任务新要求。党的十八届三中全会作出全面深化改革的战略部署，开启了我国全面深化改革的新历程。十八届四中全会作出全面推进依法治国若干重大问题的决定，将有力地推动建设中国特色社会主义法治体系，建设社会主义法治国家。我国社会主义建设总布局，由“四位一体”转变为包括生态环境建设在内的“五位一体”。

现阶段，民政工作面临的机遇前所未有，挑战也前所未有。全国民政系统深入贯彻落实党的十八大和十八届三中、四中全会精神，根据“四个全面”的战略布局，切实履行保障基本民生、创新社会治理、支持国防军队建设、强化社会服务等方面职能，全面深化民政改革，加强民政法治建设，开创了民政事业发展新局面，服务党和国家工作大局，为实现经济社会持续稳步发展、全面建成小康社会作出了积极贡献。在减灾救灾方面，高效有效应对了各类重特大自然灾害，建立健全了自然灾害救助管理体制机制，综合防灾减灾能力明显提高；在社会救助方面，以行政法规形式明确了社会救助制度的具体内容,全面建立了城乡最低生活保障制度,规范了城市“三无”人员和农村五保对象供养工作,普遍建立了城乡医疗救助制度和临时救助制度;在社会福利方面,加快发展养老服务业,基本形成以居家为基础、社区为依托、机构为支撑的社会养老服务体系,儿童福利进一步拓展,残疾人权益得到有效保障;在优抚安置方面,建立了新型退役士兵安置和烈士褒扬制度,健全了抚恤优待政策,规范了军休和复退军人安置管理,军政军民团结进一步加强;在社会组织方面,社会组织管理制度改革取得重大进展,政府购买社会组织服务制度基本建立,社会组织综合监管机制继续完善,在社会主义现代化建设中的作用进一步彰显;在基层政权和社区建设方面,基层群众自治继续深化,城乡社区建设全面加强;在区划地名方面,审慎稳妥推进了行政区划调整,加强了行政区域界线管理,地名公共服务水平稳步提升;在专项社会事务方面,健全流浪乞讨人员救助制度,建立了流浪未成年人救助保护制度,规范了婚姻和收养登记服务,提高了殡葬管理和殡仪服务水平;在公益慈善方面,慈善事业蓬勃发展,志愿服务深入开展,福利彩票发行管理得到加强;在社会工作服务方面,社会工作人才队伍建设全面加强,社会工作服务广泛有效推进。

二、新中国成立以来民政事业发展的基本经验

新中国成立以来特别是改革开放以来,民政部门尽管业务有增有减、功能有进有退、职责有分有合,但始终紧紧围绕党和国家发展全局来谋划工作,自觉把民政工作融入经济社会发展重大战略思想中去思考、去组织,主动把民政工作放入社会主义现代化建设

总体布局和重大战略部署中去安排、去落实。民政工作在不同的历史阶段，形成了既一脉相承又与时俱进的发展思路和目标任务，取得了弥足珍贵的经验，需要在今后的工作中进一步坚持和完善。

（一）始终坚持把围绕中心、服务大局作为民政工作的基本前提

随着经济社会的不断发展，党和国家的中心任务在不断调整，民政部门的业务有所变化，但"围绕中心、服务大局"的原则性要求始终如一。新中国成立初期，民政工作主要服务于新生人民政权的建立和巩固。从1953年直至"文革"之前，主要服务于社会主义改造和社会主义建设。改革开放后，民政工作主要服务于拨乱反正、改革开放、建立社会主义市场经济体制，尤其是全面建设小康社会、社会主义现代化建设，归结起来就是服务改革、发展、稳定的大局。民政部门只有紧紧围绕党和国家不同时期的中心任务履行职责，始终紧密结合党和国家各个阶段的重大发展战略推进工作，始终坚持在全局中谋划，在大局下行动，才能找准方位、赢得地位、发挥作用。新的历史条件下，民政工作必须紧紧围绕"四个全面"的目标和要求，主动融入国家改革发展大局，找准切入点、结合点、着力点，切实抓好中央高度重视、社会普遍关注、群众热切期盼的工作。

（二）始终坚持把"为民"作为民政工作的根本要求

民政乃为民之政，民政之要在于为民。民政工作历来与民生问题密切相关，保障民生、改善民生、解决民生，是民政事业发展的根本要求，是民政部门的基本职责所在、使命所系。做好民政工作，必须始终坚持"以民为本"，视人民的利益高于一切，把人民满意作为检验民政工作的主要标准，时刻把人民群众的安危冷暖放在心上，

真正成为困难群众感情上的贴心人、呼声上的代言人、权益上的保护人,切实做到权为民所用、情为民所系、利为民所谋;坚持深入基层、深入群众,体察民情、体验民生、体会民意,问政于民、问需于民、问计于民,诚心诚意帮助群众解决困难,尽心竭力为群众服务,努力使人民群众特别是困难群众得到更多的实惠。

(三)始终坚持把改革创新作为民政事业发展的不竭动力

改革创新是民政工作的动力源泉,是民政事业兴旺发达的必由之路。新中国成立以来,各级民政部门主动适应不同历史时期我国社会的新趋势新特点,以改革统揽民政工作全局,以创新贯穿民政工作始终,改革管理体制,创新工作机制,推动了民政工作的全面改革进步。当前,全面建成小康社会进入决定性阶段,改革进入攻坚区和深水区,经济运行进入新常态,做好民政工作必须主动适应新形势、新情况,增强改革意识,坚持用改革的办法解决民政事业发展中的困难和问题。加强改革攻坚,着力推进民政理论创新、制度创新和工作创新,加快建立健全与社会主义市场经济相适应的民政工作体制机制,不断焕发民政事业的生机和活力,实现民政事业持续健康发展。尊重基层的首创精神,鼓励和引导有条件的地区先行先试、大胆探索,用实验取得经验,用典型带动全局。坚持以开放促改革,积极建设双边、多边国际合作平台,不断拓展和深化国际交流与合作,认真借鉴国外和海外的有益经验,推动民政管理和服务向国际先进水平迈进。

(四)始终坚持把法治作为民政工作的根本保障

法治是党和政府治国理政的基本方式,是推进国家治理体系和治理能力现代化的主要依托。民政部门历来高度重视法律制度建设,把法律制度建设作为实现民政工作科学化、规范化、标准化的必然要求,作为民政工作长效机制的基本保障,作为提高民政工作质量和水平的重要依托。目前民政法律制度体系基本形成,民政工作总体实现了有法可依、有章可循,民政法治实施体系和法治监督体系正在加快完善,但适应新形势新要求的民政法治任务依然艰巨而繁重。因此在全面推进依法治国、深入推进依法行政的新形势下,必须立足服务民政事业发展全局,始终坚持立法、执法、守法、普法一体建设,构建完备的民政法律制度体系、推动民政法律制度严格实施、确保民政权力规范高效运行、提高民政部门依法行政能力,全面推进民政法治建设、全面提升依法行政水平。

(五)始终坚持把政府主导、部门协作、社会参与作为推进民政工作的基本路径

做好民政工作,离不开政府和社会两种基本力量,必须走政府主导、部门协作、社会参与的推进路径。新中国成立以来尤其是改革开放以来,民政在社会福利、灾害救助、最低生活保障、社区建设、社会组织、优抚安置等众多具体业务工作方面,逐步形成了各具特点、富有成效的工作机制。特别是在新阶段,抓住民政工作全局性发展规律和特点,进一步完善了“政府主导、部门协作、社会参与”的民政工作机制。政府主导,是因为民政工作是政府社会管理和公共服务的重要职能,必须在党委、政府的高度重视下,确保编制发展规划、制定法规政策、落实资金投入、进行监督检查等政府责任到位。部门协作,是因为很多民政工作带有综合性,单靠民政部门难以完成,必须加强与有关部门的沟通协调,取得有关部门的支持和帮助,不断加强与有关部门协作协同,形成强大的整体推进合力。

社会参与,是因为民政工作本质上讲是社会工作,民政工作的对象在于面向社会,民政工作的基础根植于社会,民政工作的优势在于依靠社会,民政工作新的增长点在于动员社会。

(六)始终坚持把统筹协调、重点突破、区域先行作为民政工作的基本方法

民政工作点多、面广、线长,单项业务拿出来个个叫得响,往往会得到党政领导的高度重视和大力支持,获得有关部门的积极协同、有力配合,引起社会各界的广泛关注和强烈反响。但是,区域之间经济社会发展不平衡,不同地区民政工作的条件和基础也存在不少差别。准确把握这些特点,有效推进工作,需要科学思维、战略运筹、策略谋划。统筹协调,就是要总揽全局、兼顾各项,注意克服薄弱环节,统筹城市和农村,做到目标一致、标准有别,确保民政事业的全面协调可持续发展。重点突破,就是要抓住牵动全局的主要工作、事关群众利益的突出问题,实施“名牌带动”战略和“重拳出击”策略,用重点工作的突破,来影响和带动民政工作的整体推进。区域先行,就是要根据我国区域发展差距,在分类指导上下功夫,特别要注意在全国选择一些条件适宜的地区,倡导在某些工作中先走一步,探索新鲜思路、展示工作前景、提供参照样板。

(七)始终坚持把固本强基、提升能力作为民政工作的基础保证

能力建设是做好工作的重要基础,也是推动事业发展的基础保障。近年来,民政部门继承了加强自身建设能力建设方面的好传统,始终坚持以提高能力促进工作发展,以实际效果检验能力建设水平,通过加强基层社会救助经办力量建设、购买公益服务岗位等

途径，突出了加强基层、强化基础等能力建设的着力点，有效保证了各项民政工作的开展。固本强基是因为民政工作的根基在基层，各项为民惠民政策的落实靠基层。需要在思想上高度重视基层、感情上牢牢贴近基层、工作上紧紧依靠基层，把基层民政建设纳入工作日程、摆上重要位置、列为工作任务、作为目标要求，经常分析研究、经常指导帮助、经常检查督促，切实减轻基层的负担，真情关心基层民政干部，想方设法改善基层民政工作条件，千方百计为基层民政排忧解难，确保各项民政政策和工作任务在基层得到全面落实。同时，需要加强民政部门自身建设，坚持“硬件”和“软件”两手抓，两手都不放松。大力倡导和完善民政行业的“孺子牛”精神，树立优良的行业作风，塑造良好的行业形象。加强职业能力建设，全面提升民政队伍的综合素质。大力发展民政科技，完善民政服务设施，加快民政信息化建设，改进民政工作的装备条件和手段。加强民政智库建设和民政领域国家标准和行业标准研制，着力强化基层、夯实基础，不断提高民政事业发展的支撑能力。

第二章　发展现状

2014年,各级民政部门深入贯彻党的十八大和十八届二中、三中、四中全会精神,坚持围绕中心、服务大局,积极履行保障和改善基本民生、创新相关社会治理、支持国防和军队建设、提供社会服务等方面职能,不断提高管理服务能力,推进民政事业发展,服务党和国家工作大局,为经济社会持续健康发展和全面建成小康社会作出了应有贡献。

第一节　基本民生保障

一、减灾救灾

(一)自然灾害应急救助高效有序

针对2014年自然灾害依然高发的态势,民政部在党中央、国务院坚强领导下,着力做好全天候灾情监测,及时启动救灾应急响应,组织开展灾害评估,协调有关部门安排救灾资金,调拨中央救灾储备物资,帮助指导地方做好受灾群众转移安置、过渡期生活救助和倒损农房恢复重建，有效应对了新疆于田地震，云南盈江地震、鲁甸地震和景谷地震，四川康定地震，超强台风“威马逊”，南方和华西洪涝灾害以及北方旱灾等重特大自然灾害，保障了受灾群众基本生活。截至2014年底，国家减灾委、民政部共启动救灾预警响应3次、救灾应急响应28次，中央下拨自然灾害生活救助资金96.3亿元，调拨帐篷11.4万顶、棉衣被16.4万床（件）、折叠床4.7万张和睡袋2万条等中央救灾储备物资，帮助地方妥善安置紧急转移群众700万人次，全年共救助受灾群众7500万人次。云南快速启动应急响应机制，及时调拨救灾资金和物资，统筹兼顾做好盈江地震、鲁甸地震和景谷地震救灾应急和灾后恢复重建工作，广东、广西、海南针对超强台风“威马逊”及时启动预警响应，提前安置危险地带群众近75万人，最大限度减轻人员伤亡。辽宁、河南、湖北、宁夏等地积极采取定时送水、发放口粮、生产自救等抗旱救灾措施，切实保障受灾群众基本生活。

（二）救灾工作精细化、规范化水平进一步提升

制定出台了《国家减灾委员会救灾工作组工作规范》《特别重大自然灾害损失统计制度》《民政部救灾应急工作组工作规程》，修订完善了《民政部救灾应急工作规程》《受灾人员冬春生活救助工作规程》。各地结合本地救灾工作实际积极开展政策创制，制定出台与《自然灾害救助条例》《自然灾害生活救助资金管理暂行办法》相配套的地方性法规政策。江西制定《江西省实施〈自然灾害救助条例〉办法》。在北京、江苏等21个省份和新疆生产建设兵团已出台本地自然灾害生活救助资金管理办法的基础上，2014年天津、湖南、广东、西藏4个省份新出台了资金管理办法，各级救灾资金分担

机制进一步健全。山西、天津等地推动制定受灾人员救助标准、救灾资金社会化发放等工作,救灾工作精细化、规范化管理水平进一步提高。

(三)救灾捐赠导向机制建设取得初步成效

联合外交部出台了《关于进一步完善接受国外救灾援助工作机制的意见》,对接受国外救灾援助款物的原则、流程及监督反馈进行了规范。吉林、湖南、贵州、甘肃等地对救灾捐赠需求信息发布进行了探索。及时发布民政部公告,对鲁甸地震救灾捐赠活动进行引导,较好地实现了社会捐赠与救灾需求的有效对接。全年民政部—中央财政汇缴专户陆续接收救灾捐款3109万元,其中,地震捐款3011万元,水灾捐款98万元。

(四)社会力量参与救灾工作逐步推进

指导各地大力推进农村住房保险工作,协同研究建立巨灾保险制度,参加保监会、财政部牵头成立的专项工作组并参与有关课题研究工作。目前,除新疆生产建设兵团外,各个省份均开办了农房保险业务,其中海南、贵州2014年在全省范围内启动实施政策性农房保险制度,云南、深圳、宁波等地相继开展了巨灾保险试点工作。开展社会组织参与芦山地震抗震救灾评估,及时指导云南省民政厅成立社会组织参与鲁甸地震救灾工作服务平台,协调社会力量有序参与救灾工作。广西启动了推进灾害社会工作服务活动,指导社会组织参与应急救灾工作。

(五)减灾救灾能力进一步提升

救灾物资储备及基础备灾能力建设方面,加快推进沈阳、哈尔滨、合肥、武汉、长沙、重庆、喀什等中央救灾物资储备库建设。会同财政部修订《中央救灾物资储备管理办法》，增加中央救灾物资储备品种，提高储备管理经费比例。新采购15.5万顶帐篷、63万床棉被、34万平方米苫布、2万个帐篷应急灯、500台场地照明灯等价值2.679亿元的中央救灾储备物资。协调财政部落实专项资金3.288亿元，拟为中西部地区1096个多灾易灾县购置民政救灾应急专用车辆。各地积极推进省、市、县三级救灾物资储备体系建设，根据救灾急需及时储备救灾物资，配备救灾车辆、应急通信装备、基层灾害信息员报灾终端等救灾装备。湖北颁布实施《救灾物资储备库体系建设规划》，福建、四川开展"民政救灾物资发放全过程管理系统"项目试点工作，甘肃建立救灾储备设施资源共享机制，天津做好中央救灾物资入库检验工作，云南采购储备1.05亿元省级救灾物资，上海与市内各大商业集团签订代储代供协议。

灾情报送和灾害信息员培训方面，累计处理1500余起灾害事件的7000余条灾情信息，编发《救灾快报》和《昨日灾情》各300余期，发送手机灾情信息15万余条。组织实施中央灾害信息员培训项目，指导各地加大灾害信息员培训力度。吉林、青海、新疆等地围绕灾情会商、信息报送、新闻发布、倒房评估等环节出台一系列规范性文件，内蒙古、浙江、江西、山东、湖北、广东等地进一步规范灾情信息报送工作，北京、天津、上海、江苏、贵州、宁夏等地开展乡镇网络报灾试点，河北、广西、重庆、西藏、陕西、甘肃等地多渠道争取资金支持，组织开展市、县灾害信息员培训。

综合减灾方面，继续实施《国家综合防灾减灾规划(2011—2015年)》。建立国家减灾委8个成员单位之间的跨部门灾害信息共享机制，推动落实"健全防灾减灾救灾体制"重要任务。开展社区风险评估、隐患排查、预案演练、宣传教育等工作,创建“全国综合减灾示范社区”1315个。开展2014年全国“防灾减灾日”、“国际减灾日”主题宣传教育活动,共发放各类宣传材料近4500万份,举行培训及讲座近2万场、防灾减灾演练3万多场、主题宣教活动1万多场,参与活动人数达6300万人次。举办“第五届国家综合防灾减灾与可持续发展论坛”和“综合减灾与风险防范国际研讨会”。继续在浙江、江西、云南3省实施“亚洲社区综合减灾合作项目”。协调实施“高分灾害监测与评估信息服务应用示范系统(一期)”等重大项目,推动开展“北斗卫星导航系统国家综合减灾与应急典型示范项目”需求分析和初步设计报告的编制。

二、社会救助

(一)社会救助制度进一步健全

法律法规制定方面,国务院颁布了《社会救助暂行办法》(以下简称《办法》),第一次以行政法规形式构建了社会救助体系,确立了社会救助的地位作用、基本原则、主体责任、制度安排、基本程序等,为政府各部门依法救助和社会力量有序参与提供了有力依据。浙江出台了《浙江省社会救助条例》,山东、湖北、云南出台了社会救助办法或实施办法,山西、吉林、黑龙江、上海、安徽、福建、广西、重庆、西藏、甘肃、青海等地以省级政府名义出台了贯彻落实《办法》的意见或通知。河北、内蒙古、江西、广东、海南以政府办公厅名义制定了贯彻落实《办法》的通知。辽宁、贵州、陕西以多部门名义联合出台了贯彻落实《办法》的意见。

重大政策制定方面,国务院出台了《关于全面建立临时救助制度的通知》,部署在全国范围内全面建立临时救助制度,对遭遇突发事件、意外伤害、重大疾病或其他特殊原因导致生活陷入困境,其他社会救助暂时无法覆盖或救助之后基本生活仍有严重困难的家庭或个人,给予应急、过渡性救助。

重大推进措施方面,在全国部署开展了“救急难”工作试点,上海、河南、湖南、海南、四川、西藏、甘肃、青海、新疆等地出台了“一门受理、协同办理”机制的专项政策文件,23 个省份及兵团街道(乡镇)全部建立一门受理窗口。在全国部署开展了为期 3 个月的“人情保”、“错保”专项整治活动,全国共复核城乡低保对象 6429 万人,占全部低保对象的 89%。对海南临高、内蒙古库伦等地出现的问题,进行了重点督察,并指导相关省份及时查处、深入整改。同时,指导各地建立健全社会救助经办人员和村(居)委会干部近亲属享受社会救助备案制度,设立社会救助投诉举报热线,接受群众监督。目前全国已有 97% 的县(市、区)建立了备案制度,94.5% 的县(市、区)设立了投诉举报热线。

(二)社会救助管理服务机制不断完善

城乡低保方面,联合财政部等部门印发《最低生活保障工作绩效评价办法》,公布了 2014 年度绩效评价指标和评价标准,组织开展低保绩效评价,引导和激励各地进一步规范和加强城乡低保工作,提高资金使用效益和管理服务水平。山西、海南、甘肃、青海将城乡低保纳入省委、省政府年度考核,内蒙古将社会救助纳入盟市领导班子实绩考核,吉林将提高城乡低保标准纳入省政府民生工程和民生实事。湖北积极统一城乡低保标准法定量化权限和确定方法,开展了农村低保按标施保工作试点,全省 17 个县(市、区)和

88 个乡镇实现农村低保家庭按年人均纯收入与当地农村低保标准的差额实施救助。新疆发文从组织部门、指标体系、评价步骤等方面规范了指标绩效评价工作。湖南实施了低保最低指导标准线制度,委托第三方机构进行绩效评估。积极推进低保信息系统建设,顺利完成一期建设项目验收,实现了民政部和 26 个省的低保数据交换,低保信息化建设水平显著提高。

城乡医疗救助方面,加大医疗救助城乡统筹力度,合并城乡医疗救助基金专账,统筹使用医疗救助资金。加快推进重特大疾病医疗救助试点工作,已有北京、内蒙古、辽宁、吉林、江苏、浙江、安徽、江西、重庆、海南、四川、甘肃、青海等地部署全面实施,其他省份也进行了多种形式的探索,取得了积极成效。各地对城乡低保家庭成员和特困供养对象等参加基本医疗保险的个人缴费部分给予补贴,资助对象范围和水平持续稳定。重点救助对象年度救助限额内住院自负费用救助比例普遍达到 60% 以上。加快推进“一站式”即时结算服务,全国已有超过 80% 的县(市、区)实现即时结算,其中北京、天津、内蒙古、吉林、江苏、浙江、安徽、湖北、湖南、广东、海南、重庆、贵州、云南、陕西、青海等地已实现全覆盖,其他省份也取得了较大进展。探索社会力量参与重特大疾病救助机制,引导慈善资源参与重特大疾病救助,鼓励具有影响的基金会、慈善会和部分社团、民非组织设立重特大疾病救助项目。

工作协调机制建设方面,中央层面建立了民政部牵头、27 个部门参加的全国社会救助部际联席会议制度,全国 30 个省(自治区、直辖市)建立了社会救助部门协调机制或领导小组,256 个市(地、州)、1869 个县(市、区、旗)建立了相关社会救助工作协调机制。居民家庭经济状况核对机制加快推进，民政部印发了《关于居民家庭经济状况核对信息系统建设的指导意见》，编制了《居民家庭经济状况核对标准》，会同公安部签订《公安部民政部关于信息共享快速查询的合作协议》协议，并由两部办公厅转发各地。全国30个省份成立了省级核对机构，70%的地区建立了居民家庭经济状况核对机制，实现了年初既定目标。上海在低收入困难家庭专项救助和医疗救助工作中引入收入核对机制。北京初步建成居民经济状况跨部门信息平台，实现了城乡低保、殡葬、婚姻登记数据与公安、工商、税务等数据对接，并将城乡低保人员在网上公示，着力提高低保核对的精细化水平。

（三）困难群众基本生活持续改善

城乡低保方面，2014年全国共有城市低保对象1026.1万户、1877万人，共支出城市低保资金721.7亿元。全国城市低保月人均标准410.5元，同比增长10%；月人均补助水平285.6元，同比增长8.1%。全国有农村低保对象2943.6万户、5207.2万人，共支出农村低保资金870.3亿元。全国农村低保年人均标准2776.6元，同比增长14.1%。

城乡医疗救助方面，2014年，资助参加城镇居民基本医疗保险1310.9万人，共支出资助参保资金11.7亿元。资助参加新型农村合作医疗4118.9万人，共支出资助参合资金28.4亿元。支出医疗救助资金284亿元，全国开展医疗救助共计2036.7万人次。医疗救助对象政策范围内住院自负医疗费用救助比例普遍达到60%，重特大疾病医疗救助试点进一步拓展。

农村五保供养方面，2014年，全国共有农村五保供养529.1万人,共支出农村五保供养资金196.1亿元,农村五保集中供养和分散供养年平均标准比上年同期增长14.6%、14.5%。

三、社会福利和慈善事业发展

(一)社会养老服务加快发展

养老服务配套政策制定方面,积极贯彻落实《老年人权益保障法》,会同相关部门制定了《关于进一步加强老年人优待工作的意见》和《关于加快推进健康与养老服务工程建设的通知》。围绕贯彻落实《国务院关于加快发展养老服务业的若干意见》(以下简称35号文件),会同有关部门出台了《关于加强养老服务标准化工作的指导意见》《关于推进养老机构责任保险工作的指导意见》《关于推进城镇养老服务设施建设工作的通知》《关于加强养老服务设施规划建设工作的通知》《关于加快推进养老服务业人才培养的意见》《关于做好政府购买养老服务工作的通知》《关于建立健全经济困难的高龄、失能等老年人补贴制度的通知》《关于开展养老服务业统计工作的通知》等配套文件,为养老服务业发展提供了重要遵循。地方性法规政策不断完善,大部分省份已出台贯彻国务院35号文件的实施意见,上海和海南出台了养老机构条例,山东修订出台了新的老年人权益保障条例。浙江和黑龙江下发了《关于发展民办养老产业的若干意见》,北京、河北、山西、江苏、浙江、福建等地出台政策促进医养融合发展。许多地方在养老用地保障、人才建设、老年人补贴等方面进行了积极探索。

养老服务创新试点方面,着眼于探索解决我国养老服务业发展存在的重点难点问题、创新相关体制机制,会同发展改革委在北京市西城区等42个地区开展了全国养老服务业综合改革试点，着重在引导社会力量参与养老服务等方面为全国提供经验；在北京市门头沟区社会福利中心等136家试点单位开展了公办养老机构改革试点，通过推行公建民营、探索转企改制等方式，激发公办养老机构的发展活力和内在动力；会同保监会等部门，启动开展老年人住房反向抵押养老保险试点工作；会同发展改革委等部门，在全国200个养老机构和450个城市社区开展了养老服务信息惠民项目试点；联合卫生计生委、发展改革委等部门，启动了养老机构远程医疗服务试点和国家智能养老物联网应用示范工程建设；配合财政部等部门实施了以市场化方式发展养老服务产业试点。浙江全面推行养老机构公建民营，推出首批18家公办养老机构、8000张床位向企业和社会组织招标运营。湖北确定首批27家公办养老机构开展了以公建民营为重点的改革试点。江苏超过100家公办养老机构和农村敬老院开展了公建民营试点。广西投入资金1000万元，推动22家公办养老机构开展公建民营改革试点；投入资金750万元推动72个社区开展政府购买居家养老服务试点。吉林大力推进居家养老社会化改革试点。安徽、江西、湖南、四川等地鼓励采取股份制、合作制等形式发展养老机构，安徽利用世行贷款项目支持养老服务体系建设获得国务院批复同意正式启动。上海试点统一的老年照护需求评估工作，整合民政、医保、卫计委等不同部门的养老服务政策，并启动40家老年宜居社区试点。

养老服务设施建设方面，深入实施《中国老龄事业发展“十二五”规划》和《社会养老服务体系建设“十二五”规划（2011—2015年）》，继续开展“社会养老服务体系建设推进年”活动、实施“敬老爱老助老工程”。会同发展改革委安排中央补助经费25亿元支持各地养老服务设施建设。截至2014年底,全国养老床位551.4万张,同比增长16.2%;每千人口拥有养老床位26张,同比增长6.2%。居家和社区养老服务设施建设稳步推进,社区留宿和日间照料服务床位数达116万张。积极推进农村幸福院建设,会同财政部拨付10亿元中央专项彩票公益金,支持了地方3.33万个农村幸福院项目。北京将建设80个街(乡、镇)养老照料中心列入北京市人民政府2014年为群众拟办重要实事。江苏将新建2000个社区居家养老服务中心列入省委常委会2014年工作要点重点任务和省政府2014年度十大重点工作百项考核指标。福建省级福彩公益金对农村幸福院建设予以补助,全年实施1120个,每个除中央补助3万元外,省级再补助17万元。四川将“新建改造10万张养老床位、建设2000个城乡社区日间照料中心,为100万困难家庭的失能和高龄老人提供居家养老服务”、“民族地区‘三无’人员、‘五保’对象和孤儿集中供养全覆盖”纳入2014年省委、省政府19件民生实事加以推进。青海将养老服务设施建设纳入省政府2014年十项民生实事工程,加大投入、强力推进。上海编制《2013—2020年上海市养老设施布局专项规划》,明确养老机构和社区居家养老设施的建设指标、配置标准和主要任务。湖北会同有关部门出台《关于加快发展社区养老院的意见》,完善扶持政策。辽宁、山东、安徽、四川、新疆等地省级财政设立了养老服务业发展专项资金。山东安排专项扶持资金13.5亿元和专项用地指标4920亩。江西出台了《养老机构消防安全管理规范》地方标准,提升养老机构安全管理水平。四川建立养老服务设施建设用地专项计划。

（二）儿童福利政策与服务继续拓展完善

在落实国家孤儿保障制度，及时为孤儿、艾滋病病毒感染儿童发放基本生活费的基础上，加快推进困境儿童分类保障制度建设，已有天津、内蒙古、浙江、山东、安徽、重庆等省份先行出台了地方性困境儿童分类保障政策。山东省出台《建立和完善农村留守儿童、妇女、老年人关爱服务体系的意见》，开展了民政干部联系孤儿活动，10969 名民政干部对全省 10952 名孤儿实行"一对一、全覆盖、常态化"联系。安徽通过政府购买服务方式，利用省级福彩公益金将困境家庭患先天性心脏病和白血病儿童的救治纳入制度性保障。适度普惠型儿童福利制度试点扩大到 50 个市（县、区），试点地区在建立分类保障制度、健全儿童福利指导和服务体系上作了有益探索。弃婴权益保障工作取得新突破，通过联合宗教事务局下发《关于规范宗教界收留孤儿、弃婴活动的通知》，修订实施《家庭寄养管理办法》，在全国 32 个市（县）开展婴儿安全岛试点工作以及实施孤残儿童手术康复明天计划等，进一步规范了孤儿、弃婴收留养育工作，加强了孤儿、弃婴权益保护。实施《儿童福利设施建设规划二期》，儿童福利机构管理服务水平进一步提升。

（三）残疾人福利工作稳步推进

发布了第一个《中国康复辅助器具目录》，对康复辅助器具市场进行了规范，推动行业健康发展。实施"福康工程"、"关怀项目"，资助西部地区福利机构、社区日间照料机构试点配置康复辅具。贯彻落实假肢矫形器生产装配企业资格认定改为后置审批等制度改革。17 个省份建立了困难残疾人生活补贴制度，12 个省份建立了重度残疾人护理补贴制度。联合财政部等 6 部门出台了

《关于做好政府购买残疾人服务试点工作的意见》。青海出台了政府向社会力量购买残疾人服务实施办法。上海出台了对福利企业实施残疾人集中就业社会保险费给予50%补贴的政策,全国福利企业集中就业残疾人职工56.4万人。发布《精神卫生社会福利机构基本规范》,实施2014—2015年中央专项彩票公益金支持精神病人福利机构建设项目,中央投入5亿元支持了20个省份的20个机构建设,新增床位7000多张,带动各级民政精神卫生福利机构建设。

(四)慈善事业健康发展

政策制定方面,国务院印发了《关于促进慈善事业健康发展的指导意见》,明确了鼓励和规范慈善事业发展的政策措施。民政部制定了《关于加强和创新慈善超市建设的意见》,天津、内蒙古、江苏、安徽、湖北、甘肃、青海、宁夏等地出台了本地区慈善超市建设实施意见,着力创新慈善超市建设和运营。民政部、中国邮政集团总公司签署协议,开展"邮善促民生"战略合作,推进慈善超市创新发展、邮政民生服务的丰富和基本社会服务网络的完善,山东、湖北等11个省份正在积极申报试点。制定了《民政部、全国工商联关于鼓励支持民营企业积极投身公益慈善事业的意见》,鼓励引导民营企业参与慈善事业。制发了《民政部关于建立儿童福利领域慈善行为导向机制的意见》,增强了慈善事业与社会福利的政策衔接。修订"中华慈善奖"评选表彰办法,进一步增强了奖项激励引导作用。北京出台了《关于慈善力量参与社会救助的意见》,湖北省出台了《关于鼓励全省社会力量参与"救急难"慈善救助的指导意见》,引导慈善力量在社会救助中发挥重要补充作用。

载体建设方面,推进中华慈善博物馆建设,在全国范围内包括港澳台地区开展藏品征集工作。举办第三届慈展会,发挥了慈善信息发布平台、慈善资源对接平台和慈善文化宣传平台的积极作用。会同中宣部、发展改革委等部门开展了节俭养德、全民节约行动。支持中国慈善联合会举办首届中国慈善论坛。编写并发布了《2014 慈典:慈善救助信息实用手册》,方便社会公众查询慈善救助信息。北京、广州相应编辑发布了本地的慈善救助资源手册。继续引导社会力量围绕慈善事业立法创制中的重点难点问题开展课题研究,增强了决策的科学性。浙江开展了"浙江慈善奖"评选,举办了以"向善的力量"为主题、以慈善故事分享为主线的颁奖活动,形成了良好的慈善事业发展环境。四川设立"巴蜀慈善奖",彰显了政府促进公益慈善事业发展的鲜明态度,发挥了较好的示范引领作用。上海举办"公益伙伴日"、"慈善公益沙龙"等活动,探索慈善资源整合新途径,构建跨界互助合作的新机制。北京出版了慈善史料汇编。

废纺综合利用方面,以废旧捐赠衣物再生加工利用为抓手,加强了废旧纺织品综合利用产业化工作,明确了相关再生加工项目的资金支持政策。建立了废旧捐赠衣物再生加工示范性基地。制定了《捐赠纺织品折价参考目录(试行)》,为可用于销售的捐赠纺织品提供售价指南。会同中国纺织业联合会等单位,组织开展了"旧衣零抛弃"等活动。浙江绍兴、宁波开展了"衣循环、爱循环"旧衣回收捐赠活动。

(五)福利彩票工作取得新进展

研究制定了《民政部本级彩票公益金中央级项目评审办法》,

引入资金核拨、第三方绩效评价、不定期督察等监督管理方式,资金使用的规范性与效益进一步提高。制发了《关于民政部门利用福利彩票公益金向社会力量购买服务的指导意见》,通过福利彩票公益金购买服务方式助推社会事业发展。健全了部本级彩票公益金资助举办培训班的管理制度。继续加强福利彩票管理,强化了传统销售渠道建设和新型销售渠道拓展工作,多样化销售网络体系不断完善,游戏产品结构和营销格局进一步优化,产品整体竞争力持续提升。制定了《民政部关于进一步加强福利彩票机构自身建设的指导意见》,福利彩票发行销售自身建设工作得到重视和加强。下发了《中国福利彩票销售场所管理办法》,福利彩票销售场所管理工作进一步规范。加强了福利彩票公益品牌和福彩文化建设,强化了队伍建设和风险防控,健全了社会监督机制,实现了全年规范安全运营。截至 2014 年底,全国福利彩票共销售 2059.7 亿元,同比增长 16.7%。

第二节　社会治理创新

一、基层政权和社区建设

(一)基层群众自治不断深化

5 个省份制定(修订)了村委会组织法选举办法或实施办法,全国制定(修订)村委会组织法选举办法的省份达到 27 个,制定(修订)村委会组织法实施办法的省份达到 23 个。14 个省份依法有序开展了村委会换届选举工作,98% 以上的村委会实行了直接选举,村民平均参选率达到96%以上。各地采取多种举措,有效保障流动人口的民主权利,一大批素质好、群众认可的优秀人才当选村委会成员。山西严格候选人资格条件,探索推行了“先定事后定人揭榜竞选”村委会选举新模式。湖南从地方立法层面全面推行村级组织制定本村换届选举办法的新做法。陕西等地明确了候选人“五选八不选”资格条件等要求,并提出“六严禁、三全程、四个一律”的换届纪律。吉林率先出台文件,指导各地推进基层民主协商工作。7个开展新一轮居委会换届选举的省份都积极推行户代表选举或直接选举,覆盖面比上一届提高10%以上。依托村(居)民会议、村(居)民代表会议等多种形式,各地广泛开展了城乡基层民主决策、民主协商活动。辽宁、吉林、安徽、福建、新疆等地制定了城乡基层民主协商的相关制度。江苏、浙江、湖北、四川等地积极探索开展城乡基层民主协商的有效路径。

(二)城乡社区建设统筹推进

协调机制建设方面,国务院批复同意建立由民政部牵头,中央组织部、中央综治办、公安部、司法部、财政部等13个部门和单位组成的全国社区建设部际联席会议制度,强化了社区建设的顶层设计、整体布局和部门联动。

社区服务体系建设方面,继续推动实施《社区服务体系建设规划(2011—2015年)》,不断健全完善社区服务体系。截至2014年底,全国共有社区服务机构31.1万个,比上年增长23.4%;其中社区服务指导中心918个,社区服务中心2.3万个,社区服务站12万个,社区养老服务机构和设施1.9万个,社区互助型养老服务设施4万个。社区服务机构覆盖率45.5%,比上年增长8.6%,社区留宿和日间照料床位数187.5万张。社区服务机构从业人员达85.3万人,其中,具有助理社工师以上职业资格的达1.3万人,大学专科以上学历的达29.3万人;社区志愿服务组织10.9万个,注册社区志愿人数达22.9万人,累计志愿服务时间2381万小时。依托社区服务机构,广泛开展面向全体社区居民的劳动就业、社会保险、社会服务、卫生计生、文化体育、社区科普、社区矫正、社区禁毒,以及流动人口服务管理等服务项目,大力开展社区居民购物、社区小额金融服务、电信、社区日间照料等便民利民服务,拓展延伸了社区服务内容和领域。制定发布民政行业标准《社区公共服务综合信息平台基本规范》,联合发展改革委等有关部门开展了社区服务信息惠民行动计划试点工作,推进社区公共服务综合信息平台和智慧社区建设,全国社区公共服务综合信息平台覆盖率达到10%。推动农村社区建设与新型城镇化和新农村建设有机结合,总结推广不同类型农村地区完善农村社区服务的实践经验。实施西部城乡社区服务人才队伍能力建设项目,培训西部城乡基层干部2000余人次。内蒙古、吉林、安徽、福建、山东、广西、贵州等地出台了社区公共服务综合信息平台文件。

社区治理与服务创新方面,开展了“2013年度中国社区治理十大创新成果”遴选活动,确定了十大创新成果和五项提名成果。印发了《关于做好2014年全国社区治理和服务创新实验区有关工作的通知》,对社区治理和服务创新实验重点工作进行部署,进一步推进社区治理体制改革创新。继续开展第二次全国和谐社区建设示范单位创建活动。民政部与厦门合作开展“推进社区治理体系和治理能力现代化建设”课题研究,充分发挥全国城乡社区建设专家委员会作用，推动社区治理创新逐步上升到理论层面。北京出台推进民政社会治理现代化的意见。上海市委常委会将“创新社会治理、加强基层建设”列为市委一号课题，针对街镇、居村基层治理问题，聚焦体制机制、队伍建设、综合治理、服务保障专题，开展专题研究，形成“1+6”系列文件，进一步完善上海超大型城市社会治理体系，习近平总书记给予肯定并作出重要指示。湖南出台推进社区工作规范化建设的意见。天津、内蒙古、江苏、安徽、山东、河南、广西、贵州、四川、宁夏等地积极开展符合自身实际情况的社区治理体制改革创新。山西、内蒙古、浙江、安徽、江西、四川等地探索“三社联动”基层治理模式。辽宁制定了社区工作者管理办法，建立健全了社区工作者选拔、管理、培训、保障等机制。吉林下发了《关于提高社区工作者待遇的意见》，全面改善社区工作者工作条件。青海健全村（社区）干部绩效考评机制，基层组织管理水平显著提升。各地扎实推进社区减负增效工作，内蒙古、江苏、浙江、安徽、福建、山东、重庆、四川、宁夏等地出台省级社区减负增效的文件，南京、无锡、杭州、宁波、武汉、南宁等地出台市级文件。

（三）基层政权建设政策研究与实践工作稳步推进

总结推广江苏“政社互动”经验，指导各地规范基层政府与村（居）委会之间的权责关系，推动建立健全乡镇（街道）政府管理和基层群众自治衔接互动机制。加强乡镇服务型政府建设政策创制，指导海南省三沙市基层政权建制工作。开展乡镇（街道）行政组织和行政程序的立法论证工作，督促各地深入开展乡镇（街道）政务公开工作。总结南京、成都、天津滨海新区的街道行政体制改革的经验做法，不断强化街道的公共服务和社会治理功能。会同中央组织部先后举办了全国街道社区党组织书记专题培训示范班和全国乡镇服务型政府建设示范培训班。

二、社会组织登记管理

(一)社会组织管理制度改革稳步实施

行业协会商会类、科技类、公益慈善类、城乡社区服务类四类社会组织直接登记工作已在全国绝大部分省份开展,北京、天津、河北、内蒙古、上海、江苏、浙江、安徽、福建、山东、河南、海南、四川、云南、宁夏、厦门、大连、宁波等地以政府名义下发了直接登记的指导文件或具体办法,上海对已经成立的社会组织同步推进直接登记管理,全国已直接登记社会组织3万多个。简政放权力度加大,部本级取消了法律规定自批准之日起即具有法人资格的社会团体及其设立分支机构、代表机构备案,全国性社会团体分支机构、代表机构的设立、变更和注销登记审批。大多数省份非公募基金会登记权限下放到了县一级、异地商会登记权限下放到了地市一级。做好外国商会登记管理接续工作,制定了《外国商会申请成立登记所需材料清单》,正式接受波兰、以色列、墨西哥、伊朗、土耳其、俄罗斯、巴西7个外国商会咨询。支持中关村试点登记涉外民办非企业单位。

(二)支持社会组织发展的力度持续加大

联合财政部制定了《关于支持和规范社会组织承接政府购买服务的通知》,编印了《政府购买服务政策文件选编》,对136家中央预算单位及各地民政部门进行了相关培训。指导地方开展购买服务试点工作,23个省份出台了政府购买服务指导文件,其中大部分制定了指导目录。联合中国残联出台了《关于促进助残社会组织发展的指导意见》。与财政部等4部门联合发布支持和促进重点群体创业就业有关税收政策的公告,首次将民办非企业单位纳入享受税收政策的用人单位主体范围。制订了探索建立分层分级的社会组织税收优惠制度试点方案,协调解决了社会组织申领公益事业捐赠票据难问题,指导各地积极开展公益性社会组织接受捐赠税前扣除资格认定工作。以帮扶孤残老人、贫困人群、灾区群众和城乡特殊群体为重点,2014年中央财政支持社会组织参与社会服务项目共立项448个,立项总资金19605万元,配套资金16563万元,直接受益群众235万多人,培训社会组织负责人1.5万多人。各地积极探索使用财政资金、福彩公益金专项支持社会组织承接政府购买服务,资金总额近10亿元。浙江、山东率先将社会组织服务平台建设纳入财政支持范围,上海举办了“创新社会治理,伙伴携手公益”为主题的第四届上海公益伙伴日活动,江苏将社会组织孵化中心建设列为省政府十大重点工作百项考核指标、建成社会组织培育中心158个。

(三)社会组织监督管理更加完善

牵头会同中央编办、发展改革委等8部门出台了《关于推进行业协会商会诚信自律建设工作的意见》,牵头会同财政部出台了《关于取消社会团体会费标准备案规范会费管理的通知》《关于加强社会组织反腐倡廉工作的意见》,牵头会同财政部、人民银行出台了《关于加强社会团体分支(代表)机构财务管理的通知》,联合财政部、教育部制定了《关于加强中央部门所属高校教育基金会财务管理的若干意见》等政策文件,社会组织监督管理制度进一步健全。完善并实行了年检与抽查审计相结合的管理方法,抽取部本级

26个基金会、20个行业协会(含403个分支机构)、20个学会进行了审计,共年检社会组织2114个,其中合格1731个,基本合格357个,不合格26个,督促存在问题的社会组织进行了整改。部本级全年共处理举报案件约130余件,行政约谈80余次,行政告诫50余件,作出行政处罚决定10件,发出责令改正通知书2件,办理复议案件1件,办理信息公开案件3件。就中华医院管理学会等重点案件进行了调查。山西、内蒙古、上海、湖北、陕西、青海、深圳等地专门制定了关于社会组织管理规范化的文件,浙江出台了全国首个地方标准《社会组织建设规范》,吉林制定了《社会组织资金管理规范》地方标准,监督管理、清理整顿工作取得了明显成效。

(四)行政机关与行业协会商会脱钩工作继续推进

坚持社会组织去行政化方向,配合中央组织部出台了《关于规范退(离)休领导干部在社会团体兼职问题的通知》,对党政领导干部在社会团体兼职进行从严管理。天津、河北、内蒙古、辽宁、江苏、山东、广东、海南、重庆、贵州、云南、宁夏等地制订了行业协会商会与行政机关脱钩工作方案,部分地区开展了脱钩试点;上海、江苏、浙江、福建、广西等地已基本完成了行业协会商会与行政机关脱钩工作,并积极建立长效机制。山西、江苏、浙江、安徽、福建、山东、湖北、湖南、陕西、新疆等地开展了清理工作。

(五)社会组织积极作用进一步发挥

截至2014年底,全国共有社会团体30.7万个,比上年增长7.3%;民办非企业单位28.9万个,比上年增长15.1%;基金会4044个,比上年增长15.7%。积极推进社会组织建设创新示范区创建、行业协会行业自律与诚信创建、民办非企业单位塑造品牌与服务社会等活动，取得良好效果。通过召开经验交流会等方式，引导行业协会服务地方经济发展。依托中国社会组织网搭建全国性社会组织服务地方经济发展对接平台，组织20多家全国性社会团体与山东省聊城市进行了实地对接，投资合作意向资金近100亿元；组织13家全国性行业协会商会与江西赣州签署了合作协议。引导基金会参与社会服务，组织2014年“爱心洒天山”援疆活动，援助资金约1.26亿元。引导社会组织在促进社会和谐与发展中发挥积极作用，2014年各地社会组织共吸纳就业人数700余万人，服务惠及群众数千万人，向党政机关提供各类政策建议数万条。

（六）社会组织理论研究及宣传工作不断加强

围绕社会组织改革发展，组织开展了2014年社会组织建设与管理部级课题研究，立项课题83个，形成了210多万字的研究成果。利用国际合作项目，开展了32个前沿课题研究。社会组织法人库项目得到发展改革委正式批复，中央直接投资7091万元。中国社会组织网2014年发布通知新闻5007条，行政许可、查处、年检、评估等政务公告4588条，访问量首次突破了200万人次。全年举办培训班19期，培训学员1600余人，成功举办了首届全国地方党政领导干部社会组织管理建设专题研究班，打造地市级登记管理机关研修系列精品班。初步建立了1900多人的信息宣传队伍，拓展了“一刊两微两网”信息发布平台，开通“社会组织动态”微信公众号，天津、上海、江苏开通了省级社会组织官方微博、微信平台。发布舆情信息300余期，制作舆情350余份，出版了《2013社会组织改革制度选编》和首本社会组织舆情年度报告，上海发布了社会组织年度发展报告和基金会名录。开展了“社会组织十件大事”评选,江苏在全省开展了2014年度社会组织十佳公益服务品牌申报活动。

三、社会工作和志愿服务发展

(一)制度建设不断加强

在立法创制方面,制定了《关于进一步加快推进民办社会工作服务机构发展的意见》(民发〔2014〕80号),为民办社会工作服务扶持发展和监督管理提供了政策保障。联合共青团中央、中央综治办等部门制定了《关于加强青少年事务社会工作专业人才队伍建设的意见》(中青联发〔2014〕1号),开启了在民政之外的相关行业和领域全面深入推进社会工作发展的新历程。联合司法部等有关部门制定了《关于组织社会力量参与社区矫正工作的意见》(司法〔2014〕14号),明确了社会工作在壮大社区矫正力量、改进社区矫正方式、提升社区矫正水平、增强社区矫正成效中的专业作用与实施路径。制定了《社会工作服务项目绩效评估指南》和《儿童社会工作服务指南》国家行业标准,为各地开展政府购买社会工作服务项目绩效评价和实施儿童社会工作服务提供重要指引。协调争取将社会工作和志愿服务纳入中央司法体制和社会体制改革意见、国务院禁毒戒毒工作意见和社会救助暂行办法等相关法规政策规范,为社会工作和志愿服务在更大范围、更广领域融入发展提供法制保障。

在政策落实方面,共有27个省份出台了本地区加强社会工作专业人才队伍建设的实施意见或专项规划。黑龙江、河南、湖北、山西、河北、安徽、甘肃、宁夏等地制定或完善了本地区政府购买社会工作服务政策;重庆建立财政购买社会工作服务纳入市级公共财政专项预算安排的长效机制,2014 年政府购买社会工作服务项目近 20 亿元。山西、上海、福建、重庆、甘肃等地制定了社区社会工作服务政策。天津、甘肃制定了灾害社会工作服务政策。吉林、黑龙江等地出台或完善了民政事业单位专业社会工作岗位开发设置政策。北京、山西、上海、安徽、江西、广东、广西、贵州、云南等地出台了加快推进青少年事务社会工作专业人才队伍建设的意见。内蒙古、福建、新疆、海南等地围绕社会工作专业人才激励保障、考核评价等环节出台了政策措施,山东组织开展了首届"齐鲁和谐使者"评选表彰活动,下发了《关于推进"四社联动"创新社区治理和服务的意见》,推动整合社区、社会组织、社会工作者和志愿者资源。黑龙江出台了《社会工作职业指引》。福建出台了《关于加强企业社会工作的意见》。天津制定了《社会服务志愿者队伍建设指导意见》。上海、重庆、陕西等省份制定了本地区志愿服务记录实施办法。河北、江西、山东、河南、湖南、广西、重庆、甘肃等地出台了推进志愿服务制度化和共产党员参与志愿服务的政策意见,山西、福建、宁夏等地出台了关于开展社区志愿服务活动的意见,广东等地制定了星级志愿者资质认证管理办法。

(二)队伍建设稳步推进

在实施社工职业水平评价方面,组织实施了 2014 年度全国社会工作者职业水平考试,报考人数首次突破 20 万人,28431 人取得助理社会工作师证书、7427 人取得社会工作师证书,全国累计持证社会工作者 158929 人,其中广东持证社会工作者超过 3 万人,江苏超过2万人,北京、浙江超过1万人。重庆探索开展社会工作员职业水平考试,取得社会工作员证书人员达1989人。

在开展专业社会工作和志愿服务培训方面,组织实施社会工作专业人才知识更新培训,指导地方开展社会工作急需紧缺人才培养培训项目和岗位培训项目;继续将社会工作专业培训纳入福利彩票公益金支持范围,安排资金1000万元,首次通过公开招标方式实施了社会工作服务人才职业能力建设工程和社会工作管理人才综合素质提升工程,支持培训社会工作服务和管理人才4300余人;实施"三区"社会工作专业人才培养项目,为中西部23个省份培训社会工作从业人员500名。2014年全国有27.4万人次参加了社会工作专业知识培训,其中北京、内蒙古、吉林、上海、江苏、浙江、湖北、湖南、广东、重庆、四川等地参训人数突破万人次。内蒙古实施了"草原英才"工程社会工作人才培养计划。湖南率先实施了全省市(区、县、州)党委、政府分管领导、组织部门和民政部门领导的社会工作轮训。组织编写了《社会工作基础知识》《社会工作法规与政策》《老年社会工作实务》《儿童社会工作实务》和《志愿者管理手册》等培训教材。先后在天津、南昌、西安组织开展了东中西部地区志愿服务记录制度试点情况分析暨志愿者管理培训,全年培训志愿者人数94万余人次,常年参与志愿服务人员数量达6500多万人。

(三)服务平台日益拓宽

在社会工作管理平台扩展方面,北京、天津、黑龙江、上海、浙江、广东、重庆、青海、宁夏、新疆等10个省份民政部门分设了社会工作处(办公室),内蒙古、上海、贵州、新疆等省份设立了社会工作事业单位。大部分省份民政部门以人事处室为依托,加强社会工作行政力量配备。积极推进社会工作行业组织建设,全国已经成立了24个省级、77个地市级、109个县级社会工作行业协会。安徽合肥、河北保定等城市率先实现了社会工作行业组织在区县和街道乡镇的全覆盖。

在社会工作服务平台完善方面,全国事业单位、城乡社区已开发社会工作专业岗位11万余个,其中北京、上海、江苏、广东专业社工岗位突破1万个。吉林认真落实部省合作协议,在民政事业单位和社区全面开发设置社会工作专业岗位,积极落实岗位人员工资待遇。全国已有3300余家民办社工服务机构,其中浙江、广东、四川民办社工服务机构数量突破400家,北京、内蒙古、上海、江苏、山东、湖南、陕西民办社工服务机构数量突破100家。

在志愿服务平台延伸方面,推广应用全国志愿者队伍建设信息管理系统,开展志愿者和志愿服务组织注册登记、志愿服务项目发布、志愿服务记录等工作,系统注册志愿者达160多万人。据不完全统计,目前全国志愿服务组织(站点)数量达21万个,为志愿者管理和志愿服务开展提供了有力组织保障。

(四)服务实践逐步深化

在社会工作服务深化拓展方面,启动实施“社会工作服务标准化建设示范工程”,确定61个首批全国社会工作服务示范地区、103个首批全国社会工作服务示范社区、180个首批全国社会工作服务示范单位,引领带动其他地区、社区和相关单位深入开展社会工作服务。继续实施社会工作专业人才服务“三区”计划,支持中西部23个省份选派1000名社会工作专业人才到250多个国家级贫困县(市、区),以农村特殊困难留守儿童、留守老人和留守妇女为重点,开展专业社会工作服务,帮助建构农村社会关爱服务网络。首次组织实施“鲁甸地震灾区社会工作服务支援计划”,统筹北京、上海、广东、四川、云南等地社工专业力量,通过跨省支援方式为鲁甸地震灾区群众提供哀伤辅导、心理抚慰、关系修复、生计发展、社区重建等专业社工服务,帮助灾区建立本地化、可持续的社会工作服务网络,受到社会广泛关注。实施“民政部本级福利彩票公益金特殊困难老年人社会工作服务示范项目”和“大爱之行—贫困人群社会工作服务项目”,支持各地开展社会工作服务示范,主动回应困境人群的心理社会需求。北京、江苏、浙江、山东等地适应基层社会治理的紧迫需要,积极开展社区、社会组织、社会工作者“三社联动”实践探索。广东、重庆等地广泛开展社区社会工作服务。河北继续实施关爱困难老人的“暖心续航”社工服务财政项目。安徽启动了“江淮社工行动”,开展了“成长相伴”儿童社会工作服务和“共享阳光”社会救助社会工作服务。上海民政局会同市卫计委在全市152家医院开展医务社会工作试点。北京、湖北、湖南等地探索开展了社区矫正社会工作服务。

在志愿服务广泛开展方面,民政部督促、指导各试点地区开展志愿服务记录工作,与中央文明办、中央党的群众路线教育实践活动领导小组办公室共同推动志愿服务纳入基层党建范围,推动党员自觉带头参加各类志愿服务。实施福彩公益金全国志愿者动员管理和技能提升项目。天津、山西、贵州等地在社区广泛建立志愿服务时间银行制度,推广“菜单式”志愿服务。黑龙江实施了“十、百、千、万”社区志愿服务工程。

（五）宣传普及成效显著

在社会工作宣传普及方面，以“弘扬社工精神，服务困境人群”为主题，在全国范围内组织开展第八个国际社工日主题宣传活动。北京、上海、福建、江西、湖南、广东、广西、重庆、贵州、青海等地通过举办社工日活动、拍摄微电影、支持电台开设社工栏目、制作宣传册、举办社工知识竞赛等方式，开展了形式多样、内容丰富、广泛深入的社会宣传，社会工作的社会知晓度和认同度得到明显提高。

在志愿服务宣传普及方面，组织开展了第二届全国优秀志愿服务项目与志愿组织案例征集活动，推出、推广了一批社会需要、群众急盼、影响力和带动力强的优秀志愿服务项目与案例；与团中央、中国志愿服务联合会联合印发《关于举办志愿服务广州交流会暨首届中国青年志愿服务项目大赛的通知》，共同举办赛会；配合中央文明办开展全国志愿服务标识征集活动；组织制作志愿服务主题视频宣传片；首次联合中央文明办、团中央组织开展2014年“12·5国际志愿者日”主题宣传与实践活动，取得了良好的社会宣传效果。

第三节　支持国防和军队建设

一、优待抚恤工作持续加强

政策制定方面，协调出台了《人民警察抚恤优待办法》、《优抚对象住房优待办法》、《执行多样化军事任务民兵预备役人员抚恤优待办法》、《关于国家机关工作人员伤亡抚恤工作有关问题的通知》,丰富了优抚保障的对象和内容。海南制定了参加海上维权活动人员优待抚恤暂行办法,以实际行动支持南海维权斗争。安徽出台了《重点优抚对象享受普惠加优待规定》。

保障水平方面,第21次提高残疾军人残疾抚恤金标准,第24次提高"三属"定期抚恤金标准和"三红"生活补助标准,对烈士老年子女和农村籍老义务兵生活补助标准进行了首次调整,各类优抚对象补助标准平均提标幅度达20%,各地义务兵家庭优待金标准也大幅提高,惠及优抚对象922.2万人。

管理服务方面,落实优抚对象各种待遇,提升了优抚群体的社会地位和荣誉感。出台《全国优抚信息管理系统优抚对象数据核查规范》,完成了806万优抚对象身份证信息的采集认证工作,推动全国29个省份实现优抚信息系统部省市县四级联通。为残疾军人和伤残人民警察换发了新式《残疾军人证》和《伤残人民警察证》。建立优抚对象短期疗养制度,出台了全国文明优抚医院和文明光荣院考评细则,广泛开展文明优抚事业单位创建活动。首次大规模开展优抚事业单位工作人员培训,进一步提升了服务能力。中央财政支持了73所优抚医院、277所光荣院建设。吉林出台了优抚对象抚恤补助资金使用管理实施细则。山东推行建立优抚对象联络员制度和基层优抚公益服务机构,初步实现了基层优抚管理网络化。上海全面推开"关爱功臣活动",通过优抚社工、志愿者队伍建立社区优抚对象关爱服务体系。

二、烈士褒扬工作成效显著

烈士纪念活动方面,全国人大常委会决定将9月30日设立为烈士纪念日，中共中央办公厅、国务院办公厅、中央军委办公厅下发《关于做好烈士纪念日纪念活动的通知》，国家和各地人民政府隆重举行首个烈士纪念日纪念活动，纪念烈士上升为国家行为，并以法律形式固定下来。出台《烈士公祭办法》，与中央宣传部、教育部等部门联合开展“纪念先烈·报效祖国·圆梦中华”活动，与中央宣传部、总政治部在华北军区烈士陵园共同举办清明公祭烈士活动，促进了烈士精神的弘扬。江西制定了烈士评定工作规程和纪念设施服务规范，加强了烈士褒扬工作规范化建设。云南组织开展了“铭记英烈、关爱烈属”为主题的公祭烈士、向全省烈属发慰问信等6项烈士纪念活动。

设施保护与管理方面，国务院公布第一批80处国家级抗战纪念设施、遗址名录，民政部公布第一批300名著名抗日英烈和英雄群体名单，民政部和总政治部首次公布197653名抗美援朝烈士名单。中共中央办公厅、国务院办公厅转发民政部等10部委《关于严禁在历史建筑、公园等公共资源中设立私人会所的暂行规定》，在全国烈士纪念设施保护单位中开展私人会所摸底排查工作。发布《国家级烈士纪念设施保护单位服务管理指引》，开展了零散烈士纪念设施抢救保护工程完成情况专项督察，全国圆满完成83.8万座散葬烈士墓、1.37万处零散烈士纪念设施的抢救保护工程。中央财政下拨22.79亿元对63个国家级烈士纪念设施维修改造工程、22.22万座散葬烈士墓和5317处零散烈士纪念设施抢救保护工作给予了补助。完成220位评定烈士的备案工作，下拨烈士褒扬金1.13亿元。

境外烈士纪念设施维修保护工作方面，与韩国相关部门就在韩志愿军烈士遗骸交接事宜达成共识,3 月 28 日在韩国仁川成功举行 437 位烈士遗骸交接仪式。高规格举行 437 位在韩志愿军烈士遗骸迎接仪式,高标准打造在韩志愿军烈士安葬墓区工程,隆重举行了首批在韩志愿军烈士遗骸安葬仪式。全面启动在朝志愿军烈士陵园修缮工程,开城和安州志愿军烈士陵园开工。完成了在卢旺达、巴布亚新几内亚的境外烈士纪念设施修缮工程,在也门、柬埔寨等国家和地区的境外工程取得较大进展。完成老挝 3 个烈士陵园规划设计工作。稳步推进了其他境外烈士纪念设施修缮保护。

三、军休安置管理工作整体提升

公布施行《军队离退休干部服务管理办法》,以部门规章形式对军休干部服务管理作出全面规范。制定出台《简化病故军休干部抚恤待遇办理程序》,促进了工作规范化运行。印发了《关于完善军队无军籍退休退职职工易地安置政策有关问题的通知》,改革调整军休职工易地安置去向,解决了军休职工随配偶、子女、父母安置难问题。举办全国军休干部文艺会演和全国军休政策培训班,组织开展军休“三先”表彰,协调下达军休机构工作人员和车辆编制,研究形成《军休机构建设细则》,军休服务管理工作得到全面加强。开通中国军休网,完成军休安置管理系统五级联网软件升级完善和军休服务管理系统信息录入,军休信息化建设水平进一步提高。健全军休职工经费保障以中央财政为主责的军休职工经费自然增长机制,军休干部医疗费、护理费和服务管理机构开办费、附属用房建设等经费标准大幅提高,3 年房改工作和资金结算基本完成。全年下达军休经费268亿元，较去年增长14亿元。全年接收安置军休干部9000余人，超额完成计划任务。完成第6批军休职工和2014年复员干部共1.9万多人的接收安置任务，开创了军休职工批次安置用时最短的纪录。湖北在全省部署了走访伤病残军休人员和回访伤病残军休人员原部队活动（简称“双访”活动），将解决问题的关口前移下沉，由过去的伤病残军休人员“上访”，变为工作人员主动“走访”。

四、退役士兵安置改革平稳推进

制度建设方面，协调相关部门出台《关于加强和改进退役士兵教育培训工作的通知》、《军队院校生长干部学员分流安置办法》等6个政策文件，退役士兵安置改革方面的配套文件累计达到20个，为改革提供了全面的政策保障。开展了退役士兵安置改革政策落实情况专项督察，推动新型安置制度在全国有效实施。各地进一步制定完善了退役士兵职业教育和技能培训办法，促进了退役士兵教育培训的科学化、规范化、制度化。

教育培训及就业安置方面，各地按照师资力量强、实训设施全、教学质量高、就业前景好的原则，精选退役士兵教育培训机构1800多个，退役士兵参训人数连续3年超过30万人，参训后就业率达到85%。加大符合政府安排工作条件退役士兵安置力度，推动建立公开透明的“阳光安置”机制，2013年退役、符合《退役士兵安置条例》第29条规定由政府安排工作的35809名退役士兵，已落实岗位安置32513人，安置率达90.8%。带着感情、带着责任做好伤病残士兵移交接收安置工作，建立了军地联合督导、定期协商、现场办公等行之有效的工作机制。2014 年新接收安置 1 至 4 级残疾、患精神病 5 至 6 级残疾义务兵、初级士官和军队院校残疾学员 428 人,做到具备移交接收条件的 100% 接收安置。2011 年前退役应安置未安置的 10 万多名城镇退役士兵安置遗留问题基本解决,改革过渡期内选择老政策的城镇退役士兵也基本得到安置。

五、军供保障更加规范

首次结合实兵作战在山东兖州军供站组织了全国重点军供应急保障演练,推广伴随保障、区域保障、应急保障、铁水公空综合保障等新型军供保障模式。探索总结组织社会力量参与军供保障的经验做法。推广军供信息管理系统,规范了军供服务标准。举办了军供正规化建设 30 周年表彰活动。首次增设中央财政军供站维修改造预算经费和过往部队军用饮食补贴项目,支持了 62 个全国重点军供站维修改造项目。湖北出台军供区域应急保障方案并组织实施。

六、双拥活动蓬勃开展

双拥运动 70 年来首次高规格举办军民迎新春茶话会,党和国家领导人习近平、李克强、刘云山、张高丽亲切接见全国双拥模范代表,中央领导同志集体观看双拥工作专题片《军民共筑中国梦》,为双拥工作注入了强大动力。调整全国双拥工作领导小组成员,在全国部署开展"双拥在基层活动",首次组织"八一"期间双拥宣传和慰问活动。民政部、中宣部评选公布"10 名全国最美拥军人物",总结宣扬了一批优秀退役军人、"情系国防好家庭"、好军嫂等先进典型，推出微电影、歌舞剧等双拥文艺精品，完成中国双拥网改版升级，积极开展双拥理论研究，着力加强双拥文化建设，推动非公有制经济组织和社会组织拥军工作常态化。修订了双拥模范城命名管理办法和考评标准，完善了创建命名管理制度规范。山东开展了基层双拥创建模范单位评比命名活动，在青岛古镇口启动了军民融合创新示范区创建工作。上海出台了《关于推动上海军民融合深度发展的意见》，成立了“上海市军民融合深度发展军地协调小组”，明确了上海市有关推动军民融合重大事项的申报机制、协商机制、推动机制。福建制定大力推进军民融合深度发展的决定。重庆制定出台了进一步做好新形势下拥军优属工作的意见。安徽开展了创建双拥优秀、合格单位活动。湖北开展了“关爱革命功臣，情系基层官兵”活动。吉林建立省直机关单位与边防和偏远艰苦地区基层连队联系机制，同时在城乡社区全面推行社区拥军服务。河北开展了“助力强军、服务国防”、“助力小康、服务人民”系列活动。甘肃结合国家丝绸之路经济带建设战略布局，出台了创建丝绸之路双拥文明线实施意见。

第四节　专项社会事务

一、区划地名和界线管理

（一）第二次全国地名普查全面展开

协调制定《国务院关于开展第二次全国地名普查的通知》，组织召开第二次全国地名普查领导小组第一次全体会议、第二次全国地名普查暨加强改善地名管理电视电话会议、第二次全国地名普查工作推进视频会,印发《关于加快推进第二次全国地名普查工作的通知》、《关于做好第二次全国地名普查试点地区地名补查工作的通知》,全面部署、推动第二次全国地名普查工作。组建普查机构、建立工作机制、健全管理制度,成立全国地名普查专家咨询委员会,各地成立了省级和市、县级地名普查领导机构,初步建立了地名普查技术支持体系,加强了对地名普查工作组织领导。制定《第二次全国地名普查实施方案》《第二次全国地名普查工作规程》《第二次全国地名普查数据建库与管理软件设计规范》,规范了地名普查实施工作。审核批准了30个省份的地名普查实施方案。加强地名普查业务指导,组织编写《地名普查指导手册》、《地名普查百问解答》和《地名普查案例汇编》系列培训教材,举办4批国家地名普查示范培训。天津、河北、内蒙古、吉林、黑龙江、浙江等26个省份举办了地名普查业务培训。开通国家地名普查网、国家地名普查官方微信平台,印发《第二次全国地名普查宣传工作方案》,河北、福建、山东、河南、新疆等地建立了地名普查专网,江西开通了地名普查微信平台,各级普查机构广泛开展普查宣传活动,为全面开展地名普查创造了良好舆论环境。

(二)行政区划工作稳慎开展

行政区划调整方面,审核上报国务院批准了29件县级以上区划调整,西藏日喀则、昌都撤地设市,新设立了云南县级香格里拉市,新疆县级双河市、霍尔果斯市,调整优化了河北石家庄,吉林长春,黑龙江哈尔滨,江苏连云港,浙江杭州,福建南平、龙岩,山东威海、滨州、德州,河南开封,湖北十堰,广东广州、茂名、云浮、阳江,海南三亚，重庆，四川眉山，贵州安顺，陕西西安等城市市辖区结构，调整了新疆图木舒克市管辖范围，促进了城镇化健康发展。

创新研究和试点方面，开展了优化行政区划设置专题研究。联合中央编办开展特大县城镇区划及扩权改革试点，形成了试点方案。配合发展改革委开展新型城镇化试点，指导地方制订设市模式试点方案。配合参与京津冀协同发展有关工作。配合中央编办稳妥推进省直管县、经济发达镇等行政管理体制改革试点。举办了全国贯彻新型城镇化要求优化行政区划设置专题培训。开发全国行政区划查询平台和手机查询软件。指导各地开展行政区划专题调研。山西、江西、山东、湖北、湖南、云南等地编制了行政区划调整规划，为相关决策提供了依据。浙江等省份出台了乡镇（街道）行政区划调整、行政区划调整申报程序的指导意见，进一步健全了行政区划法规制度体系。

（三）地名管理工作不断加强

规范地名命名更名，审核报批了辽宁省沈阳市东陵区更名为浑南区，太平洋、印度洋、大西洋海域 19 处海底地理实体命名，吉林省中俄边境地区 5 处地理实体命名工作。编印了《全国地名法规文件汇编》。加强了地名公共服务体系示范建设。江苏、福建出台了省级地名管理办法。河北、内蒙古、辽宁、浙江、湖南等地开展了地名标志清理整顿，江西完成了全省行政村地名标志设置。开展地名管理服务、规划、文化专题培训。组织制作了《美丽中国—千年古县》个性化邮册并在 APEC 会场展示，开展了“携手腾飞”全国省界地名文化图片征集、全国地名知识有奖竞答、“地域风情 · 地名文化”邮品宣传周等活动，宣传我国优秀地名文化。加强地名研究和交流,组织完成了关于地名行政管理体制和运行机制、地名文化挖掘和保护问题、两岸四地地名比较等研究,启动了《中国地名指南》编制工作。浙江开展了全省地名文化遗产摸底调查,山东建立了地名文化建设项目审核补助机制,湖南进行了土家语、苗语、侗语三个语种地名审音定字试点,甘肃制定了《关于地名文化遗产保护试点实施方案》。

(四)界线管理工作扎实开展

完成了京津线等 14 条省界联检任务,检查界线长度 7874 公里、界桩 566 颗。各地完成了 2013 年度县界联检情况总结和 2014 年度县界联检任务。妥善处理内蒙古、陕西等地边界纠纷,开展了界线纠纷隐患排查。加强省界信息管理系统建设,研制了有关纠纷调处平台。继续将平安边界考评持续纳入社会管理综合治理考评范围,完成了 2013 年度全国平安边界创建考评,制定了 2014 年度考评实施细则。完成第一批省界界桩更换试点总结收尾工作,下发《全国第二批省界界桩更换试点工作实施方案》,启动第二批 3 条省界界桩更换工作,基本完成界桩测绘、埋设工作。指导各地扎实推进平安边界建设,拓宽平安边界建设广度与深度。重庆探索建设边界文化艺术墙、文化标志,山东莒县建立了"五位一体"边界联动机制,福建出台了《行政区域界线管理规范(地方标准)》。

二、殡葬改革和服务管理

推动中央有关部署落实方面,深入贯彻落实《中共中央办公厅国务院办公厅关于党员干部带头推动殡葬改革的意见》(以下简称《意见》),召开了贯彻《意见》推进殡葬改革暨第四次全国殡葬工作会议，全面总结近年来殡葬事业发展情况和殡葬改革特点规律，明确今后一个时期殡葬工作的目标任务和保障措施。组成4个督察组分赴8个省份督促落实两办《意见》要求。目前，全国28个省份出台了本地区实施意见。上海、江西、湖南、四川等地建立了省级殡葬改革工作联席会议制度。湖南、广东、广西、贵州、陕西等地召开了全省殡葬工作会议，对贯彻《意见》和第四次全国殡葬工作会议精神进行统一部署。许多地方把殡葬改革工作纳入了当地党委、政府议事日程，在健全工作机制、制定政策规划、完善基础设施、推行公益惠民、强化监管执法等方面取得了新的进展和成效。

规范殡葬服务管理方面，深入开展“清明树新风”主题宣传月和“优质服务月”活动，扎实做好清明节文明祭扫和安全保障工作，实现清明节祭扫工作文明、低碳、有序。积极协调发展改革委把基本殡葬服务设施建设规划纳入重点规划项目，推动地方加快相关规划制定和实施。加强对治理违规土葬、乱埋乱葬行为的指导和督察。河南、广东、重庆、甘肃等地完成了殡葬设施规划布局，内蒙古着力推进牧区林区节地生态安葬。山东开展了规范殡葬服务专项行动，对殡仪馆服务项目和收费价格进行了全面清理，实行清单式“两公开一自愿”服务。宁夏相关部门联合下发关于治理违规殡葬祭行为的通知，加强丧事活动教育引导和监督管理。福建、江西、陕西等地集中开展乱埋乱葬专项整治，有效清理了交通干线两侧、风景区、耕地等重点区域散葬坟墓。

推进惠民生态殡葬方面，加强对各地火葬区节地生态处理骨灰、土葬改革区规范集约安葬遗体以及实行生态安葬奖补等激励政策情况的量化考核，加大对基本殡葬服务设施建设投入及惠民殡葬政策实施情况的评估力度,指导推动各地强化基本服务保障和改革激励引导。目前,陕西明确将2014年省级预留新增建设用地计划指标的近10%分配给9个地市的公益性生态公墓建设。内蒙古将殡葬公共服务体系建设纳入了全区新型城镇化建设规划。北京启动生态节地葬创新改革,试点建设集传统陵园、园林绿化等多种功能于一体的生态陵园。辽宁把城乡公益性公墓建设纳入省惠民工程,省财政采取以奖代补方式投入2亿多元,建成城乡公益性公墓400多个。重庆市委、市政府把推进城市公益性公墓建设纳入全市22件重点民生实事加以推进,首个市级城市公益性公墓已建成对外服务。四川把2014年确定为全省"殡葬改革宣传年",利用清明节点,广泛开展"绿色清明鲜花葬"公益活动,免费向社会捐赠鲜花墓穴2000余个。北京、天津、辽宁、上海以及广州、南京、杭州、宁波等地全面实施骨灰撒海活动补贴政策,参与人数逐年攀升。各地在全面推行惠民殡葬政策的基础上,积极探索建立丧葬补助金制度。北京从2015年起把丧葬补助金纳入城乡居民基本养老保险基金支出项目,浙江已明确企业职工丧葬补助金和抚恤金从基本养老保险基金中列支,进一步规范了丧葬补助金发放渠道。

三、生活无着流动人员救助管理和未成年人社会保护试点工作创新开展

专项救助方面,部署开展"寒冬送温暖"、"夏季送清凉"专项救助活动,各地依托救助机构开展主动救助、巡回救助,确保临时遇困流动人员能够及时得到急难救助和转介帮扶等服务。开展"流浪孩子回校园"专项行动督察,进一步强化部门联动协作,加大街面、

社区救助保护力度，深化教育矫治、回归安置、源头防治等工作。推进“鹏程计划”职业技能培训项目，安排为困境未成年人开展免费职业技能培训。重庆推动建立流浪未成年人集中教育矫治制度，全市已有56名流浪未成年人到市救助管理站接受了为期3个月的教育矫治，提高了安置稳定性。

未成年人社会保护方面，印发了《民政部关于开展第二批全国未成年人社会保护试点工作的通知》，将试点扩展至全国98个地区。全国16个省份开展了省级试点工作，共确定105个省级试点地区。辽宁、江苏、江西、湖北、四川、贵州等地实现试点工作地市级全覆盖。石家庄、凯里、桂林等44个试点地区经编制部门批准，将“流浪未成年人救助保护中心”更名转型为“未成年人保护中心”。122个试点地区设立未成年人社会保护热线，积极受理响应有关部门、组织、社会群众的电话报告。辽宁制定困境未成年人风险评估标准，将摸底排查等信息分成不同的风险等级，采取针对性干预措施。哈尔滨将困境未成年人救助保护工作列入社区公共服务体系建设。苏州作为第一批试点地区，在总结试点成效基础上，再次以政府名义下发《关于进一步推进未成年人社会保护试点工作的意见》，明确试点工作深化思路。推动建立“以家庭监护为基础、社会监督为保障、国家监护为补充”的监护制度。会同最高人民法院、最高人民检察院、公安部印发《关于依法处理侵害未成年人权益行为若干问题的意见》，探索构建行政保护与司法保护相衔接的未成年人保护工作机制。指导各地开展家庭暴力庇护服务，全国已有200多个城市依托救助管理机构设立家庭暴力庇护中心，江苏、江西、宁夏等地民政部门要求各级救助管理站统一设立家庭暴力庇护中心。

救助资金管理方面,联合财政部出台《中央财政流浪乞讨人员救助补助资金管理办法》,规范和加强了资金分配、使用、管理、考核、监督等规定,增加了主动救助、未成年人社会保护支出项目,增加了政府购买服务等资金使用方式,提高资金使用管理水平和使用效益。

救助管理机构规范化建设方面,制定了《流浪乞讨人员救助管理工作档案管理办法》、《生活无着的流浪乞讨人员救助管理机构工作规程》,发布了行业标准《流浪未成年人家庭寄养服务》,启用了全国流浪乞讨人员救助管理工作标识。开展了第二批国家等级救助管理机构评定工作,确定109个国家等级救助管理机构。指导各地救助管理机构举办开放日活动,向社会公众展示救助政策、工作流程等,接受社会各界监督,有效提升了救助管理工作透明度、规范化水平。安排部本级彩票公益金6000万元,支持各地改善市县救助机构基础设施设备。全国95%以上的地级城市和50%以上的县(市)都设立了功能完善的救助管理机构,保障了救助管理工作顺利开展。

四、婚姻、收养登记管理水平不断提高

婚姻登记信息化建设方面,开发了历史数据补录软件,免费提供给符合条件的省份使用。补录工作进展顺利,全国婚姻登记信息数据库数据已达1.1亿条。与外交部、公安部、最高人民法院等部门婚姻数据核证共享取得实质进展,已实现与外交部数据共享,已同公安部签订《公安部与民政部关于信息共享快速查询的合作协

议》，已与最高人民法院有关数据共享工作达成共识。北京市民政局、天津市民政局、浙江省民政厅与本省(市)高院实现了婚姻信息共享，内蒙古民政厅与自治区高院建立了离婚信息通报制度，并与自治区档案局建立了婚姻登记档案信息共享制度。完成升级了婚姻登记网上预约登记系统，大多数婚姻登记机关开通了预约登记功能，方便了婚姻当事人办理登记，提高了登记机关的工作效率。

婚姻登记管理服务方面，继续推动第二批婚姻登记机关等级评定工作，经过规范程序评估，先后评定出226个国家等级婚姻登记机关，有效提升了全国婚姻登记机关为民服务的整体水平。针对群众愿意在具有一定意义的日期登记的情况，下发《关于做好特殊日期婚姻登记工作的通知》，对婚姻登记机构提出具体要求，确保特殊日期婚姻登记工作在安全、祥和氛围中度过。联合全国妇联制定《幸福万家 · 母婴1000天健康》中的《婚期》手册，引导当事人树立正确的婚姻家庭观，妥善处理婚姻家庭矛盾，维护婚姻家庭和谐稳定。广东印发了《婚姻登记机关“和谐婚姻建设计划”实施方案》，通过各级财政专项资金和福彩公益金的投入，不断拓展婚姻登记机关的公共服务。北京采取政府购买服务的方式，在全市启动了婚姻家庭辅导公益服务项目，制定了《北京市婚姻家庭辅导工作方案》等十余项制度和标准，收到了良好的社会效果。北京、辽宁、上海、江苏、安徽、山东、湖北、广东等地结婚登记颁证工作深入开展。

收养登记管理服务方面，制定《民政部关于规范生父母有特殊困难无力抚养的子女和社会散居孤儿收养工作的意见》，明确规范了两类儿童的收养渠道，促进两类儿童通过合法收养回归家庭。第一批收养评估试点有效开展,各试点地区制定了收养评估实施细则,细化了收养评估指标,成立了专门收养评估组织,收养评估工作日益规范有序。江苏省常州市、南通市还在对收养评估指标量化打分的同时,设置了"一票否决"指标,为维护被收养儿童合法权益提供了有力保障;在上海已全面开展收养评估工作的基础上,江苏将于2015年1月1日起全面实施收养评估。湖北、重庆进一步扩大了试点范围。在总结第一批试点工作的基础上,印发了《民政部关于开展第二批收养评估试点工作的通知》,将试点省份从5个扩展到28个。

第三章　地方创新

第一节　防灾减灾救灾

案例 1　深圳市探索建立政府购买巨灾商业保险新模式

深圳作为南方一座滨海城市，自然条件和地理环境较为特殊，不仅面临暴雨、地震等一些内地城市同样需要面对的巨灾风险，还面临着台风、海啸等滨海城市特有的巨灾风险，此外，还可能面临较为特殊的核风险。2013 年，深圳市根据党的十八届三中全会关于“完善巨灾经济补偿机制，建立巨灾保险制度”的精神，利用被中国保监会确定为全国首批巨灾保险试点地区的契机，市民政局会同市金融办、市保监局等有关单位，积极研究在深圳市建立巨灾保险制度，探索利用金融保险手段提升城市应对巨灾风险的能力。2014 年 6 月，深圳市民政局与中国人保财产保险公司深圳市分公司正式签订了深圳市巨灾救助保险协议，这标志着巨灾保险制度在深圳正式落地实施。

一、创新之处

按照“广覆盖、保基本、市场化运作”的原则，深圳市初步建立了“三位一体”的巨灾制度，主要包括三个层次：一是设立巨灾保险，由市政府全额出资购买商业巨灾保险服务，保险涵盖了地震、台风、暴雨、海啸、泥石流、滑坡等15种灾害，以及由相关灾害引发的核事故风险。二是设立巨灾基金，主要由市政府拨付一定额度的资金，发起设立巨灾基金，作为巨灾保险救助的有效补充，当巨灾实际损失超过巨灾救助保险的赔付限额时，巨灾基金就可发挥作用，提供超额保障。同时，还可以利用巨灾基金的开放性，充分调动各种力量，广泛吸收企业、个人等社会捐赠资金，打造全社会共同参与应对巨灾风险的公共平台。三是个人财产商业保险方面，鼓励保险机构开发巨灾相关产品，以居民自愿购买的方式，满足居民高层次、个性化的巨灾保险需求。

二、创新效果

深圳建立巨灾保险制度，就是给“不可抗力”加上了一份保障，让市民在概率很小但损失影响巨大的天灾之后，能够迅速得到可预期、有标准和公平、规范的救助，最大限度地降低灾害损失。当灾害发生时处于深圳市行政区域范围内的所有自然人，包括户籍人口、常住人口，以及临时来深圳出差、旅游、务工等人员，都将成为巨灾保险的保障对象，受灾人员将获得每人最高10万元的人身伤亡救助保障和2500元的核应急转移安置保障。同时，保险公司具有网点覆盖广泛的优势，能够组织人员力量第一时间赶赴救灾现场，协助政府有关部门开展灾害损失评估、查勘理赔、救助金发放等工作。

三、主要经验

（一）巨灾保险试点的推动和开展要充分发挥地方政府的主导作用

深圳巨灾保险之所以能够破题，除了深圳城市本身的经济社会基础条件外，市委、市政府领导对于运用金融手段提升社会治理水平的深刻认识、对于巨灾保险工作的高度重视是非常关键的因素。市政府专门成立了由分管金融的副市长牵头、市政府副秘书长担任组长、市政府各有关部门组成的巨灾保险工作组，巨灾保险保障责任、财政出资、各部门响应机制等各项协调工作都能通过工作组的定期会议机制得以顺利推进，这为试点工作的开展提供了有力的组织保障。

（二）巨灾保险试点要因地制宜，逐步完善，不能贪大求全，寄希望于一次性解决所有问题

巨灾保险制度是一个复杂的系统性工程，这里面涉及的内容很多，比如保障责任、保障灾种、筹资模式、风险分担机制、保障程度等。我国地域广阔，各地的风险类型、经济社会发展水平都不相同，因此，巨灾保险试点要立足当地实际，因地制宜，建立符合自身特点的巨灾保险制度模式。深圳巨灾保险试点目前主要保人身伤亡，由政府出资，实现“基本保障、广泛覆盖”，就是本着先易后难的原则，从人的伤亡这个灾后最需要保障、社会最关注的责任保起，找到合适的切入点，解决政府最急迫的需求，先行试点突破，待条件成熟，再逐步完善。

(三)合理界定保险公司在巨灾保险制度建设中的角色

保险公司是巨灾保险制度运作的主体,在巨灾保险产品定价、风险分散、灾后救助理赔等方面都要发挥重要作用。既要充分利用保险公司的力量,发挥其专业优势,但又不能完全被保险公司牵着鼻子走,制度设计的主导权还是应当掌握在政府手中。巨灾保险是一项政策性保险,是一个社会公共产品,在灾害风险研究、模型分析、费率厘定、再保险询价的整个过程中,保险监管部门和市政府各有关部门都深度参与,使定价合情合理。

案例2　湖北省实施救灾资金精细化管理见成效

救灾资金管理使用一直是民政传统救灾工作的重点之一。长期以来,救灾资金管理使用中存在的标准不明、台账不清、优亲厚友、平均发放等问题,一直是社会关注的焦点。近年来,湖北省民政厅在总结宜昌市夷陵区、京山县等地救灾资金管理使用经验的基础上,加大政策创制力度,建立分担机制,制定救助标准,出台管理办法,规范资金运行流程,有力促进救灾资金管理使用规范、精准、高效,有效保障了受灾群众的基本生活。

一、主要做法

(一)夷陵经验

2012年,夷陵区政府办公室印发《夷陵区自然灾害生活救助暂行办法》,在全省率先推行自然灾害生活救助标准化。该办法以救助项目标准化、救助对象确定程序化、救助资金发放社会化、救助结果公开化为主要内容，分别针对灾害应急救助、遇难人员家属抚慰、过渡性生活救助、倒房恢复重建、旱灾救助、冬春救助等项目制定具体救助标准，具有很强的操作性。

（二）京山经验

2013年，京山县政府办公室印发《京山县自然灾害生活救助资金精细化管理实施办法》，进一步规范救灾资金的发放范围、标准、程序和责任；县镇村三级建立《受灾情况及受灾需救助人员台账》和《救灾资金发放台账》，按受灾情况和家庭生活状况确定救助对象和救助标准；县镇村实行灾情统计对口、资金分配方案对口、资金发放对口，对救灾资金实行一次性全过程无缝管理；坚持灾情核实到户、村级评议到户、三榜公示到户、资金“一卡通”到户，确保救灾资金封闭安全运行，有力促进了救灾资金管理使用规范、精准。

（二）制定出台省级标准

2012年，湖北省民政厅和省财政厅报请省政府批准出台了《湖北省自然灾害生活救助资金管理暂行办法》。2013年出台了《湖北省自然灾害生活救助资金精细化管理办法》。该《办法》做到“三个明确”：明确救助对象分类依据，方便基层分类施救；明确分类救助标准，方便基层按标施救；明确资金发放和公示期限，方便基层操作和群众监督。

（四）以点带面整体推进、检查督办及时跟进

2014年全省京山会议后，每个市州各选择一个县、省直管市和神农架林区各选择一个乡镇进行试点，实行以点代面，全面推进救灾资金精细化管理。同时，湖北省民政厅印发《湖北省救灾资金精细化管理方案》等8个民政重点工作精细化管理工作方案，及时召

开座谈会专题听取试点县、市意见,派出由 11 名厅级干部带领的工作组对各市州进行检查督办,每月对全省的工作进展进行通报。

二、基本成效

(一)政策创制速度进一步加快

到 2014 年 11 月 10 日,全省已有 110 个市县区以政府或民、财两局名义出台了《自然灾害生活救助资金精细化管理办法》。省、市、县三级救灾资金精细化管理政策体系的建立,开启了湖北省自然灾害生活救助精细化标准化的新时期。

(二)财政投入力度进一步加大

2014 年 11 月,全省有 110 个市县区把"按上年度上级拨付救灾资金总额的 14% 预算本级年度救灾资金"的规定写入本级下发的救灾资金精细化管理文件并列入本级预算,标志着湖北省市县两级救灾资金分担机制已经建立,为有效保障受灾群众基本生活奠定了坚实基础。

(三)救灾资金管理使用进一步规范

各地重点抓好灾情统计、建立台账、公示评议、经费直达等重点环节,有力促进救灾资金管理规范、精细、高效。

(四)群众满意度进一步提升

按照救灾资金精细化管理要求,各地加强政策创制,有力提升了救助对象的准确性、救助标准的合理性,得到了基层干部的支持和受灾群众的拥护。全省每年反映当年救灾资金使用的信访不超过 3 件(次),较过去大幅减少。

三、存在的问题

自然灾害生活救助从补助测算标准向有一个定性和定量的救助标准转变，是一种探索。湖北的探索和实践只是一个开端，也还存在一些问题：如现行灾害救助标准偏低，而救灾工作成本不断增加；受传统救灾观念和财力状况影响，市县分担机制落实不平衡；乡村两级推进精细化管理的畏难情绪较重；基层民政救灾工作人员偏少，业务水平有待于进一步提高等。

第二节　社会救助

案例1　江苏如东探索建立农村低保家庭经济状况核查新机制

随着城乡统筹发展的加快推进，农民收入也呈现出多元化、复杂化，再加之部分救助申请人的诚信缺失、各地掌握低保政策尺度不一，导致农村低保申请家庭经济状况核查难度明显加大，影响了农村低保政策落实的公平、公正。为了破解这一难题，近年来，江苏如东县在农村低保家庭经济状况核查方面，积极探索，大胆创新，形成了一套较为合理、科学、简便、统一的核查机制。

一、做法及成效

（一）细化项目，确保收入核算内容全面

在对申请农村低保家庭经济状况核查方面重点应是家庭收入

的核算,由于农村家庭收入来源的多样化,必须将家庭收入核算项目进行细化,尽量“穷尽”所有收入项目。根据该县农村的生产、劳务特点,将核算项目分为种植业、养殖业、个体劳务三大类,细化到海洋捕捞、人力车搬运等四十小项,基本囊括了县农村低收入家庭能从事的各个行业,增强了收入核算的可操作性。2008 年,如东县出台了城乡基本行业收入参照标准,当初仅民政部门一家发布,随着核算项目的增多,参与的部门也增加到农办、农委、统计、物价、人社、交通、住建、海渔等多个部门,进一步提升了行业收入参照标准确定的广泛性、科学性。

(二)规范程序,确保收入核算标准合理

为了合理测算出申请家庭的各类收入,统一口径和标准,如东县民政部门会同相关部门建立了农村家庭收入调研组,采取“四步走”确定全县主要行业收入基本标准:一是深入调研,掌握实情;二是集中会商,初步定标;三是举行听证,广泛征询;四是动态调整,公开发布。每年发布一次,一般在每年低保提标之前发布,因此农村家庭收入核算的准确性、社会认可度得到了全面提高。

(三)公平公开,确保收入核算结果合情

农村家庭收入的核算是该家庭能否享受低保以及其他社会救助的认定依据。工作中,坚持公开、公正、公平的原则,严格操作流程,确保收入核算准确。一是大力宣传,认识到位。二是按标实施,把关到位,采取“一看、二问、三访、四核”的方式核算家庭经济状况。三是公示评议,监督到位。

二、问题及困难

(一)核查手段单一化

在传统的理念中,农村困难家庭经济生活不很活跃,入户调查、邻里走访似乎成为家庭经济状况核查的唯一手段,在工作中往往忽视了对农村低保申请救助家庭的经济信息的核对,核查程序上还仅仅停留在"人为阶段",导致农村家庭的隐性经济状况"不为人知","低保准入"含了水分。

(二)核算方法机械化

为了收入核定的公平、公正、准确,全县统一"度量衡",实行了"一刀切",一亩地的收成、打临工的收入等都是一个数字、一个标准,没有考虑到劳动力的质量,例如因病、因残、妇女等对象所耕种的一亩地产出与健康人员的耕种产出在实际中有所差异,看似公平的收入核定却存在着实际的不公平。

(三)核查机制片面化

在现行政策下和实际工作中,组织人员入户调查是目前认定低保对象的重要手段,由于基层工作力量的有限、工作关系的交错,乡镇、街道参与入户调查的人员一直都是"熟面孔",不可避免地会产生"感情保"、"主观保",工作的质量基本取决于入户调查人员的责任心,掺杂着较多的"人为"。

三、相关建议

(一)全面建立城乡统一的家庭经济信息核对平台

各地在建设经济信息核对平台时,不仅要将农村低保申请对象纳入信息比对系统,与城镇低保申请对象一样核对房产、车辆、金融产品、工商登记等信息外,还要结合农村特点,增加承包地信息、涉农补贴等信息的比对,全方位掌握农村低保申请救助家庭经济状况,提升工作的实效性。

(二)进一步完善申请救助家庭从业收入合理参照标准

在实际工作中,大凡申请农村低保的家庭存在着病、残等情况,在一个地区统一收入核定参照标准时,要将劳动力质量的差异考虑其中,结合实际,细化参照标准的确定,提高收入核定的合理性。

(三)积极探索引进社会组织参与收入核定

实现低保申请家庭经济状况核查结果真正的准确性、公正性、公平性,降低政府机构工作人员的"犯错"几率,应通过政府购买社会组织的服务来实现第三方核查机制。各级民政部门应尽快拟定此类核查组织的建设标准,积极培育此类社会组织的"出生"。

案例2　陕西省榆林市榆阳区重特大疾病医疗救助创新机制

城乡医疗救助制度运行近十年来,始终被资金来源不确定、需求支出不可控、救助效果不彻底这三大难题所困扰,主要原因是三个方面:一是民政部门缺少足够的专业知识和人才队伍对医疗救助需求作出系统和准确的预测与把握;二是医疗救助资金多年来一直没有形成类似基本医疗保险一样稳定的筹资模式;三是以非常有限的资源作为兜底制度去弥补规模庞大的医疗体制的缺失,条件不足。上述原因使"谨慎性"成为医疗救助制度设计首要原则,救助效果的"象征性"在所难免,推行重特大疾病救助的首要目的就是解决救助不足的困局。陕西省榆林市榆阳区对破解这些难题进行了有益尝试,取得了良好的效果。

一、创新情况

(一)负担导向式的制度设计思路

医疗救助制度的首要目的则是有效减轻特定人群的医疗负担,就需要用负担导向式的制度设计思路,准确界定救助目标人群,并根据各类人群负担能力的不同,制定不同的救助规则,将实际医疗负担降低到其可以承受的范围内,同时合理运用控费手段,规避不合理支出,用有限的救助资源实现救助效果的最大化,从而破解救助不足的难题。

(二)用已知数据预测未来支出

民政部门虽然不能从专业角度去把握和预测未来,但是可以从统计学角度,用上年度已经发生基本医疗保险和大病商业保险具体报销数据为样本,利用信息化工具和模型进行精确到人的反复推演测算,达到准确预测资金需求、事先预知救助效果的目的,从而破解需求支出不可控的难题。

(三)以盘活现有存量去争取增量支持

城乡二元体制下的医疗救助资源分配极不平衡,又不能进行调剂互补,造成了"救助不足"与"资金结余"并存的矛盾局面,导致市县财政投入积极性不足。如果首先用打通医疗救助资金城乡的壁垒来盘活存量,再用精确的测算结果去争取增量支持,就比较容易获得认可和支持,从而破解资金来源不确定的难题。

(四)用“排除法”避免救助盲区

惯性思维中通常会使用“罗列法”列举出费用较大的具体病种进行针对性救助,但往往会因为罗列有限和患者个体差异造成事实上的病种歧视,形成救助盲区。如果只规定哪些改善性医疗行为和不合规费用不予救助,而不去限制固定病种,就可确保将所有维系生命所必需的基本医疗行为都纳入救助范围,从而以体现政策公平,不留制度死角。

(五)用城乡居民平均收入水平界定重负人群

如果分别用上年城乡居民平均收入水平作为准入条件,可在兼顾城乡收入差别的同时有效瞄准重负对象,具有很强的制度操作性和政策说服力。

(六)用“第三方兑付”提高医后救助效率

在异地实时结算机制迟迟不能建立的前提下,借鉴常规“一站式”救助服务的成熟经验,采取委托第三方实时兑付的“医后一站式”救助模式,从而达到突破体制束缚,进一步提高医后救助效率,缓解重负对象医疗压力的目的。

二、成效和经验

榆阳区重特大疾病医疗救助试点两年多来,初步取得一些积极成效,主要体现在如下五个方面:

(一)医疗救助资金需求完全可测可控

2013 年受上年度开展“一站式”救助服务和重特大疾病救助的良好效果对群众医疗意愿的刺激和释放,以及医疗费用自然增长的影响,医疗救助总支出增加到 1553 万元,但仍未超过测算上限。

(二)病种覆盖无盲区救助水平创纪录

从2012年起至2014年10月共实施重特大疾病救助237例，产生了62个具体病种，覆盖了所有需要救助的医疗重负对象，平均救助水平达到了3.45万元，约为全国同期水平的15倍，救助后患者平均负担为1.94万元，有5名对象达到了最高救助限额10万元，创造了榆阳区单人次的救助最高纪录。

(三)提高效率与缓解压力实现双赢

在当地7家定点医院开展“常规一站式”救助服务的基础上，从2014年1月起委托输阳区人民医院针对外出就医患者开展“医后一站式”救助服务，截至当年10月底共实施352例，实时以现金形式兑付救助金298.7万元，其中重特大疾病救助39例，最高单笔救助达到6.7万元，极大地提高了医后救助效率，减轻了集中审批工作量，在不增加支出的情况下使重负患者的医疗压力得到了进一步缓解。

(四)良好制度承接减轻低保压力

重特大疾病救助对象中，城乡其他困难群众在救助人次和救助支出均占到三至之一左右，很好地兼顾了收入性和支出性两类人群的救助需求，很大程度上避免了获得救助首先获得低保的“独木桥”效应，从而为低保制度减压。榆阳区城乡低保对象经重新审核认定后保障率从7%平稳下降到3%，并未引起大的波动，良好的医疗救助制度承接起了非常重要的作用。

(五)托住了危重病困家庭的生存底线

农村低保对象党某父子接连遭遇尿毒症、脑梗塞和手脚冻伤截肢等不幸，劳动能力完全丧失，两个年度发生医疗费用49.7万元,新农合累计报销20.6万元,共获得重特大疾病救助22.4万元,个人负担仅占总费用的13.5%,重特大疾病救助高限额、高标准的特点,最大限度地防止了救助缺失或救助不足引发的突破社会道德底线的极端事件发生。

三、问题及建议

迅速增长的救助需求与止步不前的资金投入仍然是当前和今后一段时期内困扰医疗救助的主要矛盾。地方配套严重不足,主要依赖中央和省财政的局面仍然没有根本性扭转,相对稳固和多元化的筹资渠道仍然没有形成。重点保障对象的庞大基数使刚性救助支出长期居高不下,严重挤压了医疗救助制度的调整和提升空间,导致对其他群体的救助需求兼顾不足。

针对上述问题,提出如下建议:第一,建立科学严谨的资金需求测算机制和理论体系,用精确测算结果在筹资保障中获得相关部门的信任和支持。第二,尝试低保资金、医疗救助资金和临时救助资金的逐步融会贯通,对市、县资金配套作出相对具体的规定,形成相对稳定的筹资渠道,为工作推进提供有力支撑。第三,严格控制低保比例,防止重点保障对象过度医疗,杜绝主观随意救助,减少无效刚性救助支出,给医疗救助的制度调整和水平提升腾出足够空间。

案例3　山东省嘉祥县打造临时救助"绿色快车道"

为构建覆盖全方位的救助体系,2007年山东省嘉祥县县委、县政府出台专门文件，财政列出专项资金，建立临时救助制度，针对一些因天灾、人祸等突发性事故造成生活一时困难，难以为继的困难群体实施临时救助，以帮助他们尽快渡过难关。经过多年的实际操作发现，完全按照临时救助申报审批程序来办理难以实现快速救助、及时救助，难以发挥临时救助应有的灵活性、机动性、时效性。从 2011 年起，该县民政局针对特殊突发性困难群体探索实施“先救助再补办手续”的办法，对一些确需尽快救助的困难户快速实施救助，收到较好的救助效果。

一、主要做法

(一)灵活机动、快速便捷，打造快速救助机制

社会救助涉及的范围广，内容复杂，政策性强，有非常严格的标准条件。为切实将临时救助政策执行到位，起到应有的作用，嘉祥县民政局在严格执行政策的前提下，灵活机动，采取一步到位，实地查看，实地了解，现场办公，当场确定救助金额，亲自将救助金送到困难群众家中，然后再按照工作程序补齐相关手续，实现了快速、便捷使困难群众及时受益。如孟姑集镇大李庄村李凤山家中突发火灾，家中物品全部烧光，房屋烧毁，智障的长子也被大火烧死，家庭生活十分困难。得知情况后，县民政局立即组织人员前往李凤山家中为其送去了 3000 元的临时救助资金，确保灾户顺利度过最艰难的一段时间。临时救助“绿色通道”的开通，更方便迅速地为患特殊疾病、遇天灾人祸急需资金的特困家庭及时解决困难、送去温暖，帮助他们尽快走出困境。

(二)广开渠道、健全网络,打造及时发现机制

一是利用电台、广播、电视及网络平台等媒体广泛宣传绿色通道救助政策,力求达到家喻户晓,人人皆知。二是利用网络、电视等媒体及时收集信息,重点关注突发性困难群众报道,及时跟踪了解真实情况,区别对待,急需实施救助的立即启动绿色救助通道;三是安排各乡镇(街道)民政办及时了解关注本辖区内的困难群众,凡是出现突发性的困难群众及时上报,以便实施救助。

(三)主动办理、服务上门,打造贴心服务机制

对重病、重残这类求助意识和行为能力差的困难群体,县民政局及时给予非定期、非定量的救助,在救助时采取主动救助,上门为其办理申报材料,审批后安排专门人员将救助资金在银行取出后直接送到救助对象手中,确保救助资金及时、足额到位。

二、问题及对策

嘉祥县临时救助工作取得了一定成效,但也存在一些困难和问题。一是临时救助对象数量较大,给基层社会救助工作带来了巨大的压力;二是对同类型突发事件、造成家庭困难程度相似的被救助者应该采取何种标准的救助缺乏科学依据。三是救助标准偏低,救助标准一般为3000—5000元,对一些遭遇天灾人祸的家庭来说,无疑是“杯水车薪”,只能缓解一时急需。对此,嘉祥县拟从完善制度、加强惠民政策宣传、简化办事服务流程、强化救助资金保障等四个方面入手,进一步完善“绿色通道”,提高救助实效。

案例4 湖北省依法量化实施救助，托住民生底线

湖北省委、省政府高度重视社会救助工作，特别是《社会救助暂行办法》（下称《暂行办法》）颁布后，省政府先后五次召开省政府常务会和专题会议，研究社会救助工作，按照“1 +6”制度框架（即出台一个实施办法和六个配套文件）完善社会救助体系。《湖北省社会救助实施办法》（下称《实施办法》）于2014 年9 月以省政府第374 号令颁布。全省各级民政部门以贯彻《暂行办法》和《实施办法》为契机，按照“创新、务实、现代”民政目标和“精细化管理”要求，充分发挥社会救助托底线保民生的功能，步入依法救助新常态。

一、依法依规量化城乡低保标准和农村五保供养标准

依据《暂行办法》规定，省民政厅出台《关于开展全省城乡最低生活保障标准法定量化工作的指导意见》（鄂民政发〔2014〕13号），进一步健全低保标准和五保供养标准动态调整机制，实现了“五个首次统一”。即：首次统一由市（州）人民政府制定发布所辖县（市、区）低保标准和五保供养标准；首次统一采取“消费支出比例法”制定调整标准；首次统一规定分别按不低于当地上年度城乡居民人均消费支出30%、40%、80%的比例量化标准；首次统一按“民政部门提方案—与相关部门和县市会商—报同级政府常务会议审定”的工作程序制定标准；首次统一明确每年3 月调整、公布当年标准。

二、依法依规推进农村低保"按标施保"

为加强农村低保救助水平确定的规范化,结合"人情保"、"错保"、"群体保"专项整治,在全省组织开展农村低保"按标施保"试点,要求每个试点县出台农村居民家庭收入核查办法。省厅召开现场推进会,总结推广孝昌县"破解农村居民家庭收入核实难题,研究制定农村家庭收入核算办法,规范'入户调查、收入核算、民主评议、公开公示'等工作程序"的试点经验,安排部署全省"按标施保"工作,要求在2015年6月前全面完成。截至2014年10月,全省17个试点县(市、区)和88个试点乡镇全部实现"按户保障、差额救助",农村低保回归制度本源,救助对象更加准确,救助水平大幅提高。

三、依法依规全面建立居民家庭经济状况核对机制

按照《暂行办法》和国务院45号文件规定,湖北省市县同步建机构、定办法、搭平台,全面建立居民家庭经济状况核对机制。目前,省、市(州)两级均以政府名义出台居民家庭经济状况核对办法,省、市(州)和全省91%的县(市、区)成立了专门核对机构,配备工作人员361名。省级核对机构明确为正处级事业单位,核定编制10名,投资500万元开发的核对平台将于2015年上半年正式运行。通过建立多部门合作的信息共享机制,加强低保对象动态管理,全年共退出28.3万人,新增16.2万人,有效破解了救助对象认定难题,确保社会救助制度公平公正实施。

第三节　社会福利和慈善事业

案例1　浙江省大力推进养老服务业发展

浙江省是人口老龄化发展较快的省份，早在1987年就进入人口老龄化，提前全国13年。截至2013年年底，全省60岁及以上户籍老年人口897.83万人，占总人口数的18.63%；其中80岁及以上的高龄老年人140.16万人，占老年人口的15.61%。浙江省委、省政府高度重视养老服务工作，把发展养老服务业作为保障和改善民生的重点工作来抓。2008年以来，省政府及办公厅连续下发了6个有关促进养老服务业发展的政策文件。2014年4月，省政府又专门出台了《关于加快发展养老服务业的实施意见》和《关于发展民办养老产业的若干意见》，进一步加大政策扶持力度。在系列政策的推动下，浙江省养老服务快速发展。截至2014年9月底，全省共有养老机构2131家，机构床位29.9万张，其中民办机构1094家，床位15.4万张；每百名老人拥有机构床位3.33张；共有社区居家养老服务照料中心9750家，居家养老服务站1.8万家，拥有日间照料床位11.7万张，从事居家养老服务的组织和企业达到8800多家，基本覆盖城市社区和75%以上的农村社区；全省享受养老服务补贴的老年人15.5万人，占老年人口总数的1.7%。

一、坚持科学谋划、统筹推进,构建社会养老服务体系建设总体格局

一是明确发展目标。确立了“9643”的养老服务发展格局。二是健全工作机制。各级政府普遍建立社会养老服务体系建设领导小组或联席会议制度,将养老服务工作纳入政府年度工作目标综合考核。三是强化多元投入。形成财政投入为主、民间投入为辅、慈善捐赠为补充的多元化投入模式。

二、坚持政策优惠、要素支持,加快推进养老服务设施建设

一是加强用地保障。将养老服务设施建设用地纳入各项规划和年度用地计划,单列养老机构用地指标,对符合条件的项目,在年度用地计划中予以保障。二是加强居家养老服务用房保障。城镇新建住宅项目按套内建筑面积不低于项目总建筑面积的2‰且最低不少于20平方米的标准配建居家养老服务设施。对老小区,明确限期通过购置、置换、租赁等方式开辟养老服务设施。三是强化融资信贷扶持。四是落实税费减免政策。五是加大财政支持力度。六是保障投资者权益。七是强化人才队伍激励。

三、坚持需求导向、标准规范,建立完善社会养老服务管理运行机制

一是开展养老服务需求评估。对老年人经济状况、身体状况、居住状况、养老服务需求等进行调查,形成评估意见,作为提供机构或居家养老服务、确定养老服务补贴的依据。二是创新养老机构管

理机制。实施机构分类管理,确立以护理型为重点、助养型为辅助、居养型为补充的养老机构发展模式。三是积极推进养医融合发展。支持引导医疗机构开展养老服务,支持有条件的养老机构设置医疗机构。推进养医结合服务社区化,全省社区卫生服务机构为650万余老年人建立了健康档案,为125.3万余老年人建立了家庭医疗契约服务关系。四是强化养老服务规范管理。省有关部门先后颁布实施《居家养老服务与管理规范》《养老机构服务与管理规范》《养老护理分级标准》《浙江省农村社区居家养老服务照料中心规范化建设指导意见》,推动养老服务规范发展。

四、坚持立足基层、提升素质,强化社会养老服务组织队伍建设

一是建立市、县、乡镇(街道)、村(社区)四级管理服务网络。二是大力发展各类养老服务组织。采取政府购买服务、项目委托、以奖代补等形式,积极鼓励社会力量开展专业居家养老服务。同时,引导各类公益慈善组织参与养老服务。三是强化养老服务从业人员教育培训。大力开展养老护理人员职业技能培训,建设养老护理人员培训基地,开展养老护理人员岗前培训、在岗轮训工作。改进养老护理员评价方式,实施专项职业能力鉴定。

案例2　山西省平陆县“老年灶”的建设实践

山西省平陆县老年贫困人口众多,敬老院辐射范围有限,农村五保对象极度分散等问题导致仍有绝大部分老年贫困人口未获得安置。为此,平陆县探索出了“老年灶”日间照料模式的路子,为欠

发达地区推进农村养老服务提供了值得借鉴的经验。具体做法是:

早在2010年,国家级贫困县平陆本着“先行先试,完善提高,全面推广”的原则,在张村镇西吴村、三门镇过村、部官乡阳朝村和西祁村以及圣人涧镇寺坪村5个农村社区办起“老年灶”,搭建农村日间照料服务平台,进行农村养老试点。各试点社区开办食堂、建立宿舍和娱乐室,分散供养五保户、困难优抚对象只要向“老年灶”交适量的费用和面粉,每天就可以在“老年灶”吃饭、休息和娱乐。每个“老年灶”日间照料中心配有一名管理员和一名炊事员,个别“上灶”人多的日间照料中心,配备2名炊事员;日间照料中心设备包括:厨具、灶具、休息室、活动室、健身器材、娱乐器材等,设施配备率总体达到70%以上;政府投入按上灶人数每年2万—3万元不等,社会筹资占0.5%,个人负担每年1000元左右。截至目前,“老年灶”日间照料中心已服务3700余名老年人,日间照料中心的服务也基本辐射了半数以上的乡村社区,使更多农村贫困老人从中受益。

平陆农村社区日间照料中心是以政府支持为前提、以集体经济为基础、以社区设施为载体、以管理经营为重点的养老服务新模式。即本地特有的“老年灶”日间照料模式。平陆县在推进“老年灶”服务模式的过程中,不断制订出台了相关的方案,如《平陆县分散供养五保户养老发展规划》、《农村社区养老服务实施方案》等政策指导性文件。形成了“民政部门主导,村组织布局实施,家庭积极配合,上下一心”的体制特色。平陆县民政部门高度重视农村养老扶贫工作,在推广“老年灶”日间服务模式上起到了主导、支持和协助的作用。

各村通过“政府 + 社会 + 村落 + 个人”的多元筹资渠道，多方募集资源，启动本地“老年灶”。将本村符合条件的老年人口组织起来，统筹规划“老年灶”日间照料中心的组建工作，并积极引导村集体经济收入在此方面的投资。同时，接受服务的老年人家庭个人以无偿或者低偿接受日间照顾服务，积极加入“老年灶”，为“老年灶”服务活动的开展注入了活力。

在工作人员配备方面，由有担当有责任的“能人”（现任或前任村支书等）担任管理人员，他们基层工作经验丰富，责任意识强。担任厨娘的基本标准则是孝顺老人，常常为有口皆碑的“好媳妇”。村民对“老年灶”积极关注，并以最乡土、最淳朴的方式对这一造福于民的政策进行回应。以寺坪村为例，村民已经记不得从何时起，村里形成习惯：无论谁家办喜事，首先要请“老年灶”的老人们吃酒席，喜事后所余蔬菜肉食，送至“老年灶”厨房的冰箱，为老人改善生活之用。对于有家人从事老年灶服务的家庭，也给予大力支持，超过九成的家庭表示对工作人员的支持。

在管理方面，平陆县“老年灶”日间照料服务模式的特色是“统一管理，成员自治，各具特色”。平陆县民政部门统一管理各“老年灶”日间照料中心，定期对其进行指导和检查。而在中心内部，则由现任村干部、离退休村干或村里的其他精英人才进行院内管理，涉及老年人衣食住用行、中心服务运营等工作，在账务管理上权责明确，互相监督。在西吴“老年灶”的账本上，每一笔支出清楚明晰，厨娘甚至将卖废品收入都入账，贴补“老年灶”的开销。

在服务提供方面，根据“老年灶”日间照料服务中心所处地理环境、各地经济不同，因地制宜、灵活得当，形成了各具风格、各有特色的服务模式。例如,张村镇窑头村地处平陆县西张村镇南风平线上,全村520户,1730口人,8个居民组,分布在4个自然庄,耕地面积1200亩,滩涂4000余亩,为三门峡库区纯移民村,风平公路和沿黄大道横穿东西,乡镇油路纵贯南北,交通便利,信息快捷,地理位置优越。该村依靠出租滩涂地以增加集体经济收入,为该村“老年灶”日间照料中心提供了较好的经济基础。该村创办了平陆县唯一一所综合性老年照顾中心,接受日间照料服务的老年人亦可常年入住中心。改造后的旧小学和村委旧办公楼成为被照顾对象的新居。与“五保村”、“幸福院”不同的是,窑头村老年综合照顾中心和村办幼儿园比邻而居,孩子们的欢声笑语使这个地方充满了生机和活力,老人、孩子和村民之间有着较为密切的互动往来。

平陆县“老年灶”日间照料中心并不仅仅局限于“老有所养”、“老有所乐”,也很在意“老有所为”、发挥老人余热,通过传承书法、剪纸技艺,以民众喜闻乐见的戏剧方式痛斥“黑彩”(平陆县民间流行的地下博彩业,许多人家因此家破人亡),社会反响热烈。丰富多彩、其乐融融的晚年生活,让这些为儿孙们奉献一辈子的山里老人们感叹,“进了老年灶,说话有人听,吃饭有人陪,头痛脑热有人问,老伙伴们还能一起耍,总算是可以为自己活一回了”。

目前,平陆县“老年灶”已建成120个,截至2014年末,将再建80个,除特别偏远分散的山庄窝铺外,基本实现“老年灶”日间照料中心全覆盖。

平陆县“老年灶”这一土生土长、带着乡土味的养老创举,将农村旧校舍、村委大院等场所整合利用,既有居家养老的亲情,又有机构养老的服务;既有家庭生活的温暖,又有集体生活的乐趣,使农村老年人在家门口便可安享晚年,不失为适合贫困地区农村养老的可行性模式。

案例3　河南省洛宁县积极发挥儿童福利主任作用,零距离服务困境儿童

一、主要做法

河南省洛宁县地处豫西山区,是典型的山区农业县,属国家扶贫开发重点县。2005年以来,洛宁县在儿童福利工作中不断探索实践,在全国率先对孤儿实施了生活救助制度。2010年全国孤儿保障制度建立后,又坚持"孩子需要什么,我们就解决什么"的原则,开展了困境儿童"助养、助困、助学、助医、助业"五位一体救助工作,同时积极汲取与联合国儿基会合作项目的经验,在388个村设立儿童福利主任兼民政信息员,使之成为体察儿童困难的"眼"和服务困境儿童的"腿",解决了服务递送"最后一公里"的问题。

2011年,洛宁开始探索困境儿童长效救助机制,建立了县、乡、村三级困境儿童服务工作体系。村级层面,每个行政村设置一名儿童福利主任,具体负责辖区困境儿童家庭入户调查登记、困境儿童救助政策宣传及协助落实各项政策等工作。洛宁县民政局在配备村福利主任后,首先筹措资金为他们解决每月100至300元的工作补贴,并争取纳入县财政预算安排。其次,制定10项儿童福利主任管理制度,8项儿童福利主任工作职责,明确工作范围和管理要求,并针对工作情况年底给予奖罚,激发了儿童福利主任为儿童服务

的热情和动力。最后,积极联系培训机构和高校对儿童福利、社会福利等专业知识进行培训,先后组织培训 1350 人次,并与北京师范大学、河南师范大学签署社会工作实习基地协议。

二、成效和经验

儿童福利主任承担的职责中,首先就是对困境儿童建立基础档案,并为民政局分类保障困境儿童提供科学依据。儿童福利主任承担的职责中,递送群众需求信息,帮助群众解决实际困难是核心任务。

通过近年的实践,儿童福利主任的主要成果体现在四个方面。第一,帮助解决儿童入户难题。第二,帮助群众参加医疗保险,申请医疗救助。第三,多方努力做好困境学生救助工作。洛宁县儿童福利和儿童保护领导小组近年来将困境学生列为暑期重点工作,每年召开“同心金秋助学”活动动员大会进行部署,各村福利主任对有需求学生情况进行排查上报,县工、青、妇及统战部、工商联等部门相继宣传资助,帮助寒门学子不因家庭贫困而失学。近年来儿童福利主任先后开展了“交通安全进校园”宣传、“心存感恩、与爱同行”感恩活动、“预防突发灾害演练”、“我们也有权利”演讲比赛、“携手成长,乐享童年”体操和英语短剧表演等活动 100 余次,使儿童在参与活动、培养特长中愉快地学习、生活、成长,得到了学生家长和社会各界的好评。儿童福利工作也得到了广大群众和困难家庭的拥护。

三、问题与困难

第一，村儿童福利主任均为兼职，多数为村干部，服务困境儿童的时间和精力有限，社会专业知识也有待进一步提高。

第二，由于现有工作补贴较低，物质激励效果有限，且没有上升空间和更多的精神激励措施，队伍的稳定性也会打折扣。

第三，儿童福利服务体系的工作基础是儿童福利保障制度，如果没有完善的困境儿童分类保障制度作支撑，服务体系很难取得突出效果。洛宁模式的可复制性也会令人怀疑。

案例4　浙江省适度普惠型儿童福利制度试点工作全面推进

为贯彻落实中央加快发展孤儿和困境儿童福利事业的有关文件精神，浙江省于2013年率先在全国启动了适度普惠型儿童福利制度建设试点工作。按照“一普四分”的原则，建立了儿童福利保障体系和儿童关爱服务体系，构建了“政府领导、民政牵头、部门协作、社会参与”的儿童福利工作机制和社会力量参与儿童福利事业的导向机制，取得显著成效。

一、总体情况

2013年，浙江省确定了海宁市、江山市、温州市为第一批试点单位（海宁市还是全国4个试点单位之一）。2014年3月，召开全省适度普惠型儿童福利制度试点工作总结推广会，对第一批试点工作进行总结，并确定杭州市余杭区、慈溪市、安吉县、东阳市、玉环县、景宁畲族自治县6个县(市、区)作为全省第二批适度普惠型儿童福利制度建设试点单位。推荐温州市、绍兴市、江山市为全国第二批试点单位。截至2014年底,已有74个县(市、区)相继建立了困境儿童分类保障制度,占全省县(市、区)总数的82%;共有84个市、县(市、区)已相继建立儿童福利督导制度,占全省市、县(市、区)总数的83%。全省共建成儿童福利指导中心68个,现有儿童福利督导员2万余人,为儿童福利保障服务体系建设奠定了坚实的基础。

二、主要成效

一是成立了儿童福利工作领导小组,儿童福利工作机制得到创新发展。试点地区党委、政府高度重视儿童福利工作,将儿童福利事业纳入党委、政府年度重点工作,作为切实改善民生、增加人民福祉的重要举措。试点单位积极探索儿童福利工作机制,改变单纯依靠民政单打独斗局面,成立了由政府分管领导任组长,民政、财政、发改、公安、教育等部门主管领导为成员的儿童福利工作领导小组,建立儿童福利工作联席制度,明确成员单位的职责,形成了“政府主导、民政牵头、部门配合、社会参与”的儿童福利工作机制,营造了儿童福利事业发展的长效机制和良好氛围。

二是全面建立了困境儿童分类保障制度,儿童福利覆盖面得以扩大。试点单位在做好孤儿基本生活保障的同时,根据本地发展实际,将其他困境儿童优先纳入儿童福利保障范围,按“分层次、分类型、分标准、分区域”的方法,比照社会散居孤儿养育标准,给予不同的基本生活保障。通过试点单位努力,目前儿童福利保障对象由单纯孤儿扩大到困境儿童,全省除16000名孤儿外其他困境儿童也纳入儿童福利保障。

三是基本建立了重残重病儿童医疗康复补贴制度,福利优惠政策得以落实。为提高重残、重病儿童康复水平和营养条件,帮助和支持家庭更好地履行儿童的监护责任,试点单位均给予儿童或监护人家庭一定数额的补贴。海宁市“贫困残疾儿童抢救性康复项目”中的康复训练补助经费和普及型辅助器具适配经费从2013年起有了适当提高;苍南县建立了重残儿童家庭护理补贴制度;江山市对重残儿童、重病儿童,每人每月发放医疗康复费,对其家庭发放护理、监护补贴等补助;玉环县对低保和低收入家庭中1周岁以内儿童,按照每月30元的标准给予新生儿营养补贴。在医疗救助方面,已基本将孤儿、困境儿童及低保家庭儿童纳入城乡合作医疗保险范围或城乡居民医疗保险范围。在教育助学方面,均已建立与当地生活水平相一致的助学补助政策,孤儿及其他困境儿童在不同求学阶段都有相应的教育补助。

四是建立了儿童福利关爱服务网络体系,儿童福利服务落到实处。试点单位均经当地编委批准,依托儿童福利机构成立了儿童福利指导中心,乡镇(街道)成立了儿童福利工作站,城乡村(社区)普遍设立了儿童福利督导员,形成了三级儿童福利关爱服务体系和日常督导机制。督导员对孤儿及困境儿童基本生活费使用和养育状况进行全面的督导评估,在督导过程中,发现问题及时上报儿童福利指导中心,由指导中心评估确定解决方案。同时,动态掌握本辖区内孤儿及困境儿童的基本情况,提供力所能及的福利服务。绍兴市通过加大政策支持、扩展购买服务规模和范围等方式,打通社会力量参与儿童福利的通道,鼓励和支持社会力量开展儿童生存、发展和保护的相关服务。如成立了绍兴市心灵花园工作站,招募一批心理专业的志愿者,向孤儿、困境儿童、留守儿童及家庭提供专业、持续的心理治疗和辅导,组织心理健康教育进社区、进学校,等等。

三、存在的问题和相关建议

适度普惠型儿童福利制度建设目前只在国内部分地区开展试点,中央对于试点地区也没有相关的配套经费补助,而浙江省在试点过程中面临的最大困难就是经费保障。如果下一步在全省范围内推行,各地财政压力势必加大。而且,浙江省现行的适度普惠型儿童福利制度试点工作尚未与社会救助制度以及其他部门现行的相关优惠政策进行有效的衔接。在执行过程中,局部地区难免会出现个别对象重复施保或施保空白的情况。针对上述问题,提出如下建议:首先,国家应尽早出台适度普惠型儿童福利制度文件,在全国范围内实施。如果时机尚不成熟,可考虑先行给予试点地区一定的经费补助。其次,整合社会救助以及其他相关部门儿童福利方面的现行优惠政策,出台统一的儿童福利政策,实现应保尽保。

案例 5　公益慈善创新发展的深圳实践

近年来,深圳以打造民生幸福城市为切入点,不断优化政策环境,创新体制机制,形成了“政府推动、民间运作、社会参与、各方协作”的公益慈善工作格局,全市公益慈善事业呈现良好发展态势。

在三届“中国城市公益慈善指数”发布中，深圳综合指数均位列三甲，摘得最高级别的“七星级慈善城市”称号，被称为全国最具爱心和最慷慨的城市。

一、发展概况

一是社会捐赠。在汶川地震和玉树地震抗震救灾中，市区慈善会募集善款分别达10.75亿元、2.02亿元，均位居全国各大城市慈善会系统募集善款数额之首，充分体现了深圳感恩改革开放、回报全国人民的城市精神。福利彩票共销售182亿元，年均增幅20%，筹集公益金57亿元，组织实施2万余项慈善项目和慈善公益活动，救助各类困难群体近千万人次。

二是社会组织。深圳各类社会组织蓬勃发展，成为社会建设的一支重要力量。截至目前，深圳登记社会组织共计8573家，公益慈善类(社会服务类)1880家，占全市社会组织总量的21.44%。其中，深圳已登记注册基金会132家，在深圳活动的国家级、省级基金会还有43家。

三是志愿服务。志愿服务蔚然成风，志愿者队伍遍布全城。深圳已建成市、区、街道和社区四级志愿服务组织网络，团体志愿服务组织超过4000个，注册志愿者突破105万名，占常住人口的比例超过10%。换句话说，每10个深圳人中就有1个志愿者。人均每年志愿服务时间达42小时，位居国内大中城市前列，志愿服务已经成为深圳市民践行社会主义核心价值观的自觉行动。

二、主要经验

(一)创制公益慈善政策法规,营造良好的制度环境

为优化慈善公益事业发展的政策环境,促进慈善事业发展的制度化与规范化,深圳充分发挥特区立法的优势,率先出台了《捐赠公益事业管理条例》《无偿献血及血液管理条例》《人体器官捐赠条例》《义工服务条例》《关于加快我市慈善事业发展的意见》《深圳经济特区社会建设促进条例》等一系列法规文件,尤其是2012年6月出台的《关于进一步推进社会组织改革发展的意见》,进一步强调转变政府职能,推动"全能政府"向"有限政府"转变,切实厘清政府、市场、社会三者的关系,不断优化公益慈善事业发展环境,逐步形成政府支持推动、有关部门协调配合、公益慈善组织自主运作的体制机制。在此基础上,深圳正加快制定《深圳经济特区慈善事业促进条例》,并力求在放开公募权利、实现慈善资产保值增值、规范行业自律服务、落实公益信托等方面,破除现代慈善事业发展的制度瓶颈。

(二)改革慈善组织登记管理体制,开启全民慈善大门

1. 小步快走,改革登记管理体制。2004年起,深圳采取小步快走策略,通过行业协会民间化改革、行业协会直接登记、三类社会组织直接登记、八类社会组织直接登记等"四个小步走",逐步深化社会组织登记管理体制改革。2008年,深圳实现了工商经济类、社会福利类、公益慈善类等三类社会组织由民政部门直接登记管理。2009年,深圳与民政部签订《推进民政事业综合配套改革合作协议》,全面探索社会组织直接登记,试点基金会登记。在这一系列

政策支持下,2010 年底壹基金成功落户深圳,成为深圳第一家民间发起成立的具有公募基金会,被称为“中国公益慈善领域的里程碑式事件”。深圳以其良好的公益慈善环境吸引了越来越多的公益慈善基金会抢滩深圳,尤其是大量知名企业和经济领袖投身慈善基金会,打开了经济领域的资金向社会建设流转的大门,成为社会治理的重要力量。

2. 大力培育发展社区基金会。社区基金会是慈善事业发展的重要组织形式。培育社区基金会是推进基层治理模式改革的一个重要突破点,对于构建社会治理的多元共治和促进居民自治具有重要的现实意义。为加强对社区基金会的培育发展和规范管理,2014 年深圳出台了《深圳市社区基金会培育发展工作暂行办法》《社区基金会培育孵化规范监管的管理办法》《深圳市社区基金会发展指南》等系列文件,并将培育发展社区基金会项目列入第二批深圳市社会建设“风景林”工程。目前深圳已登记成立社区基金会16 家。未来 3 年,深圳还将通过引导大型基金会设立种子基金、输出管理模式、提供人才支持等“大手拉小手”方式,培育扶持 50—100 家社区基金会,并在相关制度建设方面进行创新探索,大力推动社区基金会发展,使慈善发展成果更好地惠及社区、惠及百姓,进一步夯实慈善事业发展的根基。

(三)探索“公益慈善 +”发展模式,提升慈善组织运营能力

为创新慈善运营机制和模式,深圳将经济发展领域的优秀成果、商业智慧与社会建设有机融合,并借鉴运用“互联网 +”的思维和模式,推动公益慈善与互联网、金融和科技等领域的跨界合作与深度融合,不断提升慈善组织营运能力和社会公信力,切实推进慈

善组织的现代化、社会化和专业化。一是推动慈善金融创新,把现代金融方式融入慈善公益,运用金融手段广泛吸纳、运作社会捐赠资产,积极开展慈善信托、公益创投等试点工作。二是运用金融和科技手段,探索社会资本和慈善公益资产等新型要素平台建设,推动社会公益慈善资源的高效对接。三是充分利用新技术、新渠道、新方法创新慈善捐助渠道和方式,创新引入移动客户端、网络支付工具、金融服务平台等,发展微信慈善、新浪微公益、淘宝公益等,在提升募捐成效、降低募捐成本的同时,便于有心向善的社会公众,尤其是年轻人走近慈善、参与慈善。

(四)创新实施品牌慈善项目,提高慈善事业惠民力度

近年来,深圳各级慈善组织实施了2万余项公益慈善项目,形成了一大批知名度高、公信力强的品牌慈善项目:一是设立国内首个专门资助劳务工的专项基金——“劳务工关爱基金”,对在深劳务工及其子女给予医疗救助。已累计资助劳务工及其子女8000多人次,发放资助款上亿元。二是成立“深圳儿童大病慈善基金”,健全儿童大病救助体系,对深圳低收入家庭大病儿童及汶川地震灾区劳务工重病子女给予救助,累计发放救助款近千万元。三是实施“雏鹰展翅”计划。已成功举办十届,共资助深圳户籍低保家庭大学生5000多人次,资助金额超过2700万元。四是发起“募师支教”行动,吸引了全国20多个省、自治区、直辖市的数万人报名参与,先后招募16批1100多名支教志愿者老师,分赴18个省300多所乡村学校支教,惠及学生达10万多人。

(五)塑造特色慈善文化,为慈善事业发展提供不竭动力

深圳已初步建立起宣传、教育和激励三种途径相结合的慈善

文化普及机制。宣传方面，充分发挥新闻媒体的作用，积极开展“深圳关爱行动”、广东扶贫济困日及深圳慈善日、深圳慈善捐赠活动月等活动，借助报刊、电视、广播、网络等媒体平台，设立慈善专刊、专栏和公益栏目等方式传播慈善理念，弘扬慈善文化，营造良好的社会慈善氛围形成，强有力的社会动员机制。教育方面，在全市搭建5个慈善教育基地，开展“慈善行”、“学生慈善一元捐”、创建社工+义工模式，为西藏、贵州、新疆援建“深圳青少年希望小学”、社工服务站等多项慈善教育和体验活动，推进慈善教育进校园、进社区、进企业，培育全民的慈善意识和社会责任感。表彰方面，设立“鹏城慈善奖”，编制“深圳慈善捐赠榜”，标榜慈善先锋，树立慈善榜样。2012年，深圳又设立“勒杜鹃勋章”奖，用以表彰在社会建设和领域做出突出贡献的个人和组织。

（六）举办中国公益慈善项目交流展示会，搭建全民参与的慈善公益盛会

中国公益慈善项目交流展示会由民政部、国务院国资委、全国工商联、广东省政府、深圳市政府和中国慈善联合会共同主办，并永久落户深圳的国家级、综合性年度慈善盛会。目前，慈展会已成功举办三届，成为我国公益慈善领域规格最高、规模最大、最具影响力公益慈善盛会。三届慈展会共有来自31个省、自治区、直辖市以及港澳台的2296家机构参展，近46万人光顾展会，对接项目1052个，合计金额接近68.79亿元，举办了公益慈善项目大赛、高端对话、专题研讨会、互动沙龙、公益市集、体验活动等近270场，共有新华社、人民日报、中央电视台、南方日报、广东卫视、深圳特区报、深圳卫视、凤凰卫视、新浪网、腾讯网等300多家新闻媒体的1300多

名记者参与报道,发表稿件4500多篇,掀起了全民慈善“蝴蝶效应”。

第四节 基层政权和社区建设

案例1 南京市“四位一体”社区减负增效治理改革

近年来,南京市以社区减负“七项规定”为突破口,大力推动社区减负增效,取得了阶段性成效。

一、主要做法及成效

第一,政策层面减负增效。一是出台文件,以市委、市政府名义出台社区减负“七项规定”及实施细则。二是突出重点,“五减”:取消25项工作任务与指标、41类评比、41个机构、72项台账,整合20条社区网络;“两增”:增加自治服务、便民服务;“一考核”:出台全市社区(村)统一百分考核标准,年底一次实施,居民满意度占70分;“总扎口”:凡是进入社区工作必须经市、区和谐社区建设领导小组审批。

第二,体制改革减负增效。以“清、移、收、放、包、全”为抓手,将街居体制改革列为重点,突出街道在社会治理中的基础地位,强化社区的自治功能。一是清:外部理清街居职责。社区“去行政化”,建立社区工作准入制,明确社区准入“正面清单”及不予准入“负面清单”,使社区聚焦自治和服务,协助政府工作事项实行契约化管理。街道“去经济化”，取消玄武、秦淮、建邺、鼓楼四城区 38 个街道经济指标考核，其他街道逐步弱化，街道重在指导社区建设、组织公共服务、创新社会管理等方面发挥基础性作用，重点培育引进公益慈善、社区服务类社会组织，拓展社区社会化服务。二是移：取消街道科室化，前移“服务中心”集中办理。集中式办公、开放式服务，街道由“行政机关”向“民生窗口”转型；街道干部由“后台管理”向“一线社工”转型，推进街道“去机关化”。三是收：街道“中心”（分中心、中心社区）回收社区政务。社区服务站主要工作转向政策咨询、上门（代办）服务、了解民情和组织开展公益服务、居民自治服务。四放：社会治理与服务资源向街道下放、公益服务专业服务与自治服务资源向社区下放。2015 年起，市、区两级1∶1配套在每个社区（村）设立 20 万元为民服务资金，由社区专项用于公益服务、购买社会组织专业服务和居民自治服务。五是包：街居公共服务、专业服务外包社会组织。全市建立区、街、社区三级社会组织孵化与服务体系，市区两级财政每年按1∶1配套投入 3000 万元资金实施公益创投。目前南京社区社会组织已超过 2 万家，成为社区公共服务、专业服务外包的主要承接力量。鼓楼区引入社会组织，在社区建立睦邻中心，既承接社区公共服务，又开展社会工作专业服务。秦淮区蓝旗社区将社区一站式公共服务全部外包，政府由“养人”转向“买项目”，政府瘦身，社区添力，社区社工从准体制内推向体制外，社会组织进行行业管理，其主动性、能动性今非昔比。六是全：街居全科服务、全天服务、全年无休。街道、社区实行“全科政务服务”，建立“全科社工”队伍，推行“一窗多能、全科服务”，改变以往条口化设置与办理。工作日中午及节假日，利用错时、轮流上班制带受理居民事务,实现全天服务、全年无休。

第三,网络信息减负增效。全力推动智慧社区平台建设,提升社区信息化水平。主要以社区电子台账系统建设为突破口,完成了社区服务管理子系统建设。一是以社区居民信息为基础、集社区办公、管理、数据同步为一体,实现社区专职工作者对社区党组织、居委会、管理服务站、综治办、社区社会组织、驻区单位、业主委员会等居务管理及社区人户信息的电子化和规范化。二是以社区基本事务的日常管理记录为基础,通过对全市所有社区的电子台账进行统一管理,建成涵盖各条线业务的市级社区电子台账平台。三是建立统一信息采集平台,完善人口信息社区统一采集制度,形成全市规范的实有人口数据库,实现全市人口管理"一数一源"、一网向下。

第四,整合资源减负增效。一是场地综合使用,社区场地设施去"衙门化、割据化"。根据社区服务需求,对社区教育、文化、体育等相关场所进行综合布局。二是设施综合利用,整合社区医疗、教育、文化、体育等相关场所和设施,为老、为小、为特、为残服务,"小办公、大服务"办公面积小于1/5,为民服务面积大于4/5,办公服务用房50%以上用于社区社会组织开展服务。三是社工整合作用,培养"全能型"社工,实现"一口受理",探索"全区通办";整合综治、劳动等条口社工实现"统一招录、统一调配、一岗多责"。

减负后,社区"四个走向"十分明显:一是国家治理视角推进社区治理,二是街居体制改革去行政化,三是社会组织重点多元主体发育,四是服务对象导向由为困、为残、为特等"小众"转向"大众"。

二、下一步计划

下一步，南京市将全面调动政府、市场、社会力量，全力做好三项工作：一是推动基层治理体制改革，按照全市综合改革要求，取消街道经济任务，强化社会管理和公共服务职能，厘清街道社区事权，深化社区去“行政化”改革。二是聚焦社区服务，推进社区服务全面外包，试点街道公共服务整体外包。三是深化组团联动，深度整合机关处室职能，形成基层社会治理团体，合力推动社区建设发展。通过2~3年努力，建成多方参与、社会力量活跃的新型社区，形成自治鲜明、主体多元、居民认同社区治理新格局。

案例2　江西省吉州区探索“人文社区”治理服务新模式

近年来，江西省吉安市吉州区针对城市功能配套先天不足、棚户区和无物业管理小区多的区情实际，从较多地关注社区自身建设转向更多地关注群众的生存状况和社区服务功能配套的完善，从偏重街道社区行政管理转向引导居民民主自治、鼓励社会各方力量参与社区共治，围绕“让群众的保障更多、幸福指数更高、安全感更强”的目标，以“新面貌、新服务、新风尚、新机制”为主要内容，深入开展“人文社区、温馨家园”创建。

一、顺应期盼，构建社区新面貌

全面实施危旧街巷和无物业管理的老旧小区“两大改造工程”，深入开展“清污、治乱、拆违、添绿”环境整治活动，按照“铺平群众出行路、点亮百姓门前灯、净化居民小环境、清理社区下水道、贯通城区排污管、连上沿街绿化带、平安社区群众创”的要求,对城区152个(条)老旧小区和危旧街巷列入首批综合改造,用三年时间全部改造到位,以后分批规划实施。这些改造工程,工程量小的几万元,多的达300多万元,都是解决群众期盼已久的突出问题。通过清污治乱拆违,铺设吸水砖,硬化路面,安装路灯,增设门禁系统、安装电子探头等,人居环境面貌一新,近10万居民因此受益。同时,全力抓好小区业主委员会建设,促进物业长效管理。

二、完善体系,提供社区新服务

集中力量开展与居民生活息息相关的配套功能建设。实施“8+X”服务平台建设,“8”就是每个街道都要建设社区服务、文化活动、全民健身活动、卫生服务、就业创业服务、居家养老助残服务、托幼早教、平安联创“八大中心”;“X”就是各街道、社区根据辖区居民需求,利用资源优势,创新服务项目。

三、注重长效,建立社区新机制

广泛开展社区义工、志愿者服务。持续开展社区共建创建活动,建立以“八联”为主要内容的共建帮扶机制,动员各方力量参与社区建设。以无物业管理小区物业化为切入点,抓好街道物业管理服务中心、社区物业管理服务站、小区业主委员会建设,探索了不同类型的小区实行物业自治的有效做法。

四、人文关怀,倡导社区新风尚

关注社区居民交流的人本需求,促进人文关怀,培育文明和谐健康向上的社区新风尚。在社区开展“七彩义工”服务,就近聘请社工为空巢、特困老人无偿或低偿服务,为生活困难无人照料的老人送家政、送餐饮、送保健,全区建成9个居家养老中心、33个日间照料中心,为6000多名老人提供了日间照料服务。积极引导居民群众开展社区文体活动,举办社区文化沙龙,让社区邻里间有了更多交流的机会,从陌生人变成熟悉人,甚至知心人。发动邻里共建。通过评选“文明家庭”、“文明楼院”等活动,营造了社区温馨和谐氛围。

案例3　四川省扎实推进社区治理能力现代化

近年来特别是党的十八大以来,四川省认真贯彻中央决策,以法治精神引领社区治理创新,以法治建设推动社会体制改革,取得显著成效。

一、创制引领,建立社区治理新机制

四川省始终将强化顶层设计和政策创制作为创新社区治理方式的重要抓手,出台了《四川省委办公厅省政府办公厅关于全面深化改革加强基层群众自治和创新社区治理的通知》,制发了推进社区公共服务综合信息平台建设、建立城乡社区建设台账、开展社区标准化建设等系列配套文件。一是健全基层协商民主制度。建立

了议事协商、论证、听证、评议、规范完善村规民约和居民公约、民情恳谈、小区(院落)自治、述职述廉、问责等十大制度,使过去碎片化的基层协商民主制度逐步走向规范化。二是积极推进政社分开。以县为单位统筹建立社区公共服务准入制度,制定社区公共服务目录清单,明确社区法定职责和协助职责。三是大力推动"三社互动"。搭建服务、创投、参与三大平台,建立创新社会组织培育管理、财政扶持、社区人才培养三大机制,拓展联结、调适、服务三大功能,努力实现服务与管理共融、培育与扶持共举、和谐与关爱共享。

二、标准先行,打造社区治理新平台

四川省坚持将完善标准体系作为社区依法治理的重要内容,通过推进全省社区规范化、标准化建设,提升社区建设和治理工作整体水平。在社区规划布局和服务设施建设上,将全省划分为三类地区,并制定对应的社区建设指导标准。同时,按人均用地不少于0.1平方米的标准,将社区养老服务设施建设作为各地制定城市总体规划和控制性详规的刚性要求。在社区公共服务综合信息平台建设上,省上抢占地方性标准制定的制高点,以资金投入为引导,以打破部门壁垒为着力点,按照试点先行逐步推广的思路,开展社区公共服务综合信息平台建设。目前,省级层面已投入400万元支持成都、攀枝花、乐山、遂宁4市试点地区平台建设,并委托成都市制定了社区公共服务综合信息平台建设总体框架和技术参数地方性标准。攀枝花市委书记专题调研建设项目,市长领衔项目建设领导小组,市、县两级财政投入1000余万元,统一建设"攀枝花市社区公共服务综合信息平台"。

三、建制立约，助推社区治理新模式

四川省牢牢把握推进基层治理法治化的工作重心，大力深化社区组织依法治理，依法厘定社区工作职责，切实增强群众法治观念和自觉意识，支持社区居民自我约束、自我管理，打牢社区治理创新的制度基础。在城市社区治理方面，总结推广成都市转变街道职能、实现社区“还权、归位、赋能”的做法，将“居站分离”、孵化培育社区社会组织、提供社区公共服务资金、建立“五个清单”等经验用制度化的形式巩固下来。在农村社区治理方面，根据省委王东明书记的要求，四川在全省推广中江县在规范完善村规民约、推进乡村治理方式转变总结出的“三上三下六步工作法”，全省 99.5% 的村、99.6% 的社区都重新修订完善了村规民约和居民公约，形成了依法立约、以约治村、民主治理农村基层治理良好格局。

案例 4 湖北省构建基层组织协商民主建设“五型协商”模式

一、基本做法

随着我国《村民委员会组织法》和《居民委员会组织法》的颁布实施，湖北省城乡基层组织协商民主逐步开展，先后涌现出武汉市推行的社区事务听证会和社区协商议事会、武汉市江汉区开展的“居民论坛”和“门栋自治”、武汉市汉阳区开展的“社区对话”、荆州沙市区开展的“居民说事”、孝感市孝南区开展社区工作“轮值主席制”、鄂州市开展的“一事一议”、恩施市开展的“1 + 4 + ×”村务公开模式、安陆市开展的民主议事恳谈会等成功典型。

一是议事型协商。这类协商主要是指城乡基层组织针对居民反应的突出问题,通过干部收集梳理形成议题,召集相关人员按照一定的流程进行商讨、议决,由村(居)委会执行督办,达到办实事、解难事、做好事,消散民怨,聚拢民心,提高基层治理水平的目的。这一类协商有居民说事、协商议事会、居民论坛、民情恳谈会、小巷访事等具体形式。议事型协商操作灵活简便,适应性强,应用广泛,比较典型的是荆州市沙市区开展的"居民说事",其典型做法在全国、全省相关会议上进行了推广。孝感市孝南区推行村级民主管理"理事会+协会"模式,构建村级事务议、审、决、管、监五位一体的运行机制,破解了乡村治理中"事难议、议难决、决难行"的难题。武汉、沙市、松滋等地先后出台了议事型协商的具体实施办法,基本形成制度。

二是对话型协商。对话型协商是由基层政府及其职能部门组织,直接倾听群众呼声、了解群众感情、反映群众意愿、解决群众难题,向居民群众征询意见,通过面对面的条分缕析加以解释,对居民代表提出的当时不能予以解决的问题,认真作好记录,并在会后加以解决,不断改进政府工作的协商方式。武汉市汉阳区开展的"社区对话"是此类协商的典型代表,对话内容十分广泛,既有社区环境的问题,也有社区下岗失业人员的再就业问题,还有其他涉及居民群众切身利益的一些具体问题。同时,各地还广泛开展了公共政策听证和社区事务听证活动,早在2004年,武汉市就出台了《社区事务听证会组织工作指导意见》。

三是共建型协商。共建型协商是为强化驻社区单位的社区建设责任,推动驻社区单位社会性、公益性、服务性资源向社区开放,形成共驻共建、优势互补、资源共享的工作格局，实现社区范围内社会服务和重要工作如文明创建、社会治安、便民服务、环境卫生、党建工作实现协同联创的协商形式。这一类协商比较典型的做法是孝感市推行的“轮值主席制”，即由社区组织、驻社区单位组成共驻共建联席会，实行“轮值主席制”，轮值主席由驻社区单位负责人按季度轮流担任，联席会设秘书长 1 人，由社区党组织书记担任。联席会定期召开会议，协商解决社区发展的有关问题，并通过督办、考评、通报等制度，激励各单位参与共建的积极性。

四是联动型协商。这类协商主要是以社区党组织和居委会为核心，联合城乡社区范围内的物业服务企业、业主委员会、社区社会组织，以化解社区难题、提供更好服务为目标，建立联动关系，整合社区资源，在不同层次开展的制度化协商行动。早在城市社区建设工作开展之初，武汉市青山区、黄石市西塞山区就结合工矿企业多的特点，探索推行了政府部门、驻社区企业、社区组织“三体联动”的社区建设工作模式。目前，武汉市正在全市推行建立健全街道（乡、镇）和社区党组织领导下的社区居委会、业主委员会和物业服务企业“三方联动”服务机制。

五是开放型协商。这类协商是由对相关议题感兴趣和相关的主体，以平等身份自由进入，通过平等协商程序，畅所欲言、理性对话、自主决议，激发参与者贡献智慧，找到解决问题的方案，并由参与者执行方案的协商形式。2013 年以来，武汉市江岸、江汉、汉阳、武昌等几个中心城区对社区居委会干部进行专业社工能力训练以后，一些社区逐步开始使用开放空间会议，如江岸区劳动街艺苑社区就通过开放空间会议，解决了困扰社区多年的水费收缴难题。此外,一些地方还利用现代信息技术开展协商,不少社区都建立了QQ群,有的还建立了“网上论坛”,有的村还针对外出务工人员多的情况,实行网上村务公开,进一步丰富了协商民主的形式。

二、存在的问题

虽然近年来湖北省各地在推进基层组织协商民主建设中取得了一些成效,但也还存在一些问题。主要表现在以下几个方面:

一是干部群众思想认识上有差距。部分乡镇街道和村(居)委会干部对协商民主存有惧难情绪、抵触情绪;少数干部习惯“以会代议”,讲究身份等级,不习惯以平等身份与群众进行交流互动,倾听群众的心声,导致协商主体之间关系不平等。在农村,部分村民受市场理性驱动,功利性强、责任性弱,不发补助不参加活动的现象普遍存在。城市社区因单位制的影响,部分居民对社区事务冷淡,缺乏公共责任意识。有的基层干部习惯于行政干预,不懂得发扬民主、依靠群众;有的城乡居民依赖性强,习惯于组织安排,不善于自己当家做主。

二是参与主体能力和代表性不足。协商民主的主体,既要有参与意愿,也要有参与能力。目前,在城乡基层一定程度存在着职干部不屑参与、中青年没时间参与、流动人口不愿意参与、老年人不会参与等现象,使参与主体不广泛、代表性不足,导致协商活动难以开展,协商结果难以得到广泛认同。同时,基层事务繁杂,村(居)委会干部没有足够精力开展经常化的协商活动。

三是协商民主的制度政策不完善。多数地方还没有就协商民主出台规范性文件,缺乏政策支持和措施保障,也没有统一规范的工作流程。在城市社区，由于居民委员会承担的行政性工作过多，议题往往自上而下，不是从居民的实际需求出发，难免与实际碰撞。有的地方长效机制没有建立，使协商民主存在“年头年尾热一阵，一年到头不过问”的现象。

四是协商方式方法不够科学合理。在农村，由于农民居住场所分散，组织经常性协商活动成本较高，这就需要在操作平台、协商单元上灵活创新；城市社区中则因居民职业差距大而更难协调多元利益诉求。在协商方法上，有的地方不能因地制宜，使协商模式固化，活力不足；有的地方追求协商结果的一致性，在协商意见、共识难以形成时，转而采取少数服从多数的选举民主形式。

五是协商结果的落实缺乏资源保障。协商民主需要技术和资源的支撑。基层组织资源禀赋差异较大，有的社区资源有限，加上政府在搭建资源筹集平台上支持不够，使收集民意信息网络运行效率不高，协商结果落实有难度。

三、体会和认识

（一）五点体会

基层干部群众认为，协商民主是城乡居民自治的重要形式，也是城乡基层民主建设的重要内容。通过多年来的探索实践，各地有以下几个方面的体会：

第一，党委政府的领导和支持是保障。城乡基层自治组织资源和能力有限，需要党和政府“扶苗助长”、“浇水施肥”。荆州市沙市区的“居民说事”之所以能取得可喜成效，与该区党委、政府的高度重视和政策支持是分不开的。秭归县的不少农村村委会主动对接政府,争取项目,较好地落实了议事会议决的方案。近两年,武汉市每年安排1亿元的社区惠民资金,在解决社区难题中起到了关键作用。

第二,干部群众转变理念是前提。松滋市的“小巷访事”之所以取得了显著效益,原因是政府和社区干部改变观念,变由居民上访到干部主动下访居民,从而使协商活动具有真实的民意基础。武汉市一些社区运用的开放空间会议技术,坚持“居民社区居民作主”理念,变替民作主、为民作主为让民作主,极大地调动了居民参与的积极性。

第三,居民群众广泛参与是基础。荆州市沙市区在开展“居民说事”时,为了调动利益相关者积极参与协商,设置了三个层次的协商平台,即居民自己议事平台、居民代表议事平台、村(居)干部与政府部门议事平台,并制定了各类平台的操作办法和考评细则,避免了村(居)干部“一言堂”、“一头热”,保障了协商的经常化、规范化。

第四,科学合理的协商程序是关键。从调查了解到的情况看,凡是协商民主开展得比较好的地方,对协商民主的操作程序都有明确的规定,并强调了严格执行程序的要求。宜都市推行的“五议一审”民主决策制度,将所有村级重大事项以及与农民群众切身利益密切相关的事项的决策和办理,都按照村民建议、党总支会议提议、“两委”会议商议、党员大会审议、乡镇街道党委审核、村民会议决议的程序进行决策,并对提议事项、审议程序、决议结果、实施方案和办理结果实行“五公开”。

第五,协商结果得到有效落实是动力。基层组织协商民主能否健康持续发展,有赖于协商结果的落实。通过协商结果的落实,群众不仅能看到协商民主的作用与成效,还能帮助群众树立公共责任意识,为以后积极参与协商民主活动打下基础。秭归县水田坝乡王家桥村党支部书记向富柱对此深有体会,他认为协商民主的结果是要让全体村民得实惠,只有这样,才能解决问题,化解矛盾,促进和谐。

(二)三点认识

湖北省基层组织多年的协商民主实践,为提炼协商民主的理性认识提供了丰富的素材,也深化了我们对基层组织协商民主的认识:

第一,要充分认识基层组织协商民主的重要意义。基层自治组织中的协商民主,是基层自治组织建设深入开展背景下的新事物,事关城乡群众公共责任感、幸福感的提升,事关党的群众基础、执政基础以及国家政权基础的巩固,意义十分重大。在城乡基层组织中开展协商民主,有利于解决群众关注的热点难点问题,化解社会矛盾,促进邻里和睦,体现社会公正,构建和谐的党群、干群关系;有利于培养村(居)民公民意识、民主意识,调动村(居)民参政议政的积极性,真正体现人民当家作主,推进基层民主政治建设;有利于促进基层公共政策决策的科学化、民主化,提高决策水平,健全基层社会治理体系,提升基层社会治理能力。

第二,基层组织协商民主应坚持五个基本原则。协商民主是有序的参与民主、程序民主,根据协商民主的基本内涵,结合党和国家的要求及湖北省实际,城乡基层组织协商民主应当坚持以下五个原则:一是要坚持党的领导。要充分发挥党组织对协商民主的政治引领作用,确保协商民主的正确方向。二是要坚持需求导向。要把居民提出的利益诉求作为出发点,把基层存在的现实问题作为开展协商民主的切入点。三是要坚持广泛参与。居民是协商的主体和受益人,也是执行协商决议和监督反馈的主体,应当在每个环节充分吸收居民参与。四是要坚持公开透明。要把协商的主体、内容、程序、结果以及落实情况向居民公开,接受居民的监督,保证协商的公平公正。五是要坚持平等包容。在协商中,要保证不同的参与主体的不同诉求都得到平等表达。

第三,要加强党对基层组织协商民主的领导。加强党对基层组织协商民主的领导,是提供政治保证、保障人民利益和巩固执政地位的需要。为更好地发挥党对基层组织协商民主的领导作用,基层干部群众认为:一是要把握正确方向。要根据中央的决策部署,结合基层民主自治的具体实践,认真研究制定方针政策,把握大局,推进基层组织协商民主建设健康持续发展,健全和完善党领导下的充满活力的基层群众自治机制。二是要转变领导方式。要支持和保障村(居)委会充分行使职权,帮助解决村(居)委会工作中遇到的困难和问题,使它们有能力、有条件组织开展协商民主活动。同时,改变大包大揽的做法,真正相信群众,依靠群众,放手发动群众参与协商,让群众充分发扬民主。三是要改进工作方法。基层党组织和党员干部要带头学习协商民主的方法和技术,改变过去简单粗放、大包大揽的工作方法,学会用协商民主的方式反映问题、研究问题、解决问题。在实际工作中,要坚持指导不指挥、放手不放纵、参与不干预、引导不主导,让人民群众充分行使民主权利。四是要发挥示范作用。要全面推进村、社区党务公开,健全社区党员代表议事制度,引导党员参与民主实践,积极探索扩大党内基层民主的实现形式,带动和促进城乡基层民主健康发展。五是要加大宣传力度。基层党组织要做好宣传发动工作,提高城乡居民群众的民主参与意识,引导城乡居民群众广泛参与各类形式的协商民主活动;同时,要认真总结经验,推广典型,努力营造良好的参政议政氛围。

四、对策建议

党的十八届三中全会提出,要开展形式多样的基层协商民主,推进基层协商制度化,明确了基层组织协商民主建设的总体要求,为我们继续推进基层协商民主建设进程指明了方向。为更好地开展基层组织协商民主,提出以下建议:

(一)加强法规建设,做好制度设计

在修订《村民委员会组织法》和《居民委员会组织法》时,要增加协商民主的相关内容,将基层成功的做法上升为法律规定,对基层操作中存在的疑惑以法律的形式明确下来,为基层组织开展协商民主提供法律支撑。同时,要加强相关制度建设,规范城乡基层组织的职责范围,切实减轻城乡基层组织工作人员的行政性事务工作任务,进一步保障城乡基层组织的自治权利,并对协商民主的主体、任务、内容、程序等予以规范。

(二)转变政府职能,改进工作方式

各级政府尤其是基层政府,要支持城乡基层自治组织依法开展民主自治活动,加强城乡基层自治组织网络、干部队伍、服务设施、保障机制等基础建设,增强它们带领群众民主自治的能力;要改变行政命令、大包大揽等传统工作方式方法,引导人民群众当家作

主,通过协商民主,开展自我管理、自我服务、自我教育。

(三)加强队伍建设,提升工作水平

要进一步加强乡镇街道和村(居)委会干部队伍建设,帮助他们树立群众观念,提高做好群众工作的能力;同时,要对他们进行社会工作能力培训,帮助他们树立社区工作的新理念、新思路,掌握专业的社会工作方法,提高专业社会工作能力。另外,还要采取提高待遇、购买服务等措施,吸引专业社工及优秀人才到城乡基层工作,优化村(居)委会干部的结构。

(四)加大政策支持,转化协商成果

要制定相应政策,在财力物力上给予资助,建立政府购买社会服务等机制,帮助基层组织协商成果的转化;同时,要整合社会资源,建立政府主导下的社会公益资源供需对接平台,以政策、资金鼓励和支持各类社会服务组织开展符合城乡居民需要的微公益活动,使城乡基层组织协商民主的成果落到实处。

(五)发展社会组织,培育协商主体

各级政府要加大资金投入,资助、指导建立社区社会组织孵化基地,大力培育社区服务性、公益性、互助性社会组织,引导各类社会组织参与社区事务的讨论,参与社区公共政策的制定,参与社区公共服务的管理。

(六)宣传教育群众,提高参政能力

各级党委政府必须加大宣传力度,让人民群众认识到协商民主的好处和作用,树立公共责任意识,调动参与的积极性,增强参与的主动性。同时,要教育群众学会以合理的方式反映诉求,以合理的形式当家作主,提高他们参政议政的能力。

案例5 社区公共服务综合平台建设的“禅城模式”

2014年以来，佛山市禅城区以第二批党的群众路线教育实践活动为契机，积极贯彻实施民政部、国家发展改革委等五部委《关于推进社区公共服务综合信息平台建设的指导意见》，以社区公共服务综合平台建设为核心，推进“一门式”政务服务改革（下称“一门式”改革），推动了基层社会治理的信息化、网络化和科学化。

一、改革理念

“一门式”改革秉承“把简单带给群众、把复杂留给政府”的核心理念，以群众需求为导向，通过办事大厅由多个向一个集中、服务事项由多窗受理向一窗办理和受理集中，实行一窗办、马上办、限时办、网上办、全区通办和天天办“六个办”。以信息技术再造审批流程，优化前台界面，倒逼后台革命，破除条线分割，打通“信息孤岛”，将信息技术高效、便民和人文的优势嵌入政府，着力解决群众办事多厅跑、多窗排队、重复提交材料等难题。

二、主要做法

该区按照先自然人事项再法人事项，先镇街、村居再区级服务中心的改革步骤，先易后难，稳步推进。从2014年9月1日正式对外服务以来，截至2015年3月，该区已经建成覆盖4个镇街、140个村居的标准化的公共服务综合信息平台体系，实现社区公共服务“一窗”受理或办理。具体做法有：

(一)精心谋划,强力推动

健全的体制机制是“一门式”改革取得成功的根本保障。从策划部署、试点探索、到全区铺开,短短半年内能够取得明显成效,关键是制定了系列运行保障体制机制:一是强化组织领导。构建领导小组——功能组——镇街行政服务体系三层架构,区主要领导挂帅担任区行政效能提升领导小组组长,区纪委书记任副组长,“一门式”改革工作被列为区的“头号工程”,区主要领导每周主持例会,专题研究、督促、协调和检视改革推进情况。二是强化制度建设。制定“一门式”改革方案、电子政务数字证书和电子印章管理暂行办法、物料流转工作流程、窗口工作人员激励机制、诚信机制(总则)等系列业务规章细则,为改革顺利实施提供保障。同时,建立了免责机制,为改革“操盘手”解除顾虑。三是强化评估机制。成立由政府领导、社会群众、专家学者和技术人员等各方代表组成的评估组,建立了问题收集、跟踪、解决机制,定期对“一门式”改革工作进行跟踪评估,及时发现和解决改革遇到的问题。

(二)化繁为简,优化服务

人性化服务是“一门式”改革的始终遵循。为给居民群众办事提供人性化的服务体验,该区对行政服务中心“动了大手术”:一是“合门”、“并窗”。依托原行政服务大厅,将其他办事大厅以及散落在其他部门的审批服务事项一并纳入;将过去以部门业务划分的“专项业务办理窗口”合并为“综合服务窗口”,对进入“一门式”系统的全部事项实行“一窗受理或办理”。二是培养“全能”工作人员。对综合服务窗口工作人员,进行为期三个月的跟班学习、集中学习和系统操作培训,使其熟悉“一门式”服务系统的各项业务政策和办理流程，胜任跨部门、跨行业、多业务的综合审批服务工作。三是营造人性化的服务环境。对行政服务中心进行标准化改革，统一标识形象，设置体验区、材料流转区、休闲等候区，免费无线上网，提供自助终端查询、上网及事项办理设备。开创“空中一门式”电台节目，用空中电波为群众推送服务，解疑释惑。

（三）制定标准，“推权入笼”

标准化建设是“一门式”服务的基础。该区主要通过“三三机制”推动审批体系标准化建设：一是推行“三单管理”模式，对政府审批事项进行全面梳理，整理出“负面清单”、“权力清单”和“监管清单”，厘清部门职责权限。二是编发“三个清晰告知”，根据项目名称、办理条件、政策依据、申请材料、办理时限、办事程序、收费标准等，对进驻窗口的282项审批事项进行梳理，形成统一的办事标准，清晰告知部门“哪些事项应该入门”、窗口工作人员“事情应该怎样办”、群众“在基层行政服务中心可以接受什么服务”。三是制定“三个标准”，即前台受理业务标准、前后台办理流程标准、公共服务综合信息平台数据标准，打造禅城“一门式”服务的标准，形成规范化、标准化操作。减少审批过程的主观性、随意性和差异性，实现“一审一核”、“即办即审”、“无差别审批”。

（四）革新技术，突破瓶颈

资源共享、业务协同是“一门式”改革的鲜明亮点。该区通过技术革新，突破长期以来部门之间资源难共享、业务难协同和系统难互通的难题：一是统一服务群众的“前台”界面，群众面对一个“综合服务窗口”就可进行个人事项办理。二是联通各部门的“后台”界面，采取电脑双屏操作等办法，通过跳转、对接等技术，直接进入民政、人社、社保等国家、省、市、区的24个条线系统进行操作，为群众提供政务服务。三是利用现代化信息技术，沉淀大数据，通过采用高拍仪和二代身份证读卡器、使用电子化材料和电子章、数据共享、诚信机制等，将群众办理事项过程中经常性、重复性提交的各种材料（如身份证、户口本等各类基础证明材料）进行拍照、扫描并沉淀入库，建立基于居民身份证号为索引的历史信息检索和共享机制，推进身份证“一证通”办事、“一张表”共享。以民政业务为例，我们将低龄、老龄、优抚安置、社会救助、救灾五项业务28个事项的14类表格，合并成一张表，实现姓名、性别、年龄等10类基本数据的共享，在平台上对其他部门实现信息通用。

（五）创新思维，确保安全

电子政务与互联网在线办事相结合，是“一门式”改革的努力方向。该区创新“互联网+”思维，推动基本公共服务事项办理的线上办事与线下办事有效衔接，促进社区服务能力的提升：一是充分发挥信息化在政府公共服务中的优化和集成作用，将信息化、互联网的创新成果深度融合于社区公共服务综合信息平台建设，将信息平台功能延伸，通过APP与手机等移动终端实现互通。二是实现上下互联互通，对上与广东省网上办事大厅对接，对下与村居社区自治家园平台互联，实现线上与线下的结合，同时整合睿智城市信息服务平台和“一按灵”服务，将专业社区机构、警务E超市、天眼工程、联勤警务平台等设施机构作为服务延伸，推进自治管理和社区公共服务的线上应用。三是采用数字证书、水印、加密通信等安全措施对电子材料和文档进行保护，制定安全管理机制，签订保密协议等，严格规范操作人员行为，全面保障平台的运行及使用安全。

三、主要成效

平台从2014年9月正式运行以来，共办理业务超过10万件，各界反映良好。

（一）有效缓解了群众“办事难”问题

一是办理事项翻番。街道行政服务中心办理事项分别由原来的70项增加到282项，村（居）行政服务中心办理事项增加到77项，任一窗口可办事项大幅度增加。二是群众办事少跑门、少费时、少交材料、少求人。三是工作效率大幅提高。窗口工作人员由过去的“专办”变成现在的“全能”，窗口减少了15%，工作人员也随之减少。过去窗口忙闲不均、季节性办事拥挤等问题得到有效解决，工作效率显著提升。

（二）初步打破了部门壁垒，实现了信息共享

禅城“一门式”综合信息平台通过后台系统跳转、对接等技术，将原来分散的10多个部门的24个条线审批服务系统联结整合在一起，实现了多部门间业务协同办理和信息互联共享，打破了长期以来政府部门之间业务不协同、系统不关联、信息不共享，甚至一个部门之间信息都无法共享的突出问题，办事平均缩短了6.5个工作日，各部门也尝到了“整合、协同、共享”的甜头。

（三）倒逼深化行政审批制度改革

一是简政放权。从研究服务事项的“废、改、立”转变为向群众提供“简、明、快”的服务。二是推动行政审批权力标准化。通过优化申请条件和办理流程，严格限制工作人员的自由裁量权及寻租空间，实现了“无差别审批”。三是创新行政审批理念。传统的“条

件式审批”逐渐转变为“表现式审批”,即对部分可逆事项采取“先发证、后补材料”的审批服务方式,办事人在材料不完整的情况下签订诚信确认书即可暂时通过审批,有利于各类诚信机制构建和诚信社会的建设。

(四)加强了政府与群众之间的双向互动

通过综合信息平台和社区自治家园平台的建设,政府不仅能够真实、动态、全面掌握群众的信息,也让群众评价、监督政府服务,构建“全方位、全过程、全员参与”的社区管理网格。这种双向的信息交换,将群众与政府的关系由过去的“求助式服务”转变为“互动式共建共治”。例如,该区某社区居民需要办理低保救助,办事信息通过社区家园自治平台转至社区居委会,工作人员从系统大数据中了解到该居民妻子患病且残疾,全家住在廉租房,女儿是在读学生,家中还有一位80岁的老母亲。居委会主动上门,通过一次材料、一次申请,为他同时提供低保、医疗、残疾、住房等一系列救助,并为其女儿申请助学救助,为老母亲申请高龄老人津贴、“平安钟”等服务。

(五)为政府科学决策提供数据支撑

禅城区政府通过“一门式”改革,把群众办事过程中留下的资料信息沉淀为动态、实时、真实的数据库,为政府找到公共服务“公约数”和为有针对性的公共服务提供科学依据。区政府在研究2015年民生实事计划过程中,确定的残疾人康复就业、失业再就业等事项,就运用了“一门式”服务平台提供的数据。

未来禅城“一门式”将全面推开法人和区级自然人事项的一门式办理,并着力在“三个优化”、“四个一批”上下功夫。“三个优化”就是系统优化、事项优化、人员优化;“四个一批”即是增加一批马上办事项、取消一批事项、减少一批申请材料、优化一批办事环节。同时,进一步加强“大数据”管理和应用,在保证安全的前提下,进一步加强数据的管理和应用,为诚信社会建设提供支撑。

第五节 社会组织登记管理

案例1 广东省进一步培育发展和规范管理社会组织

广东是全国社会组织改革创新的先行省份。近年来,广东省围绕自身的新特点、新形势,创新社会治理体制、激发社会组织活力,将社会组织的培育发展和规范管理纳入经济社会发展和全面深化改革的全局加以研究和推进,取得一些成效。到目前为止,民政部门登记成立的社会组织45040个,其中社会团体20587个、民办非企业单位23932个、基金会521个。

第一,完善法规政策制度。率先开展社会组织立法。2013年12月《广东省社会组织条例》列入省人大立法规划。同时,发布《广东省社会组织法人治理指导意见》、《广东省社会组织预防腐败工作暂行办法》、《广州市社会组织管理办法》、《深圳经济特区行业协会条例》等法规,《广东省社会组织法人治理指导意见》、《社会组织预防腐败工作暂行办法》均上报省法制办审核。

第二,加快推进社会组织去行政化。民政部要求2015年实现行业协会商会与行政机关真正脱钩。广东省民政厅联合省委组织部等六部门研究制定了《关于行业协会商会与行政机关脱钩方案》,要求全省行业协会商会在 2014 年底前完成脱钩。2014 年 6 月 30 日率先实现厅管社会组织政社分开。

第三,开展社会组织预防腐败系列活动。与省预防腐败局共同主办 3·15 百家社会组织食品安全诚信倡议仪式,倡导社会组织规范行业行为。中山大学教育发展基金会等 10 家单位牵头动员全省百家公益慈善类社会组织举行预防腐败倡议活动,向全省公益慈善类社会组织发出倡议。

第四,推进社会组织信息化工作。广东社会组织公共服务信息平台已报请省发展改革委批准立项。依托省社会组织信息网和省社会组织法人单位信息资源库,进一步完善省、地市、县区三级社会组织登记管理信息;建立健全社会组织信息公开制度;强化社会监督制度的落实,全面披露社会组织法人情况、重大活动、重要公益项目实施过程、政府资助资金使用、政府购买服务实施,公募和非公募资金的使用情况等信息,全面提高社会组织公信力。

第五,发展新型社会组织。广东是外来务工人员大省,异地务工人员的结构近年来发生了巨大变化,现有管理体制和方式无法有效覆盖这些外来人口,也无法有效满足他们生活发展的需求和解决他们的诉求。因此,广东提出优先发展异地务工人员服务组织。省民政厅已批准登记注册 9 家异地务工人员服务协会。该类协会都由省人力资源社会保障厅作为业务主管单位,由外省驻粤办事处(劳务处)作为牵头单位发起,由外省驻粤劳务处(办事处)有关负责人、在粤异地商会、劳务培训机构、相关企业作为会员,属于综合性的为异地务工人员提供服务的社会团体法人。目前,这 9

家协会通过整合资源，团结各方力量，建立合作机制，开展扶贫济困活动，为特殊困难的异地务工家庭和子女教育提供资助和服务；以民间化的身份，在代言政府部门推动异地务工人员服务和管理中，解决劳资纠纷，处置突发事件中发挥明显作用。

第六，创新社会组织党建工作。成立了省社会组织党工委（已改设为省社会组织党委）、纪工委、团工委、妇工委、工会委员会，并在基层全面建立党群组织。紧扣登记管理环节抓党建工作，按四个环节抓党建工作：在社会组织申请登记时，凡符合条件成立党组织的要同步组建党支部；将党组织建立情况和活动开展情况列为年度检查的必检内容；把党建工作作为等级评估的一项内容；在社会组织换届改选时，检查发挥党组织的战斗堡垒作用情况。

案例2　宁波市优化社会组织培育管理机制 促进社会管理服务创新

近年来，宁波市各级党委、政府将探索社会组织培育管理机制作为社会管理创新的重要途径，发挥社会组织协同参与作用，增强社会管理和公共服务合力，在培育发展社会组织、构建多元主体参与、增强服务能力、推动互动合作等方面进行了有益探索。

一、具体做法

第一，推进社会组织登记管理体制改革。加强社会组织政策创制。2013年，市委、市政府出台《关于加快建立现代社会组织体制促进社会组织健康有序发展的意见》等系列政策文件。实行直接登记制，除政治、法律、宗教类社会组织外，对行业协会商会类、科技类、公益慈善类、城乡社区服务类等四类社会组织实行向民政部门直接登记。放宽准入条件,对公益服务性质的社会组织,在注册资金和场地等方面不作强制性要求。在行业协会试行一业多会,引入竞争机制。规范城乡基层社会组织备案制度,对暂不具备登记条件的基层社会组织,可在街道(乡镇)备案。建立放而不乱、宽进严管的监管体制,实行审批、监管执法分离制,加强事中和事后监管。

第二,建立公共资源向社会组织配置的机制。推进政府职能转移和购买服务。民政部门会同财政、发改委等联合出台了《关于推进政府向社会组织购买服务的实施意见》,明确购买服务的具体规则、流程及监管职责分工。建立公益创投机制,出台了公益创投实施办法,通过社会机制、市场机制的运作,推动社会资源的公益服务资助和社会组织的公益服务生产实现有效对接。2013 年,全市公益项目的社会投资金额近 1200 万元。建立社会组织发展专项资金,2013 年开始,市财政每年安排 500 万元社会组织发展专项资金,用于社会组织项目补助、人才队伍建设、服务平台建设、评估奖励等所需的专项经费。各县(市)区也落实相应的专项资金,2014 年全市专项资金投入达 1700 万。

第三,建立面向社会组织的服务机制。强化和扩展三级社会组织服务平台,依托社会组织服务中心,为社会组织提供全方位的服务和技术支持,形成与登记管理体制改革相匹配的服务支持网络。加强社会组织专职队伍建设,会同组织、财政、人力社保部门出台了社会组织人才队伍建设意见,把社会组织专职人员纳入全市人才队伍体系建设,建立和完善专职从业人员劳动用工制度和流动、人员招聘、户籍管理、职称评定、福利保障等具体政策措施。推动建立市本级和部分县级社会组织发展基金会，依托基金会平台，为社会组织提供必要的资金帮助，协同社会组织参与社会服务。

第四，建立规范的社会组织治理机制。健全等级评估制度，制定了《宁波市社会组织评估管理办法》和《社会组织分类评估指标体系》，通过第三方专业评估，完善社会组织服务管理能力评估体系。建立了评估制度与政府职能转移和购买服务的联动。制定了《社会组织法人治理指引》，引导社会组织完善制度安排，强化自律机制，建立健全以社会组织章程为核心的责权明确、运转协调、有效制衡的现代社会组织法人治理机制。积极推进政社分开，尊重和保障社会组织的法人主体地位，促进社会组织依法自治并独立承担法律责任。健全社会组织评先选优制度，在市、县二级建立社会组织表彰奖励常态机制。

二、主要成效

经过探索创新，宁波市在优化社会组织培育管理机制，促进社会管理服务创新方面取得了以下成效：

一是社会组织数量快速增长。目前，经各级民政部门登记备案的社会组织 17511 个，其中法人登记社会组织 5718 个，每万人拥有法人社会组织数 7.5 个，平均每年保持 10% 左右的增长速度。已基本形成门类齐全、层次不同、覆盖广泛的社会组织体系，成为主体性力量参与到社会管理和服务领域的方方面面，在改善管理、化解矛盾、协调利益、提供服务、促进和谐等方面发挥了明显功效。

二是基层社会组织化水平不断提高。依托社区发展培育成长的基层社会组织，扩大了城乡居民的组织化参与，提升了基层社会治理的水平,这种向下扎根、向上成林的基层社会组织生态是宁波市社会组织发展的典型特征。在城市,全市每个社区平均有17个社会组织,三社联动机制在满足居民参与需求的同时,提供了可及性、针对性、专业性的社会服务。在农村,融合性组织的发展,有效地促进了新老宁波人的融合,成为社会流动背景下促进社会和谐的重要途径,宁波市以融合性组织为依托、新老市民共建共享的社会融合模式获得了首届中国社会创新奖和中国地方政府创新奖。

三是社会组织规范化建设取得实际成效。推进社会组织评估,每年保持10个百分点的递增评估率。依托民政部门建立了社会组织综合党委,社会组织党建和党的工作实现了“两个全覆盖”。建立了社会组织信息服务平台,社会组织登记、年检、评估、处罚等信息纳入系统化管理。重视社会组织负责人和专职工作人员的素质培训,近3年来,受训人数达3000余人次,尤其是2014年争取承办了全国行业协会商会领军人才高级研修班。

四是市县两级服务平台全面建成。为了给社会组织的发展提供更为具体的支持、帮助和服务,积极推进社会组织服务平台建设,2010年海曙区建立了全省首个区域性社会组织服务中心,至2013年年底,市、县两级全部建立社会组织服务中心,并逐步向乡镇(街道)一级延伸。社会组织服务平台通过资金、场地、项目和技术支持等方式,起到了社会组织“孵化器”的作用,为社会组织以及其他社会主体参与社会服务创造了更好的条件。

三、问题和对策

宁波市在推动社会组织培育管理机制创新改革中也面临一些

问题,具体表现为两个不适应性:一是社会组织的发展与经济社会的发展表现出明显的不适应性,社会潜在的活力和能力远远没有被激活,社会内在的生产力还没有从根本上释放出来,强政府弱社会的格局使得政府力量与社会力量很难在社会管理和服务等领域形成实质性的有一定规模和层次的互动,政府包办社会的局面没有得到实质性的改变。二是服务管理方式与社会组织发展的内在规律和社会发展的趋势不相适应,现行的法律规章限于管制和防范,整体性的顺应和支持社会组织成长的政策体系尚未真正建立,适应现代社会组织发展的管理体制尚未真正建立,社会组织作为独立法人的主体性地位尚未真正建立。

为此,宁波市从以下几个方面着手,完善相关措施,进一步理顺社会组织培育管理机制作为社会管理创新途径的工作机制:一是加大社会组织培育发展力度。二是强化社会组织法治意识,明确社会组织功能定位,规范和建立社会组织法治秩序。三是完善落实各项配套政策措施。四是完善社会组织监管机制。五是完善社会组织服务机制。

案例3 山东省泰安市创新机制激发基层社会组织活力

山东省泰安市是全国社会管理创新综合试点市、全国社会组织建设创新示范区。近年来,泰安市委、市政府从当地经济社会发展需要出发,积极培育发展基层社会组织,助力社会治理创新,取得了较好成效。

一、具体做法

(一)降低准入门槛,为基层社会组织成立松绑

2011 年,明确在乡镇街道范围内开展活动的城乡基层社会组织由民政部门直接登记或备案,除行(事)业有最低限额规定外,成立城乡基层社会组织注册资金放宽至 1000 元,城乡基层社团会员数量下限放宽至 15 个。2013 年,根据省民政厅《关于创新社会组织登记和管理工作的通知》,泰安市对一时达不到登记条件的基层社会组织,由县级民政部门授权城乡社区备案管理,县级民政部门立卡建档,进一步下放了权限。在社会力量办学、办医、办文体机构和办养老事业方面,也采取降低门槛、简化手续的方式予以鼓励。

(二)提供资金扶持,为基层社会组织成长助力

为更好发挥社会组织提供公共服务的作用,泰安市提出凡适合由社会组织提供的公共服务和解决的事项,通过委托、承包、采购等方式交由社会组织承担。

(三)搭建服务平台,为基层社会组织唱戏搭台

针对基层社会组织缺乏活动场所的问题,泰安市在社区建立社会组织之家,在市、县、乡镇(街道)建立社会组织服务中心,构建从市到社区的四级社会组织服务平台。社会组织服务平台为基层社会组织提供政策咨询、备案管理、信息交流、专业培训、运营孵化、党建指导、场地提供、公益活动承办等多项服务。

二、主要成效

山东省泰安市通过创新机制激发活力,大力培育发展基层社

会组织,取得了显著成效和新鲜经验。泰安市目前共登记备案城乡基层社会组织 5369 个,占登记备案社会组织总数的 88.8%,其中登记管理的 1524 个,备案管理的 3845 个,类型丰富、功能多样的基层社会组织在城乡基层社会治理中发挥了独特的积极作用,主要体现在以下几个方面:

(一)成为提供基层公共服务的重要主体

全市登记备案 877 个服务类基层社会组织,包括民办的卫生服务机构、幼儿园、科普夜校、老年人服务中心、法律服务机构等,为基层群众提供了多样化的公共服务,在解决长期困扰居民的看病、入托、养老等难题方面发挥了积极作用。

(二)成为丰富群众文化生活的重要渠道

940 个文化服务中心、艺术团、表演队、体育协会等文体类基层社会组织,以共同的兴趣爱好为纽带,广泛开展歌咏、书画、戏曲、舞蹈等群众喜闻乐见的文体娱乐活动,增加了居民幸福感。泰山区岱庙街道花园社区文体协会组建腰鼓队、秧歌队、武术队,举办元旦、元宵、端午、中秋系列“芳邻节”文艺演出,开展乒乓球、棋类、摄影等社区业余比赛,丰富了社区居民文化生活。

(三)成为维护基层社会和谐的重要力量

1329 个参与类基层社会组织,开展矛盾调处、社区矫正、治安巡逻、法律宣传等活动,为基层群众参与社区公共事务提供了多元化渠道,通过社会组织的柔性调处,促进了邻里和睦。在市、县、乡广泛建立的平安协会利用地缘、人缘、情缘、血缘优势,运用法律、政策、道德、乡规民约等多种方式综合调处化解矛盾纠纷,仅 2013 年便成功参与调处 3500 多件矛盾纠纷。

(四)成为弘扬社会文明正气的重要阵地

在泰安市登记备案的基层社会组织中,公益慈善类数量最多,有1514个,涌现出泰安市公益志愿者协会、汇元爱心车队、泰山小荷公益事业发展中心、红十字泰山救援队等一批品牌公益组织和“山东好人”崔山等公益人,创造了“你点我供”的“菜单式”志愿服务经验,在公益奉献的同时传播了公益理念,弘扬了社会文明正气。

(五)成为促进农民增收致富的重要帮手

泰安市共登记备案农村专业经济协会709个,分布在有机蔬菜、农业科技、农产品服务、农民用水等领域,在团结带动农民闯市场、促增收方面发挥了积极作用。宁阳县葛石镇林果新技术推广协会探索“协会+基地+农户”产业化发展路子,拥有会员600多户,辐射1700农户,带动周边优质林果种植面积达2万亩,会员人均收入9200多元。

第六节　社会工作和志愿服务发展

案例1　吉林省加快社会工作岗位开发设置步伐

近年,吉林省民政厅将社会工作岗位开发工作作为全省民政工作重中之重的任务,采取“五纳入”推进措施,狠抓落实,取得突破性成果。截至2014年10月底,全省529家民政直属事业单位有424家开发设置了社工岗位,覆盖率达80.2%;在全省1458个城市社区设置了2103个社会工作岗位,覆盖率达100%。

一、纳入全省人才兴业总体战略统筹推进

2010年9月，吉林省委、省政府出台《全省人才兴业战略实施意见》，把社会工作专业人才作为全省加快发展的“第六类人才”，纳入“双百千万”人才计划，并明确“采取普及社会工作专业知识、开发社会工作岗位等措施，在3年内培养1万名具有较完备社会工作专业知识和技能的社会管理服务人才”。按照统筹规划、分步推进的原则，将社会工作岗位开发列入全省“公益性岗位开发计划”，从2011年年底开始三年内，重点在社会救助、社会福利、社区建设和社会公益服务等领域，全省统一开发了3000个基层社会工作岗位，其中城乡社区社会工作岗位2103个、街道（乡镇）社会工作岗位897个，在全省1458个城市社区覆盖率达100%。长春市民政局将全市的任务落实统一协调、统一推进，实施了“百站千才”计划，在全市201个社区建立了社区社会工作站，并以此为依托开发了603个基层社会工作岗位，吸纳社会工作专业人员603名；桦甸市民政局协调当地人社局在全市10个社区设置社会工作岗位，并调剂取得社会工作资格证的10人为专职社会工作者。2014年全省社区居委会换届选举，明确了将取得社会工作者职业水平证书的人员优先聘任。

二、纳入社会工作发展政策体系指导推进

2013年7月吉林省民政厅联合该省人社厅制定下发了《关于全省民政事业单位设置社会工作岗位的指导意见》（吉民发〔2013〕58号），此做法得到了民政部的肯定，并以（民阅〔2013〕56号）文件

转发全国。吉林省相继形成了社会工作岗位开发、政府购买社会工作服务、社工岗位补贴和民办社工服务机构培育发展等一系列的配套政策,为社会工作岗位开发提供了有力的政策支持。长春市、吉林市等9个市(州)及吉林市丰满区、延吉市等50个县(市、区)都结合实际制定了实施社会工作岗位开发和提升转换在岗服务人员的激励政策,鼓励从业人员考取社会工作职业水平证书。长春市朝阳区制定了社会工作岗位职责标准,建立了岗位与人员管理措施,做到了岗位开发、人员聘用、服务推进有机结合,使社工岗位发挥了专业服务平台等阵地作用;长春市宽城区委、区政府制定了《关于进一步加强和改进社区社会工作的决定》(长宽发〔2014〕8号);图们市政府十七届19次常务会议研究通过了社工岗位补贴问题等。目前,吉林省已基本确立了在岗初级(助理社工师)每月补助50—100元,中级(社会工作师)每月100—200元的岗位补贴政策,在全社会形成了羡慕社会工作师,争做社会工作的良好社会氛围。

三、纳入全省重点民政工作目标责任制督导推进

吉林省早在2011年便将社会工作内容纳入省政府重点工作目标责任制内容。为了有序推进这项部省合作课题任务,2014年初专门制定下发了《全省民政事业单位等重点领域开发设置社会工作岗位实施方案》(吉民发〔2014〕19号),并协调政府将此项工作作为全省年度重点民政工作目标责任制考核重要工作,进一步将任务进行量化,分解到各市州、县市区,省民政厅主要负责人与各地民政局主要负责人签订责任状,一级抓一级,层层抓落实。全省各

地民政部门都制订了实施方案，并协调当地人社部门，统一开发设置社会工作岗位。为了督促工作的扎实推进，省民政厅还建立了月调度、季通报制度，定期调度，跟踪督察各地的进度及落实情况。9月22日，以省政府明传电报（吉民电〔2014〕44号）的形式通报了全省各地开发设置社会工作岗位阶段性任务的完成情况。

四、纳入社会工作服务示范创建目标引导推进

按照民政部关于开展社会工作服务示范创建活动的部署要求，吉林省将创新社会工作岗位开发设置政策、加大社会工作岗位开发力度，作为社会工作服务示范创建的一项重要标准，制定实施了《"八有一创"社会工作服务示范创建方案》，即有落实机构、有支持政策、有服务平台、有专业队伍、有实务服务、有资金保障、有培育机制、有激励措施，在创建中开发设置社工岗位，为社会工作专业人才施展专业才能、提供专业服务平台。其中，最重要的一条就是开发设置社工岗位。

以民政部命名的首批社会工作服务示范创建为引领，结合在延边、白山地区实施的"三区"社会工作人才支持计划，在长春市、吉林市、四平市实施的"情牵夕阳社工行"、"温情伴老"、"爱心助老"社会工作服务项目，推进社会工作岗位开发力度。同时，还依托长春市朝阳区、吉林市丰满区和延吉市北山街道三个国家级试点地区，设立了社会工作服务组织孵化基地。其中，仅长春市朝阳区就孵化培育了140多家社会工作服务组织，成为吸纳社会工作专业人才的重要平台。

五、纳入事业单位人事制度改革内容协调推进

按照民政部、人社部《关于民政事业单位岗位设置管理的指导意见》,2011年吉林省民政厅结合全省事业单位岗位设置工作,协调该省人社部门支持,将社会工作职称纳入事业单位专业技术岗位职称系列,在省民政厅12家直属事业单位首先设置了初、中、高级社会工作岗位。截止2014年底,已聘用专业社工26名,面向社会公开招聘了6名社工专业毕业生。

以事业单位岗位设置和分类改革工作为契机,吉林省各地民政部门都积极协调当地人社部门,根据民政事业单位发展需要,合理确定民政事业单位社会工作岗位比例。长春市民政局在儿童福利院、社会福利院和救助管理站设立社工科,在救助管理站、3家军休所设置社工岗位,体制内转化聘用社工59人,面向社会公开招聘4名专业大学生。吉林市民政局将直属事业单位专业技术岗位拿出70%作为社工岗位,对取得社工职称的人员优先聘用,兑现工资。白山市民政局在9家直属事业单位设置19个社工岗位,设置率达100%,同时在市社会福利院设立社工科,公开招聘2名社工专业毕业生。辽源市民政局在10家直属事业单位设置了初、中、高级社工岗位。延边朝鲜族自治州民政局在社会福利院设立社工部,面向社会公开招聘3名社会工作专业人员。安图县民政局在11家直属事业单位全部设置了社工岗位,配备12名专职工作人员。通榆县民政局在8家直属事业单位设置32个社会工作岗位。

案例2 广东省社会工作由试点探索向全面深入发展转型

2009年,民政部和广东省政府共同签订部省协议,对广东省社会工作人才队伍建设提出了先行先试的任务,要求广东省率先建立现代社会工作制度,将珠江三角洲地区逐步建成社会工作发展和社会工作人才队伍建设示范区。几年来,广东省民政厅严格按照《部省协议》要求,务实推进全省特别是珠江三角洲各地市加快建立健全本地区专业社会工作发展制度、加快培养社工专业人才、加快建立专业社工服务体系,加快推进专业社会工作在各地区、各领域、各群体的均衡发展,社会工作已经实现从试点探索向全面深入发展的成功转型。

一、多方面完善和落实社工政策

一是出台社会工作政策文件。2009年广东省民政厅出台了《关于加强全省民政系统社会工作人才队伍建设的意见》,并制定《落实部省协议,率先建立现代社会工作制度工作方案》。2011年,以广东省委名义出台《关于加强社会建设的决定》及其配套文件《关于加强社会工作人才队伍建设的实施意见》,明确提出"在慈善、教育、养老、扶幼、助残、社区矫正、心理调适等领域率先引入专业社工服务","重点在民政、司法、残联、工会、共青团、妇联等部门和单位先行先试,加快拓展社会工作人才服务领域"。此后,珠海、汕头等地也先后出台了具体的社工政策文件。二是建立政府购买服务相关制度。2011年,广东省出台《关于加快推进社会体制改革建设服务型政府的实施意见》,要求编制出台政府转移职能以及向社会组织购买服务目录。2012年,省府办公厅印发《政府向社会组织购买服务暂行办法》,省财政厅公布《2012年省级政府向社会组织购买服务目录(第一批)》。三是相关配套文件进一步细化。出台《社会工作者继续教育管理的实施办法》《广东省社会工作专业人才培育基地和重点实训基地认定和管理办法》《关于进一步规范民政服务领域政府购买社会工作服务的通知》《关于推进社工与志愿者联动工作的实施意见》。珠三角各市尤其是广州、深圳、珠海、东莞、中山、顺德等地围绕培养、评价、选拔、使用、流动、激励保障等环节,围绕社工机构培育与规范、政府购买社工服务、社工督导选拔与培养、社工登记注册、社工继续教育等重点内容出台一系列具有前瞻性、务实性的政策,并逐步形成完整的政策体系。

二、多渠道筹集社会工作资金

一是确立公共财政来源主渠道。截至2013年年底,广东省各级累计投入社工事业资金达19.17亿元。2013年政府购买社工服务资金总额就达8.04亿元,其中,财政投入6.68亿元,占83%。东莞、广州、中山市先后建立了公共财政支持社会工作机制。东莞市在全国率先将社工经费全部纳入财政预算。二是福彩公益金投入不断增加。截至2013年年底,全省共投入福彩公益金3.6亿元支持社会工作人才队伍建设。其中,深圳市2013年投入福彩公益金达1.36亿元,省级从2013年开始连续3年每年安排福彩公益金1000万元用于社工人才培养和社工试点。三是大力引进社会资金。深圳、东莞、佛山市禅城区、江门市蓬江区先后举办“公益创投”、开展企业社会工作试点，几年来筹集社会资金1600多万元；省妇联从李嘉诚基金会争取1000万元，用于开展妇女社工服务；顺德区挖掘并引导民间慈善金近亿元，重点发展现代社工服务；吸引民间慈善资金30余万元，在茂名灾区设立马贵社工站开展灾区社工服务。2014年10月，省民政厅还链接30多万元社会慈善资金赴云南鲁甸地震灾区开展灾害社会工作服务。

三、多层次培育发展社会工作主体

一是建立行政管理主体。在各级民政局分别设立社会工作科（处）或领导小组办公室，具体负责组织实施本地区社工专业人才队伍建设工作。二是成立行业管理主体。各地市市区先后成立社会工作协会，承担起本地区社工专业人才的注册维权、培训教育、行业激励，以及参与社工专业人才队伍建设工作的宣传策划、政策倡导等方面的工作。三是培育服务主体。出台《关于进一步培育发展和规范管理社会组织的方案》，通过进一步降低登记准入门槛、提供资金支持，积极培育发展民办社工机构。同时，积极引导传统社会服务机构、志愿者组织等转型成立社工组织。目前，广东省民办社工机构已发展到600余家。

四、多领域拓展社会工作范围

一是从优先服务重点人群到普惠一般人群。在优先服务老年人、残疾人、儿童青少年、低保家庭等重点人群后，逐步将政府购买社工服务项目扩大到学校教育、司法矫正、禁毒帮教、企业等多个领域。范围从城市扩展到农村,服务对象也从老年人、儿童青少年、残疾人延伸扩展到流动人口、受灾群众和有特殊需要的妇女等群体。二是从民政部门重点突破到多部门联动推进。各地级以上市20%以上的民政事业单位及部分县民政部门已基本设立社工岗位。同时支持和配合妇联、团委、卫生计生委、残联等相关部门发展社工服务。深圳正探索将社工纳入医院职业目录,按床位数量配备医务社工。三是从发达地区拓展到欠发达地区。广东省一方面探索建立珠三角地区与欠发达地区的社工人才区域合作、地区互助、结对帮扶机制;另一方面要求欠发达地区认真学习珠江三角洲地区经验,扎实推进专业社会工作发展。

五、多形式推进专业社会工作服务

一是采取购买岗位方式开展服务。深圳、东莞等地由政府出资向民办社工机构购买社工岗位,并将社工派驻到社区、学校、医院、公益服务类事业单位等为某一特定群体提供服务。岗位社工由服务机构招聘、培训与管理,由使用单位提供工作条件,主管部门则对机构和用人单位实行合同管理。目前,深圳、东莞两市政府购买社工岗位超过4000个。二是在社区以项目化购买服务。目前广东省东莞、中山两市已实现镇街社工综合服务中心全覆盖;深圳市已建成501家社区服务中心,广州市建成街镇家庭综合服务中心共155个(全市129个街道共建成138个,16个镇建成17个),另外还建成社区综合服务中心16个,建立了以专业社工为主体的跨专业合作团队,为社区居民提供专业化服务。三是鼓励社会组织创新专项服务。广州市开展社会工作专项服务项目14个,每年投入市、区两级财政共约2千万元,服务项目包括医务社工项目、失独家庭、空巢老人、移居人士、农村社工、异地务工人员、问题青少年、婚姻家庭、企业社工服务等,并与全市家庭综合服务中心建立转介关系,为案主提供深层次、分类别的专业服务;深圳、东莞市通过公益项目电视大赛和公益创投方式,鼓励和资助社会组织、民办社工机构策划和实施创新型公益服务项目,在养老、青少年、残障康复等多个领域,积极开展一般性和特殊性相结合的专业服务。

六、多举措提高专业社会工作服务质量

一是明确专业资质。要求各地新增社工岗位原则上使用已取得职业证书的社工或社工专业毕业生,从源头保证从业人员的专业属性,现正抓紧研究起草《广东省社会工作师执业管理办法》,将对社工执业进行系列规范。还引入省内高校和香港督导资源,面向社工传授知识技巧、提供实务指导,切实提高其实务能力。二是加强服务监管。各地积极建立政府购买服务的监督、检查以及评估制度。广州、深圳、东莞、中山市先后制定了政府购买服务的考核、评估、流程规范和岗位需求等系列制度,确保了社工服务项目完成的效率和质量。三是积极培养骨干。广东各地充分利用毗邻港澳的优势,采取项目合作、督导引领、教育培训、业务交流等方式培养社工人才。和香港邻舍辅导会、社协、社研签订了“粤港合作社工培养计划”,组织民办社工机构负责人赴港跟班实训学习,引进香港督导指导工作,提高社工专业实务能力,加快本土人才培养。四是逐步制定出台服务标准。广东省民政厅出台民政事业单位养老、救助、优抚医院三个领域社工服务指引;深圳、东莞市等地根据服务需

求和工作需要,先后制定老年人、教育、妇女儿童、禁毒、司法、医务、残障、企业社会工作等近10个社会工作服务领域指标,初步形成社工服务指标标准体系,有效推进社会工作服务规范发展,确保社工服务质量。

通过5年多的努力,广东省专业社会工作取得了长足的发展,各地相继涌现出一批在全国具有一定影响力的社工服务项目和品牌。当然,也存在着一些亟待解决的问题,如人才结构不合理、发展不平衡、社工综合素质有待提升等。下一步,该省计划按照民政部和省委省政府的部署,加快推动各领域社会服务从传统向现代过渡,从生存型、补救型向预防型、发展型延伸,从刚性管理、被动回应向柔性服务、主动介入转型,从注重物质救助、思想教育向注重精神服务、增强社会功能、突出人文关怀与个性化服务提升,以赢得政府和群众的认同认可,切实提升群众的幸福感。同时,要通过社会工作绩效评估,用翔实的数据、生动的案例、科学的指标来说明专业社会工作的明显成效,凸显专业社会工作的专业权威,使现代社会工作制度真正得到人民群众的认可,真正得到党委、政府的重视,真正成为加强创新社会管理、改进社会治理方式、完善社会服务体系的重要制度安排。

案例3 上海市引入专业社工理念和方法探索信访矛盾化解新机制

近年来,面对日益复杂的信访形势,为化解信访突出矛盾,上海市民政局按照中央联席办、国家信访局、民政部以及上海市有关引入社会力量,创新信访工作机制的精神和要求,利用社会工作在全国先行一步和主管社会工作的资源优势,从 2011 年年底起正式开展了专业社会工作者参与信访工作的探索。

一、总体概况

2008 年,上海市民政局在一起烈属信访矛盾中尝试聘请专业社会工作者开展服务,率先开展了探索实践。2011 年 12 月,加大引入力度,与上海市社会工作者协会签订为期一年的社工介入部分企业退休复员干部及部分参战退伍士兵信访项目委托协议。2012 年 4 月,又签订为期 9 个月的社工介入安徽下放户丁某兄妹 4 人信访项目委托协议。近几年,每年与市社会工作者协会签订 4 个左右的信访矛盾项目委托协议,形成常态、长效机制。委托的均是长期上访、无政策操作空间、言行激烈的信访矛盾,单独依靠政府部门已经很难化解或缓解。此外,2009 年,上海公益社工师事务所受浦东新区妇联委托,针对征地女性上访居民,在浦东新区川沙镇开展了为期 3 年的"维稳妈妈"(后改为"知心妈妈")家庭专业社工服务项目。2012 年,上海市妇联在全市 10 个区开展"知心妈妈——白玉兰开心家园"项目,购买社工服务征地、动拆迁女性居民。截至 2014 年 11 月,全市共有 8 家正式注册的社工机构涉足信访业务领域,服务信访个案 25 个,信访群体 4 个,涉及优抚、救济、双退、动拆迁等多个门类。

上海市民政局与社工机构在合作中,坚持"政府负责、各方协同、以人为本"的工作原则,主要通过建立三个机制来打造政社合作基础。一是契约管理机制。局信访部门制定购买社工服务的预算,之后与社工机构签订项目委托协议,确定双方的权利义务。委托的每个项目都经过提出需求—初步评估—制订方案—签订协议—执行方案—评价效果等步骤,以确保可执行性。其中,项目方案经双方协商,确定服务对象、具体目标、执行期限、工作团队成员、项目每个执行阶段的任务和产出、项目预算构成等。项目执行阶段一般包括:社会问题和需求评估(调研)阶段、项目实施和运作阶段、项目结果和效率评估阶段。项目预算一般包括:督导及社工劳务费用、社工服务业务经费、项目评估费用、管理费用等。二是沟通协作机制。在市民政局与社工机构签订的项目方案中,双方共同议定了由分管局领导负责,由一线社工、项目管理人员、社工督导、街道工作者、局信访办及相关业务处室组成的工作团队。局有关处室与社工团队建立每月工作会议机制,在遵循案主保密原则的前提下,充分交流服务进展、工作观点,深入理解信访群体的真实需求,共同商议如何实现有效互动,形成一致意见,指导下阶段工作,保证了按计划目标推进工作。三是资源整合机制。与社工机构确立了包括民政及其他政府部门的行政资源整合机制,也包括了基层社会资源的整合。具体案例执行中,局信访办负责联络协调局相关业务处室资源,相关业务处室负责联络协调区县、街道民政资源,市社工协会整合高校社工专家、案主所在社区社工力量,根据需要寻找志愿者加入,有效调动政社资源,形成化解信访矛盾的合力。

二、主要成效

从几年来的实践看,专业社工介入信访工作,发挥了舒缓信访人对立情绪的"润滑剂"、促进矛盾化解的"铺路石"、帮助政府部门改进工作的"助推剂"作用,取得了积极成效。一是上访行为从非理性转向理性。如企业退休复员干部群体原来每周到市委、市政府或市民政局集访,要求享受与军转干部同样的生活补贴,情绪激烈,态度强硬,不听劝解,集访活动中还穿军装、佩奖章、举牌子、唱红歌、呼口号。社工介入服务后,该群体行为发生明显改变,逐渐做到了每月一次选派代表到市民政局座谈沟通,不再采取非理性行为。二是促进了政府与信访对象的相互理解。政府部门及时了解掌握了信访对象真实心理动态,做到随之及时改进沟通方式,制订可行的解决方案。信访对象也更清楚地理解了政府部门依法行政的理念和规范,降低了过高过急的心理期望值。再如对部分企业退休复员干部的诉求,市民政局从最初的认为是无政策依据、无理诉求,转为认可其特殊的复员背景,认定有合理的成分。而信访对象也从要求完全参照企业退休军转干部生活补助待遇降低为可接受相对较少数额的帮困救助,从不理解政府工作,要求限期解决转变为认可赞同政府工作程序。

此外,专业社工的参与,也间接推动了政府信访工作的整体提升。通过政社合作,为信访部门带来了理念、模式和方式方法上的改变和创新,使信访工作在“事要解决”的基础上,更加注重“以人为本”、“服务为先”,对等、尊重、接纳,换位思考、优势视角等社工理念和方法逐渐被信访工作人员采纳和运用。如在夏季的接访中,接受社工的建议,在信访接待场所走道内增设了座椅、电风扇、饮水机,还准备了仁丹、清凉油等防暑降温药品,让集访和等待接访的群众感受到了人性化关怀。

三、面临的困难及建议

专业社工介入信访工作虽然取得了一定的成效,但还存在着资金不足、专业能力欠缺、政社双方的期望值存在差异等问题。基于这些问题,建议:第一,确定切实可行的合作目标。政府部门在信访矛盾委托项目目标确定上,应摆脱矛盾得到完全化解、信访人弃诉息访的期望值,正确认识社会工作的功能定位,与社工共同商定切实可行的目标。依据上海市的经验,对突出信访矛盾,委托目标应定位在"引导信访对象理性反映合理诉求"上,立足通过政府与社会工作的结合,充分发挥各自的优势,使信访矛盾的激烈程度逐步趋缓,信访对象不再非访,信访行为逐步回归理性。第二,建立完善的政社合作流程规范。政府购买社工服务,为保证整个服务过程的有效开展,降低主观随意性,要在探索实践的经验总结基础上,建立一套相对标准化的流程规范,包括项目选择、购买主体、社工机构选择、购买方式、定价标准、质量监控等环节的规范,并根据各地的实践发展予以不断完善。第三,积极为社工介入提供支持。首先是资金支持。社会工作机构是非营利的社会组织,参与政府信访工作需有必要的经费保障,需要通过政府部门编制申请财政预算,建立政府购买社工服务机制。其次是服务过程支持。政府部门要与社工建立沟通协作机制,为社工提供政策支持,使社工更多地了解政策及其解读方式,并调动政府系统各部门及基层社区行政资源配合社工服务。此外,政府部门尤其是作为主管社工的民政部门对社工的支持,还体现在对社会工作发展的推动上,包括推进社会工作人才队伍建设、拓展社会工作实务领域、社会工作机构的规范管理等。

案例4 山西省创新体制机制以法治引领推动志愿服务发展

近年来,山西省志愿服务活动蓬勃发展,但也暴露出部门职责不明确、管理体制不适应、志愿者权益无保障、服务活动不规范等问题。为促进和规范志愿服务发展,山西省用法治思维和法治方式,创新体制机制,解决突出问题,实现了重大突破,取得了明显成效。

一、以夯实志愿服务法治基础为着力点,积极推动志愿服务立法

抓住中央18部门出台《关于加强社会工作专业人才队伍建设的意见》和民政部印发《志愿服务记录办法》的有利时机,山西省民政厅立足民政部门职责,加强沟通宣传,争取多方支持,积极推动该省人大启动志愿服务立法程序,并主动承担立法起草任务,配合、协调该省人大内司委、法工委、省政府法制办、省文明办、团省委等部门进行了反复多次的立法调研、论证及文本修改等工作。经过努力,《山西省志愿服务条例》(以下简称《条例》)经省十二届人大常委会第六次会议审议通过,于2014年3月1日正式施行。《条例》的颁布实施,标志着山西省志愿服务纳入了法治化轨道,翻开了山西省志愿服务工作的新篇章。

二、以明确部门职能为着力点,积极推动构建党政领导、民政主抓的体制机制

创新体制机制,明晰部门职责,促进合力形成,是在《条例》起

草过程中高度关注并着力解决的重要问题,山西省民政厅经多方沟通协调,充分调研论证,这些问题得以较好解决。《条例》以党和国家志愿服务政策为依据,吸收借鉴兄弟省市的优秀成果,对志愿者和志愿服务组织的权利义务,志愿服务内容程序、支持和保障、法律责任等作出了规定。特别是在厘清部门职责,建立科学的管理机制,体现志愿服务发展新内容新成果方面取得了突破。对民政和文明办的职能进行了界定,并突出明确了民政部门在制定实施志愿服务政策,建立志愿服务动员系统、信息平台、评价体系和开展志愿者注册、志愿服务组织登记、志愿服务记录工作等具体职责,以地方法规的形式确立了民政部门在志愿服务工作中的主体地位。同时,还将建立社会工作专业人才与志愿者协作机制纳入其中,为形成专业社工和志愿者互动工作格局提供了法律保障。

三、以贯彻实施《条例》为着力点,积极推动志愿服务工作实现新发展

法律的生命在于实施。围绕贯彻实施《条例》,山西省民政厅先后与文明办、团委、综治办、组织部等部门联合出台了“山西省注册志愿者标识”征集启用、推广“菜单式”志愿服务、加强平安志愿服务、开展社区志愿服务活动等一系列政策文件。开展了全国志愿者队伍建设管理信息系统培训,搭建信息平台,推进志愿者注册和志愿服务记录工作。依托城乡社区,规划、实施志愿服务项目,培育服务品牌,推动志愿服务常态化、专业化发展。2014 年新发展志愿服务组织、站点 3200 多个,新注册志愿者 30 多万人,开展志愿服务活动 289 万多人次。

第七节　双拥优抚安置

案例1　天津市坚持城乡一体深化改革创新退役士兵安置工作

天津市委、市政府高度重视退役士兵安置改革工作。2011年，市政府专门召开会议部署国家退役士兵安置改革会议精神，市领导同志就贯彻落实好天津市退役士兵安置改革工作提出了具体要求：一要站在政治的高度，统一思想抓改革；二要创造一切条件，倾情竭力抓安置；三要做到四个到位，科学周密抓落实。市民政局按照全国和天津市会议的精神，积极协调有关部门，结合天津实际制定配套政策，2012年制定实施了《天津市人民政府关于退役士兵安置改革工作的实施意见》（津政发〔2012〕10号），保证了改革工作无缝对接、稳步推进。近年，在各区县、各职能部门和有关用人单位的大力配合下，天津市退役士兵安置实现经济待遇年年较大幅度增长、教育培训措施更加贴近市场、伤残退役士兵无障碍接收、经济和住房待遇全面保障、工作安置指标充裕等，实现了退役士兵连续16年当年退役当年100%安置的工作目标。

一、成效和经验

（一）加大退役士兵经济补偿扶持力度，实现城乡一体

从2011年开始，义务兵家属优待金与城镇退役士兵自谋职业一次性经济补助实现跨越式提高，分别从原来的8355元/人·年提

高至12000元/人·年、城镇义务兵由24000元提高到35000元。退役士兵安置改革实施以后,天津市全面实行了退役士兵经济待遇城乡一体,2011年冬季以后入伍的退役士兵无论城镇户口还是农村户口,都按照实际服役年限给予补助。义务兵选取士官的,从下达士官选取命令当年起,其服役年限每增加一年,一次性经济补助金递增6%,由市和区县财政按照75%和25%的比例承担。改革后的第一年,两级财政共支付一次性补助资金9000余万元,比改革前多出一倍。2013年、2014年连续两年继续提高一次性经济补助待遇(2013年40000元,2014年45000元),以2014年为例,全市财政支出近1.5亿元。

(二)落实退役士兵就业扶持政策,提高培训质量

从按照国务院、中央军委《关于加强退役士兵职业教育和技能培训工作的通知》要求和市领导同志批示精神,天津市制定出台了《关于进一步做好退役士兵职业教育和技能培训工作的实施意见》,并于2014年3月10日在宝坻区召开全市现场会,推动退役士兵城乡一体免费职业教育和技能培训工作在天津市全面开展。教育培训的原则主要有四条:一是自愿参加。凡2010年冬季及以后按规定退出现役的天津市城乡退役士兵,在退出现役1年内,都可自愿参加区(县)政府组织的免费职业教育和技能培训;二是技能为主。参加技能培训的退役士兵根据区(县)有关部门发布的培训招生计划,自主选择参加培训科目,未取得专科以上学历的退役士兵可以参加成人高等学校或普通高等学校教育;三是属地管理。培训工作由各区(县)人民政府组织领导,各有关部门和承训学校具体实施;四是保障安置。在现行安置政策不变的情况下,鼓励参加

教育培训的城镇退役士兵自谋职业。

认真贯彻落实市政府办公厅《转发市民政局关于进一步做好退役士兵职业教育和技能培训工作实施意见的通知》(津政办发〔2011〕43号)和《关于调整我市适龄青年参军有关优待政策的意见》(津政办发〔2011〕112号)切实提高教育培训质量,加大退役士兵就业扶持力度。一是通过各种途径宣传教育培训政策,确保政策知晓率达到100%;二是结合本区(县)实际,科学制订培训计划,保证有参训意愿的退役士兵能够100%参加政府提供的免费培训;三是一手抓培训机构、一手抓用人单位,狠抓取证率和就业率,优先选择资质过硬、就业渠道宽的承训学校,广泛联系有用工需求的用人单位,发挥企业与退役士兵的桥梁纽带作用。鼓励各类企业接收安置退役士兵,根据企业接收退役士兵数量给予减免一定比例营业税、城市维护建设税和教育费附加等优惠政策。

(三)建立优秀退役士兵重点安置制度,保证充分就业

从2012年开始,事业单位招聘工作人员时,按照当年符合事业单位工作人员聘用条件的退役士兵数量10%左右的比例安排岗位,实行定向招聘。同时,符合条件的退役士兵也可报考其他非定向公务员和事业单位工作人员招考职位,其服役期视为基层工作经历,对考试合格者在同等条件下优先推荐、优先调剂、优先录用。本市组织公务员招考时,按照当年符合公务员招考条件的退役大学生士兵数量10%左右的比例安排岗位,实行定向考录。2012年10月市公安局招考的300名公务员中有50名专门招收2011年、2012年度尚未安置天津籍退役士兵;市监狱管理局招考的120名监狱人民警察退役士兵比例占到12.5%。

二、问题和建议

一是考取公务员或事业单位作为退役士兵就业的一种途径，为政府指令性安置减轻了压力。《国务院办公厅转发民政部等部门关于扶持城镇退役士兵自谋职业优惠政策意见的通知》(国办发〔2004〕10号)(以下称《通知》)规定:“自谋职业的城镇退役士兵，在两年内被行政机关或财政补助的事业单位录用的,要将《城镇退役士兵自谋职业证》交回民政部门,并退回发给的一次性经济补助金,不再享受自谋职业优惠政策。”《条例》实施后,对领取了地方一次性经济补助的自主就业退役士兵没有此限制。面对公务员、事业单位逢进必考的现实,不能忽略退役士兵自身的勤奋努力,如何保护鼓励这种勤奋努力需要研究。

二是《条例》部分内容存在执行困难。《条例》第三十八条规定:“非因退役士兵本人原因,接收单位未按照规定安排退役士兵上岗的,应当从所在地人民政府退役士兵安置工作主管部门开出介绍信的当月起,按照不低于本单位同等条件人员平均工资80%的标准逐月发给退役士兵生活费至其上岗为止。”如用人单位拒不执行,如何处理?《条例》第五十条规定:“当地人民政府退役士兵安置工作主管部门……对企业按照涉及退役士兵人数乘以当地上年度城镇职工平均工资10倍的金额处以罚款”。《条例》将罚款权赋予了安置部门,国家有关部门亟须对如何保证罚款权的执行,所罚款项如何处理等问题作出具体规定。另外,一些垄断企业实力雄厚,不在乎缴纳“罚款”,并可能产生示范效应,如被其他企业效仿,《条例》中“四类”符合安排工作人员的安置问题会成为新的“难题”。建议对《条例》第五十条中“逾期不改的，对国家机关、社会团体、事业单位主要负责人和直接责任人员依法给予处分”的内容作出更为详尽的解释，从“职务晋升”、“社会评价”、“政治后果”等角度作出具体规定。

三是大学生直招士官在学时间是否计算为实际服役年限问题。经咨询部队有关部门，直招士官在学时间视为服役时间，且经部队批准、未按规定服满年限退出现役的越来越多，其中包括大学生士兵首次选取士官比照直招士官规定选取的情况。《条例》因涉及工作安置和地方经济补助发放问题，直招士官在学时间是否等同于实际服役年限，建议进一步明确。

案例2　河北省大力推进“阳光安置” 全心全意为兵服务

河北省每年接收退役士兵近4万人，安置任务非常繁重。近年来，该省全面贯彻习总书记在省民政厅调研指导教育实践活动时关于“权力阳光运行”的重要指示，积极探索退役士兵“阳光安置”，推行“档案考核、文化考试、综合排名、择优分配”，取得扎实成效。

一、切实把推进“阳光安置”摆上重要位置

河北省委省政府高度重视退役士兵安置工作，服务新时期强军目标，把推进“阳光安置”作为落实习近平总书记重要指示的实际行动来抓。坚持把退役士兵“阳光安置”纳入政府任期目标和考核内容，列为重点督办项目。省委议军会议专题研究退役士兵安置改革。省民政厅把推进“阳光安置”列为1号督办事项，纳入“双

拥”十件实事之一。各地均成立了由政府领导任组长的“退役士兵安置工作领导小组”,形成了党政统一领导、部门通力合作、社会广泛参与、公开透明操作的“阳光安置”工作新格局。

二、切实抓住推进“阳光安置”的关键环节

一是完善政策规定。以省政府令形式颁布《河北省退役士兵安置办法》,出台《关于推进退役士兵安置改革工作的实施意见》、《关于做好符合政府安排工作条件退役士兵安置工作的实施意见》、《退役士兵档案考核评分标准》,为全省“阳光安置”提供制度保障。11 个设区市均出台了退役士兵“阳光安置”的具体实施办法。二是做实安置计划。各级安置部门会同有关单位调查摸底,掌握各单位空缺编实情、用工需求,与编办、人社、国资等部门共同研究、拿出意见,以政府名义下达安置计划,保证了安置计划的科学、合理、权威。三是公开透明操作。把各个安置环节都拿到阳光下晒一晒、放在明面上摆一摆,做到安置政策、安置对象、安置计划、安置方案、考核(试)成绩、名次排序、选岗过程、安置结果“八公开”。四是构建监督网络。接受纪检部门全程监督,特别是在档案考核、成绩排名、自选岗位等环节,邀请派驻机构实施重点监督。从当年度的退役士兵及其家属、用人单位、新闻媒体中推选社会监督员,全程监督安置实施过程。通过设立举报箱、公布举报电话、受理网上投诉等方式,广泛接受公众监督。制定下发《安置工作六严禁》、《安置办廉洁守纪规定》等 8 项规章制度,要求安置办人员畏法度、守法纪、依法行。

三、切实建立推进"阳光安置"的长效保障机制

一是领导负责机制。明确规定各地民政局一把手是"阳光安置"第一责任人,纪检组长承担监督责任,如发生问题或工作不力,实施责任双追究。二是宣传引导机制。畅通安置政策咨询热线,广泛开展"阳光安置"政策宣传。加强"河北省退役士兵信息服务平台"建设,省民政厅在为民服务中心专门建立退役士兵服务大厅,提供高效、优质服务。三是督导检查机制。把退役士兵"阳光安置"纳入重点督察项目,采取日常督察、定期抽查、专项检查相结合等多种方式,进行全方位、不间断的督导检查,确保安置政策落实到位。

案例3 江苏省全面推进退役士兵教育培训

江苏退役士兵教育培训经历了自主探索、全面铺开、统一规范、深化提升的发展过程。从2003年开始,盐城等地在探索自谋职业安置办法时,为了提升城镇退役士兵自谋职业的能力,由政府免费组织他们进行职业技能培训,到2005年已经成规模展开。2008年江苏省出台了《省委办公厅省政府办公厅关于开展退役士兵职业技能培训工作的意见》和《省政府办公厅转发省民政厅等部门关于全省退役士兵职业技能培训工作实施方案的通知》,召开全省退役士兵职业技能培训工作动员部署会,退役士兵免费教育培训迅速在全省范围内全面铺开来。

从2009年起,江苏省陆续出台了《关于组织申报退役士兵职业

教育和技能培训承训院校的通知》等一系列文件,对退役士兵教育培训的宣传动员、招生管理、教学管理、教育管理、就业管理、资金管理、责任管理等进行了严格规范,教育培训秩序不断走向正规。2012 年以来,创建了分层培训、异地培训、政府采购、第三方监管等制度,制定了一系列退役士兵参加高等学历教育的优惠政策,确立了预付费与后付费、个人结算与集体结算、过程主导与结果主导相结合的资金管理模式,打造"升级版"的退役士兵教育培训制度迈出了关键一步。6 年来,共培训退役士兵 15.88 万人,参训率达到 82.7%,合格率达到 95%,各级累计投入培训资金 15.4 亿元。

一、以机制创建为抓手,不断夯实退役士兵教育培训工作基础

一是将退役士兵教育培训工作与双拥模范城创建结合起来,实行一票否决;将学员到课率、培训合格率和推荐就业率与学校承训资格结合起来,实行优胜劣汰;将学员在校表现与奖学金、生活费发放结合起来,实行奖勤罚懒。二是将退役士兵教育培训经费全部纳入各级财政预算,省财政对经济薄弱地区给予全额补助。三是大力开展"校企联姻",实施"订单式"培训;积极推进"政企合作",依托有条件的大型企业对退役士兵员工进行岗前培训,政府埋单;全力搭建"就业平台",每年组织 100 余场退役士兵专场招聘会、就业推介会,帮助退役士兵找到合适岗位。

二、以规范运行作牵引,不断提高退役士兵教育培训工作质量

一是建立省、市、县三级培训制度,实施分类指导。二是对所有承训学校实行挂牌管理,落实年检制度,达到要求的继续承担培训

任务，达不到要求的予以摘牌，取消承训资格。三是组织编写全省统一的培训专业大纲和公共基础教材，较好地解决了相同专业因授课内容、教学课时、培训目标不尽相同给检查考核工作带来的困扰。四是省、市、县逐级建立退役士兵教育培训工作督察巡视组，及时开展督察，发现问题及时纠正，不断规范办学行为。

三、以改革创新求突破，不断激发退役士兵教育培训工作活力

一是降低大学生退役士兵提升学历门槛，放宽参加成人高等学历教育免试条件，建立退役士兵普通高等学历教育单独招生制度，实施退役士兵“村官”培养工程。二是积极探索政府购买公共服务改革，对承训机构实行公开招标；完善质量评价体系，建立第三方监督机制。三是统一资助标准；技能培训以学校为单位进行资金申请和拨付，学历教育以学生个体为单位进行资金申请和拨付，简洁明了，便于操作；建立以结果为导向的资金给付制度。四是研发了退役士兵教育培训信息管理系统，极大地提高了教育培训工作效率。

案例 4　上海市虹口区发挥社会组织作用做好涉军维稳工作

虹口区是上海市驻军大区之一，优抚对象、复退军人、部队家属比例较高。近年来，面对优抚工作出现的新问题、新需求、新矛盾，该区主动顺应优抚工作的发展趋势，回应优抚对象的新期待、新要求，不断整合社会资源和力量，探索优抚工作的社会化服务模式。

2009 年，虹口区成立区优抚社工工作站，聘请两名曾经从事企

业人事、武装工作的退休同志作为专职人员,开展常规性的上门走访、电话联系、组织座谈、接待来访、陪同疗养等活动。2010 年 6 月,上海宏城优抚社工事务所在该区正式成立,并在凉城街道开展优抚公益项目。随后,虹口区全面推广了“宏城优抚社工事务所”模式,通过为优抚对象这一特殊群体提供专业服务,促进涉军维稳工作的有效落实。2013 年年底,按照市民政局的统一部署,进一步开展了关爱功臣——优抚对象社会工作服务工作。

在引入社会工作服务机构,开展涉军慰问工作的过程中,始终坚持专业引领、分类指导、回应需求的理念。一是普遍做好优抚对象稳定工作。注重发挥社会工作服务机构的专业引领作用,组织志愿者队伍走进优抚对象家中开展需求调查,并提供相应的服务,让优抚对象感受到社会的关爱。同时,经常性的走访可以及时了解对象的思想动态,及时发现一些矛盾的苗头,通过有针对性的服务,往往可以及时化解矛盾。二是做好重点对象疏导工作。实践表明,部分优抚对象之所以上访,不是出于经济因素,而是心理 - 社会需求没有得到满足。工作中,指导宏城优抚社工事务所发挥社会工作个性化服务的优势,动员重点对象参与烈士纪念日、国庆节等重要节日的社会活动,为他们搭建社会融入的平台,满足他们的心理 - 社会需求。三是直面特殊群体特殊需求。1993—2000 年复员干部的集访矛盾和部分参战退役人员的上访,是该区涉军稳定工作中一个棘手的问题。在做好矛盾化解工作的同时,指导宏城优抚社工事务所制定涉军稳定工作专项计划。在走访慰问活动中,优抚社工从了解对象的困难和需求入手,整合多方资源为对象解决困难,并为优抚对象提供心理疏导、精神慰藉、政策咨询等服务,使对象达成了理性、平和地反映诉求的认识。

通过几年来的探索实践，虹口区优抚社会工作取得了一定成效：一是初步形成了传统工作与专业工作的对接，拓宽了优抚工作的内容；二是强化了民政工作组织优势与社工机构专业优势的叠加，提升了优抚工作的效果；三是有效整合了政府资源和社会资源，初步形成多方关爱优抚对象的格局，对提升优抚工作服务质量、化解社会矛盾起到了积极的作用。当然，优抚工作的社会化服务模式探索虽然取得了一些进展，但因为还处于尝试阶段，在经费保障、专业支撑、机构建设上都还存在着有待进一步完善的地方。

第八节 区划地名

案例1 山东莒县建立边界“五位一体”联动机制

山东省莒县与周边区县界线总长度537公里，涉16个乡镇、184个自然村，3万余名村民。针对界线长、涉边村镇多、发展落后的情况，莒县县委、县政府牢固树立“边界兴则莒县强”的工作理念，把加强“平安边界”建设提升至“兴边强县”的重要战略地位，本着“优势互补、资源共享、互惠互利、共同发展”的原则，在构建“平安边界、和谐走廊”的基础上，转变观念，创新思维，主动会同周边7个县(市、区)探索建立了“平安联创、经济联发、文化联谊、公益联做、生态联建”五位一体边界联动工作机制，制定出台了《关于建立“五位一体”联动机制加强和改进边界建设与管理的实施意见》，有力推动了边界地区经济社会良性互动、协同发展。在莒县试点经验基础上,2014 年 7 月,日照市政府办公室出台了《关于建设“五位一体”平安边界长效机制的实施意见》,在全市全面推广建设“五位一体”平安边界建设工作。

一、工作目标

一是推行平安联创。建立边界维稳机制,与相邻区县、乡镇、村签订“共建协议书”和“边界睦邻友好公约”,加强横向联系和区域间合作。强化界线联合检查,及时妥善解决存在问题。完善治安稳定形势联合预警、矛盾纠纷联合排查调处、治安联合巡逻防范、违法犯罪联合侦防打击、群体性事件联合预防处置等协作机制,确保无重大涉边突发事件、治安案件发生。

二是注重经济联发。结合土地集约经营、矿产资源开发、旅游资源共享、农村专业经济合作、集贸市场良性互动等经营性活动的开展,本着互惠互利、优势互补、以优扶弱、共同发展的原则,与周边区县积极开展经贸洽谈、项目对接、技术支持等经济合作,形成经济共同体,带动边界群众合作发展、共同致富。

三是实施文化联谊。立足边界地区地缘相接、人缘相亲、风俗文化相近的特点,与周边区县加强文化交流与合作,不定期举办书画摄影展、民俗文化展、地方戏曲巡演、民间体育比赛等活动,通过群众喜闻乐见的形式,促进边界群众互相了解沟通,增进友谊和团结。

四是加强公益联合。双边成立边界公益事业互助协作组织,发挥双边(多边)资源优势,共建共享。在水利、交通等公益建设上,加大对边界地区的规划、投入力度，注重产业互动、市场互通、交通互便、卫生互创、教育互联，对农网改造、道路工程、农田水利等基础建设项目统一规划，统筹要素资源，互相配合协作，加快推进以路网、电网、水网、气网、信息网为重点的基础设施建设和改造，方便群众生产、生活。对跨边界区县就近入学就读的困难学生，建立联合公益救助基金进行资助。

五是开展生态联建。以促进边界地区环境质量持续改善为目标，坚持“属地负责、分清责任、联动执法”原则，与相邻市县区加强协作，共同打击环境违法行为。通过联席会议、联合执法、案件移交等形式，实现生态环境共防、共治、共保。实现共有矿区、林地、河流的联合开发保护工作，确保经济社会全面协调可持续发展。

二、主要做法

构筑三级管理体系，形成边界地区综合服务管理指挥平台。建立“县管面、乡镇管线、社区（村）管段”的三级组织架构。在县级层面，成立由分管副县长任组长的县边界服务管理工作领导小组，统一指挥协调职能部门，加强边界综合服务管理和应对突发事件的能力。在乡镇层面，建立边界服务管理中心，下设治安联防组、文化联谊组、公益互助组、经济发展组等六个小组，就涉及边界双方的矛盾纠纷、资源整合、环境治理等工作加强与相邻乡镇交流与合作。在社区（村）层面，建立边界服务管理站，负责联合毗邻社区（村）共同收集、分析边界信息，进行前期研判和管控，联合开发项目，促进各项社会事业同步发展。

实施“三网一线”模式，形成统一的边界信息共享平台。“三网”,即建立“政府主导、部门支持、多方参与、高效联动”的县、乡镇、社区(村)边界三级信息网格化服务管理平台。将县“天网工程”、乡村平安互助网、环境检测系统、城乡民生服务体系等资源融合共享,实现边界服务管理信息系统互联互通。“一线”,即在县边界服务管理办公室开通综合服务热线,通过信息流转、交办督办制度,有效整合边界乡镇、社区(村)和县直各职能部门资源,所需解决问题及时与相关区县沟通或转交有关部门办理。依托政法系统集图像采集、移动侦测和报警联动于一体的指挥中心,采用高端GPS定位技术和通信网络监控技术,及时监控追踪、调度处置边界突发情况。

健全三项制度,形成内外联合、上下结合的长效工作机制。一是建立联席会议制度。每年召开两次由相邻区县有关部门参加的联席会议,互通情况、交流信息,协商解决界线管理问题和矛盾纠纷;开展互访,加深了解,探讨合作发展方向,实现边界地区繁荣共建。二是建立定期报告制度。县边界综合管理服务中心每季度末向市民政部门书面报告一次边界工作情况;涉边乡镇每月向县民政部门报告一次情况,切实将边界发展纳入规范化、经常化管理轨道。三是建立协同考核制度。县边界综合服务中心联合边界区县对边界建设与管理工作进行联合考核,组织毗邻乡镇、社区(村)有关人员和群众相互评议,对在边界建设与管理中作出突出贡献的集体和个人进行表彰,营造良好的工作环境。

三、取得的成效

一是夯实了平安和睦的基础。一方面,加强舆论引导,转变群众观念。充分利用电视、报纸、网络等媒体大力宣传边界管理相关政策。结合“三下乡”活动，采用群众喜闻乐见的形式，加大睦邻友好、和谐边界宣传力度，引导群众主动摒弃以邻为壑、画地为牢的旧观念，树立顾全大局、互让相融、共谋发展的意识。2014年已有14个地方戏剧团和民间演出团体，到16个边界乡镇、集市义务演出，开展送戏进村73场。另一方面，注重打防结合，抓平安边界建设。在搞好边界矛盾纠纷集中排查的基础上，探索了边界“红黄绿”三色分级管理模式，实行动态管理。通过以上措施，边界冲突、矛盾纠纷、群众怨气明显减少，边界地区保持了和谐稳定的良好局面。

二是提升了公共服务的能力。前些年，由于在基础设施投入上多采取“单打独斗”，造成了乡村之间的“半截路”、“干旱渠”和通信“盲区”。为消除这些瓶颈制约，积极争取周边区县配合，共同开展了“农村基础设施建设大会战”，对条件较好的镇村联合双边共同优化提升；对条件较差的镇村重点扶持，将涉农资金集中向这类地区倾斜。通过协商合作，重点联建跨县区公路、桥梁，将交通末梢变为发展枢纽。同时，联合双边有关单位，开展免费义诊、送戏下乡、书画联谊活动，全方位、多角度服务群众。近年来，共同建设边界“富裕路”26条、460公里，架“连心桥”7座，治理“同心河”8条，修筑“友谊坝”11座，设立移动通信塔50座，风力发电站109座，设边贸市场8处，边界地区呈现出“同饮一条河、共护一座山、同读一所校、共行一条道”的良好生产生活氛围。

三是加快了富民强边的步伐。本着立足资源，突出优势，按照宜工则工、宜商则商、宜游则游、宜农则农的思路，加强与邻近地区主动对接,有针对性地培植双边经济收入增长点。对招贤等平原乡镇重点发展绿芦笋、食用菌、茶叶、有机蔬菜等高效农业种植基地,连片集中,规模开发;对库山等山区乡镇,引导村民进行黄烟、油桃、中药材和波尔山羊等特色种植养殖;对浮来山、果庄等生态环境好、旅游资源富集的乡镇,合作开发旅游项目,实现资源共享、线路对接、效益共赢。近年来,边界地区呈现出经济协会、龙头企业、高效农业、农民收入"四多"现象,探索出了一条共同发展的新路子,其中仅莒县受益群众就达 2.7 万人。

四是打造了美丽生态的家园。与相邻县区以建设"绿色乡村、美丽家园"为主题,以解决跨区域和区域交界点环境污染问题为重点,把区域边界"三不管"问题纳入管理范围,打通信息渠道,加大明察暗访力度,对突发性跨区域污染事故联手处理,对跨区域污染企业联合执法,确保污染纠纷出现一起、排除一起,使一些多年无法解决的边界污染问题得到有效处理。去年以来,共查处环境污染案件 12 起,关停土小企业 11 家,否决重污染项目落地 21 个,涉及投资额约 2.7 亿元。

案例 2　湖南省加强湖湘地名文化建设

结合《民政部关于加强地名文化建设的意见》(民发〔2012〕106 号)和湖南省委、省政府建设文化强省方略,湖南省民政厅于 2012 年 8 月发出《关于加强湖南地名文化建设的意见》(湘民行发〔2012〕27 号),明确了全省地名文化建设的指导思想、总体目标、基本原则、分阶段重点任务和主要措施,有视域、有重点、有步骤、有措施地开展了一系列地名文化遗产挖掘、保护、传承，与地名文化产品开发工作。

一、具体做法

一是启动“千年古县”申遗工作，创制申报表，分县级、省级适用版拟订申报流程，规范地名文化遗产申报流程；二是开展少数民族语地名和方言地名审音定字工作，分土家语、苗语、侗语三个地方主要语种，在湖南西部少数民族聚居区开展少数民族语地名审音定字试点，在方言成体系的南部开展方言地名审音定字试点，摸索经验，制定工作规程，准备在全省第二次全国地名普查期间推广执行；三是创制本省行政区域内的受保护地名、受保护历史地名标准，分千年古镇、千年古村落、少数民族语地名、著名山川、近现代重要地名等5类，拟制受保护地名名录、受保护历史地名名录；四是经营地名资源，开发地名文化产品。编辑出版《湖南地名志》、《湖南古县》、《长株潭(3+5)城市群地名地图册》等书籍。其中，地名志凡1100万字，获多个图书奖；地名地图册将地名叠加地图编辑成册出版，为国内首创，能为读者提供直观、便捷的指路导向服务。

二、基本经验

地名文化建设需以准确、全面、动态的地名信息作保障。为此，湖南省运用新兴技术，不畏其难，整合部门资源，协调国土、水利、公安、计卫、住建、文化、经信、民宗等20多个省直部门，从2013年起，致力于采用新兴技术和设备，创建数据通道，汇集地名信息。一是用新技术、新设备开展普查试点。把第二次全国地名普查当作全面提升地名管理与服务水平数十年一遇的良机,提前谋划,于2013年初开始试点。主要是用省国土部门最新坐标体系更新、比例尺更大、数据更新的地形图和影像图,用集地理位置自动标注和音频、视频、文字于一体的数据采集终端,将大部分地名信息在室内图解标注完成,小部分的外业测绘信息能与数据库即时传送与比对,从而修测标绘出更适合政府管理需求和公众查询需求的各种图表成果。二是致力于数据融合共享。经过十多轮的磋商、研讨,24个省直单位,正在将与地名普查有关的行业数据,汇集、叠加到影像图上,以县为单位分割下发;为保障数据安全,做了加密巩固设计;开发技术标准,建造数据通道,可望实现各部门间数据智能化导入、导出,即省直部门数据共享、民政业务数据大融合、区划地名界限管理无缝连接。

三、问题和建议

地名信息资源整合利用难度大。数据的采集、更新工作量大,且需要比较高的测绘专业素养,市、县两级没有足够的技术、人员储备;国家级数据库不开放源代码,不能与其他通用格式的数据便捷转换,很难实现数据共享与开发利用,地方的地形图、勘界图等矢量数据难以整合进去。为此,建议尽快出台国家级地名管理法律,进一步理顺地名管理体制,建立地名管理长效机制,坚定地践行既定的地名公共服务政策,完善地名信息化建设顶层设计。

第九节 社会事务

案例1 辽宁省以政策创制推进殡葬改革

一、围绕加强惠民公益殡葬进行政策创制

2009年,省政府办公厅下发了《关于免除全省城乡低保对象基本殡葬服务费用的通知》,免除了五项费用,全省每年约有3万户低保家庭享受到殡葬救助政策,每年免除费用3000万元。2012年,民政厅、财政厅出台了《关于在全省实施骨灰海葬补贴政策的通知》,海葬服务费用全部由政府埋单。政策实施3年来,全省海葬数量接近12000份。2013年,省政府将城乡公益性公墓建设写入政府工作报告,省政府下发了《关于实施城乡公益性公墓建设工程的意见》和《城乡公益性公墓建设工程实施方案》,民政厅、财政厅下发了《关于城乡公益性公墓建设省级财政资金补助有关问题的通知》。两年共建成城乡公益性公墓近400个,省财政共安排建设补助资金1.5亿元。公益性公墓全部设立免费区,对困难群体和特殊群体免费安葬。2014年,辽宁省民政厅会同省地税局下发了《关于明确公益性公墓有关税收政策的通知》,对公益性公墓免征营业税。

二、围绕推动绿色生态殡葬进行政策创制

2007年,民政厅、财政厅下发了《关于做好殡仪馆基础设施设

备维修改造工作的通知》,省财政连续 8 年共安排专项补助资金 1.6 亿元,全省殡仪馆普遍进行了新建扩改建,80% 以上的火化设备实现高档化。2011 年,省政府将坟地墓地绿化整治纳入辽宁生态省建设和青山工程项目,民政厅下发了《全省青山工程墓地绿化整治工作方案》,制定了《辽宁省生态公墓建设暂行办法》,与环保厅联合开展了以“六化”为主要内容的生态墓园创建活动,3 年来共评选出 25 家生态示范公墓,15% 的经营性公墓对祭祀焚烧设施进行了改造。

三、围绕全面推进殡葬改革进行政策创制

中央两办《意见》下发后,辽宁省于 2014 年 9 月以省两办文件形式出台了《关于发挥党员干部带头作用全面推进殡葬改革的实施意见》,《实施意见》突出殡葬改革的系统性和整体性设计,确定了今后一个时期丧事办理方式、遗体处理方式、安葬方式、葬法、祭祀习俗等五方面重点改革任务,并制定了六方面务实有力的保障措施。在加大投入上,从 2014 年开始到 2020 年,省财政对县区殡仪馆新建的每个补助 300 万元,扩改建的每个补助 150 万元,焚烧设施达标改造的每个补助 50 万元,公益性公墓建设继续执行现行补助政策。在政策创制上要求进一步调整完善基本殡葬服务免费政策、海葬免费政策,加快制定出台集中安葬奖补政策、生态节地葬法奖补政策等。

四、围绕建设法治殡葬加强地方立法

为加强公墓管理,省政府将《辽宁省公墓管理办法》列入 2014

年立法计划，目前《辽宁省公墓管理办法》草案已经完成，待省政府常务会议审议通过后颁布实施。下一步还将启动《辽宁省殡葬管理实施办法》修改程序，并上升为省人大地方法规。

案例2 宁夏回族自治区开展家庭暴力庇护服务

自2013年12月，宁夏回族自治区救助管理机构开展家庭暴力庇护服务以来，自治区民政厅和妇联加强协调沟通，提供资金支持和政策指引，家庭暴力庇护服务工作取得了一定成效。

一、基本情况

依据我国婚姻法规定，家庭暴力是“行为人以殴打、捆绑、残害、强行限制人身自由或者其他手段，给家庭成员造成一定伤害后果的行为”。为保障妇女、儿童、老人等弱势群体的合法权益，更加有效地遏制家庭暴力，依法保护家庭成员特别是妇女儿童的合法权益免受家庭暴力侵害，促进和谐富裕新宁夏建设，2013年12月，宁夏回族自治区民政厅、妇联联合下发了《关于在全区救助管理站设立家庭暴力庇护中心（站）的通知》，决定在全区救助管理站统一加挂“家庭暴力庇护中心（站）”牌子，为遭受家庭暴力伤害、自愿申请庇护的妇女、儿童、老人等受害人提供生活保障、人身安全保障等应急救助服务。目前，宁夏共有救助管理机构8家，其中，市级救助管理机构5家，县级救助管理机构3家。均在救助管理机构内设立家庭暴力庇护中心专区，生活、娱乐等设施一应俱全，并配有婴儿床等儿童设施，方便带小孩的妇女入住。

二、做法和成效

在救助管理机构设立家庭暴力庇护中心,明确了各级民政部门、妇联组织、救助管理站的工作职责、工作程序和工作要求,对于各地救助管理站贯彻落实“托底线,救急难”的救助工作原则,充分发挥救助管理站的社会作用,探索建立家庭暴力预防、干预、救助协调联动机制,维护家庭暴力受害者的合法权益具有重要的现实意义。主要做法如下:

一是广泛宣传引导。自 2013 年 12 月,全区各救助管理机构挂牌成立家庭暴力庇护中心后,通过广播、电视等媒体广泛宣传家庭暴力庇护新途径,让各地市民知晓家庭暴力庇护中心地点、服务方式、服务人群、服务职责、救助热线等。

二是专区设置,分类管理。全区家庭暴力庇护中心在救助管理机构内设立专区,中心设有专门工作人员负责受庇护对象的接待、管理、服务等工作,为受庇护对象提供必需的生活援助和人文关怀。

三是程序简便,免费服务。庇护入住时间最长为一周。受害者可持当地派出所出具的报警证明和本人身份证明材料向救助管理机构提出申请,并填写《家庭暴力庇护救助申请书》。入住期间食宿免费,对于因家庭暴力身体受到严重伤害或者庇护期间突发疾病的受庇护对象,庇护中心将及时送定点医院救治,救治费用原则上由受庇护对象自负,若受庇护对象暂时无法支付,由庇护中心垫付,受庇护对象离开中心前应偿还该费用,确有困难无力支付的,按照国务院《城市生活无着的流浪乞讨人员救助管理办法》执行。

四是多部门联动,加强延伸服务。民政、妇联、司法等部门积极介入,提供心理疏导、疾病防治、法律援助,帮助受害人提高维权意识,积极化解矛盾。截至2014年年底,全区各庇护中心共救助家庭暴力受害人12人。其中10人在家人的请求下回家,2人自行回家。

三、存在的问题

一是庇护服务接待率低。主要有以下两种原因:一方面,中国传统意识中的"打老婆是家务事"、"家丑不可外扬",给家庭暴力庇护工作带来先天的阻力,不少被家暴妇女顾忌舆论,不愿入住庇护中心。另一方面,受害女性人员多数是依附丈夫生活,自身经济不独立。

二是接受庇护后维权率低。家庭暴力是一个社会问题,需要全社会的共同关注,需要政府有关部门和广大群众的支持。家庭暴力庇护中心是一个临时性保护中心,最大限度地保护了受暴者的合法权益,更有效地维护困难人群的权利,促进两性平等与和谐发展,但由于经济发展相对落后,人民群众的法制意识、维权意识不强,文化素质不高,接受庇护服务后,很少使用法律手段进行维权。只有让施暴者得到应有的惩罚,施暴者才会受到震慑,家庭暴力才会越来越少。

三是缺乏专业知识和工作规范。救助管理机构的社工虽然会对受害人进行心理疏导,但救助管理机构的社工主要服务于流浪未成年人,还不完全具备针对家暴受害人行为模式和多重需求的专业知识和工作规范。

四是多部门合作机制有待探索。家暴受害者面对的是一系列现实问题,需要多部门联动,有效协调。现阶段家庭暴力庇护服务没有真正形成政府主导、多机构联动的工作机制。虽然各部门也在各自职能范围为反家暴作贡献,但没有形成反家暴合力,临时庇护、心理疏导、疾病防治、法律援助相互衔接不畅。

四、两点建议

一是加强顶层设计,完善相关法律法规,推动建立反家暴联动工作机制。明确各部门的责任和衔接机制,构建预防、保护、惩戒相结合的三级预防机制。二是研究制定工作规范,开展专业知识培训。把抽象原则落到实处,使救助管理机构工作人员对家庭暴力受害人庇护服务有清晰认识,开展专业、规范的庇护服务。

第十节　综合能力建设

案例 1　汕头市注重以地方立法促进民政事业发展

近年来,汕头市借助与民政部、广东省共建民政工作改革创新综合观察点的有利契机,利用经济特区和较大的市两个地方立法权,加快推进民政重点领域立法,先后出台老年人权益保障条例、募捐条例和村务公开条例 3 件地方性法规,出台社会组织登记管理办法和拥军优属规定 2 件地方政府规章,为促进汕头民政事业健康发展提供了法治保障。

一、开辟绿色通道，加快立法步伐

立法权是稀缺资源。汕头市发挥地方立法权优势，以超常规举措推进民政立法进程，对综合观察点协议规划项目实行“三优先”，较好解决了以往立法周期长等问题。一是优先列入立法计划。仅2013年，列入市人大、市政府立法计划的民政项目6件，超过以往10年民政立法项目的总数，这在汕头立法进程中实属少见。二是优先安排时间协调。针对民政立法涉及部门多、利益平衡难等特点，市委、市政府主要领导靠前指挥，第一时间安排协调立法中的重难点问题。三是优先列入议题上会审议。只要是民政立法项目，市政府打破惯例，优先上会，专门审议。比如村务公开条例，当时并未列入年度立法计划。但鉴于其重要性，汕头市开辟“绿色通道”，在较短时间内就制定出台。

二、立足创制创新，引领改革进程

创新是地方立法的灵魂。纵观汕头市近年来民政立法实践，创制创新贯穿始终，引领和推动了汕头市民政事业改革发展。一是立法项目创新，如社会组织登记管理办法，是国内首部规范社会组织登记管理方面的地方性规章；村务公开条例，是国内首部规范村务公开方面的地级市法规；老年人权益保障条例，是继老年人权益保障法修订后第一时间制定的地方性法规；募捐条例，是继湖南、广州、上海之后该领域制定的第四部地方性法规；正在制定的社会工作者条例，在全国立法中也属前列。二是立法内容创新。在保持与上位法“不抵触”的原则下，汕头市对立法内容作了许多探索性、创新性的规定,如募捐条例将“依法获得3A以上等级的公益性社会团体、民办非企业单位”一并列入募捐组织范围,有利于募捐市场形成“适度竞争”局面;村务公开条例将党委(纪委)对村务公开的具体要求纳入村务公开内容,解决了“地方性法规一般不宜对党委部门的职责作出规定”的矛盾。

三、狠抓立法质量,务求管用好用

质量是法律的生命。汕头市牢固树立“质量第一”的立法理念,将立法工作与法律实施统一起来,多措并举,切实增强立法项目的可执行性。一是立足本地实际,突出地方特色。结合汕头市是著名侨乡和乐善好施的人文美德,出台募捐条例,解决了募捐领域无法可依的问题。2014年,广东扶贫济困日活动汕头市认捐12.29亿元,名列全省前茅。二是坚持问题引导立法,立法解决问题。我市抓住村务公开不透明、群众对村干部不信任的主要根源,及时出台村务公开条例,促进村干部勤政廉政,密切干群关系。三是搞好制度配套,确保制度实效。募捐条例出台后,及时配套出台募捐活动备案实施办法和关于捐建公益工程项目价值认定的工作指引,用程序上的规范保护捐赠人、受赠人、使用人和受益人的合法权益,实现法律调整的最大效益。

案例2 民政标准化实践的“福建模式”——“2+1+X”协调推进模式

民政标准化作为一种提高民政行政效能的重要手段,是推动民政事业转型发展的重要举措，是加强和创新社会治理的迫切要求，对于改进公共服务，建立廉洁高效服务型政府，提高社会治理科学化水平，有着十分重要的意义。近年来，福建省民政厅联合有关部门在此方面先行先试，探索出“2 + 1 + X”协调推进模式，取得了积极成效。

一、“2 + 1 + X”协调推进模式概况

（一）模式图解

“2”代表两个主管部门——福建省民政厅和福建省质量技术监督局，“1”代表技术指导部门——福建省标准化研究院；X 代表民政事业领域相关职能部门、直属单位及社会组织。具体模式见图 3 – 1。

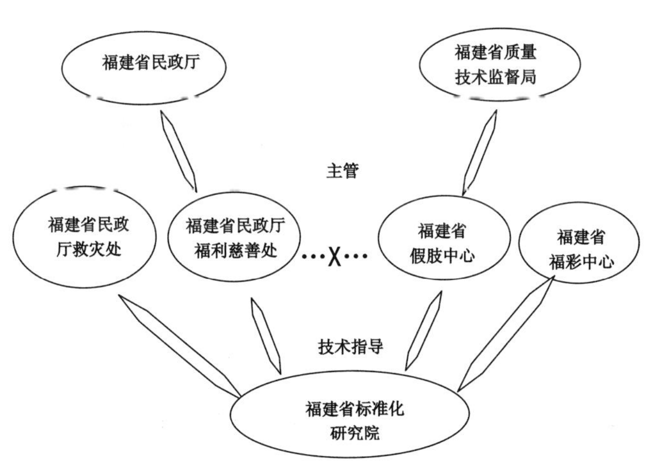

图 3 – 1 “2 + 1 + X”协调推进模式

(二)模式阐述

由于民政事业领域广泛,需要相关部门协调推进,齐抓共管。因此,从部门职能设置,以及福建省民政标准化的现实和需要来看,目前主要由省民政厅和省质量技术监督局牵头,联合省民政厅民间组织管理局、救灾处、社会救助处、优抚处、基层政权和社区建设处、区划地名处、福利慈善处、社会事务处、老区事务协调处、人事(社工)处、福彩中心等部门和单位,制定福建省民政事业标准化整体发展规划和体系;省质量技术监督局根据省民政厅的标准化建设规划,支持省民政厅机关各部门开展标准调研、立项,并适时组织论坛、评审,标准化主管部门和业务部门通力合作、业务处室各司其职,形成强大推进合力。

协调推进模式的作用在于:标准业务主管部门充分支持民政系统相关部门和直属单位、社会组织,根据主管部门掌握全省地方标准的空白区、空白点,鼓励民政系统内标准化基础较好,服务水平较高,竞争力较强的部门或直属单位、社会组织,有限开展标准化活动。其活动内容包括支持民政系统内相关部门或直属单位、社会组织制定民政国家标准、地方标准,进行民政标准化试点建设,开展宣传贯彻活动以及参加标准化技术委员会的筹建工作等。

二、成效及建议

(一)强化了现代服务型民政建设,促进了民政事业转型发展

实施标准化建设,制定和落实涵盖各个民政领域的民政标准,是标准领域的开拓和创新,更是民政事业推进现代化进程的关键环节。民政标准化强化为民服务职能,以服务统揽和引领民政工

作，通过制定和实施标准，实现民政工作质量目标化、方法科学化，促进工作方式向规范化、制度化转变，满足了服务对象对服务规范化、人性化、个性化需求的需要，是现代民政事业发展的有力措施，将推动管理型民政向服务型民政转型，促进管理与服务的有机融合。

(二)优化了民政公共服务管理，提高了民政工作效能

民政标准化的有力协调推进，改善了以往相对滞后的管理模式，相关部门协调不密切，民政工作人员素质参差不齐、服务意识不强、服务行为不规范、民政公共服务标准不统一的现象。通过对民政工作进行全面的优化设计与重置、整合，制定明确具体量化可考核的工作质量评价指标与标准，建立全程可控的民政标准程序，有效地促进了民政事业的健康、快速、持续发展，有利于提升民政公共服务品质，增强民政综合竞争力，有利于重新调整民政事业内部结构，加快搭建民政标准化平台，科学梳理运作程序和服务流程，促进民政事业可持续发展，提高民政工作效能。

(三)突出了为民服务主题，提高了人民群众的幸福指数

福建省提出“建设幸福福建、美丽福建”的宏伟目标和“着力改革创新，着力优化环境，提升服务水平”的要求。面对新形势和新任务，在全省民政领域全面推行标准化建设，在民政各领域建立运行科学、规范、统一的标准，有利于形成规范、健康、有序的民政公共服务环境；有利于打造热情亲切、服务规范、富有社会责任感和良好道德的民政工作人员队伍；有利于营造温馨、文明、和谐的社会氛围；有利于突出民政为民服务主题，提高人民群众的幸福指数。

此外，地方政府民政部门应着眼民政事业长远发展，科学研判

经济社会发展形势,时刻关注国际标准化动态以及未来发展趋势,用全球的视角总结近年来世界各国标准化的现实理论和最佳实践,加强当前民政事业发展急需的标准建设,提高民政标准化工作的前瞻性、协调性、系统性和科学性,创新地方政府民政社会管理与公共服务,更好地实现“民政标准化,让我们生活得更幸福”目标。

案例3　上海市推出“e居社区”APP为民服务

为进一步提升为民服务能级,上海市按照资源整合、数据应用、跨界协同的理念,以居民需求为导向,依托民政养老及社区服务数据库,链接市场化服务,开发出一款面向社区居民、家庭、养老及社区工作者、服务者、管理者多主体使用的移动终端——“e居社区”APP。APP开设了“生活帮手”、“政策导读”、“项目快车”、“信息动态”四个模块,设计了“预约”和“用户”两个快捷入口。目前,“生活帮手”已有养老、社区服务等2万多条服务资讯上线,“政策导读”提供11大类300余条民政便民问答和193项社区事务受理中心办事指南,“项目快车”展示了民政面向居民开展的市政府实事项目和公益招投标项目,3600多个居村委会应用“信息动态”为居民推送社区新闻和活动预告。

第四章　主题展望

第一节　国家治理现代化背景下的民政事业发展

民政部门作为国家保障改善民生、创新社会治理，促进社会和谐的重要职能部门，随着我国国家治理现代化进程的推进，民政事业发展面临着良好机遇同时也面临艰巨挑战，民政工作方式从管理逐步推向治理，迫切需要按照中央统一部署安排建立健全现代化的民政治理体系。

一、未来民政事业发展的影响因素

在国家治理现代化背景下，未来民政事业发展的影响因素众多，特别是人口老龄化、经济新常态、城镇化和社会政策滞后等因素将从多方面、多层次影响民政事业发展。

（一）人口红利消退

持续几十年的独生子女政策改变了我国人口类型、家庭社会结构，目前政策滞后效应已开始显现，且在短期内不可逆转。人口是国家劳动力、产业服务和消费的基础，人口红利消退将提高社会整体抚养系数,并提前关闭“人口机会窗口”①,对民政工作的影响不可低估,必须未雨绸缪,统筹应对。

1. 独生子女政策的后续影响。主要表现在两个方面:一是失独家庭的微观养老保障功能弱化。中国现有独生子女 2.18 亿人,按照 15—30 岁年龄段死亡率至少为万分之四测算,每年将增加 7.6 万失独家庭,而当前中国失独家庭数量已超过 100 万②,他们的养老问题日渐浮出水面。二是独生子女与人口老龄化负担双重叠加。“独子养老”时代,我国将普遍出现“421”家庭,独生子女不堪重负,家庭养老负担只能向社会转移。《中国老龄事业发展报告(2013)》发布数据显示,2013 年老年抚养比从 2012 年的 0.21 上升到 0.22,2050 年将达到 0.37—0.45。

2. 高龄失能加剧老龄化负担。《中国老龄事业发展报告(2013)》指出,随着人口老龄化以及老年人口高龄化的快速发展,我国失能老人的绝对规模在迅速增加。预计到 2015 年,我国部分失能和完全失能老年人将达 4000 万人,比 2010 年增加 700 万人,占总体老年人口的 19.5%,失能老年人占总人口的比重进一步提高③。其中,完全失能老年人达 1240 万人左右,占总体老年人口的 6.05%,比 2010 年增加 160 万人。

---

① 随着社会发展,人口再生产类型发生变化,在从过渡型向现代型转变过程中,出生率下降速度快于人口老龄化速度,从而使得有一段时期劳动人口对少儿抚养与对老年的抚养都比较低,从而形成人口机会窗口。当人口负担系数小于或等于 50%,此时称为人口机会窗口期,也可称为人口红利期。在这段时期内,劳动力供给充足,社会负担相对较轻,有利于社会经济发展。

② 数据根据全国第六次人口普查数据和《2010 中国卫生统计年鉴》整理。

③ 数据来源:《中国老龄科学研究中心:全国城乡失能老年人状况研究》。

3. 留守、空巢及老漂[①]问题日趋突出。据《中国家庭发展报告2015》显示，当前中国家庭发展呈家庭规模小型化、家庭类型多样化等特点，流动家庭和留守家庭已成为中国家庭的常规模式，人口流动使得家庭原来承载的教育子女、赡养老人等功能弱化，面临着子女养育、妇女帮扶、老人照料问题。留守老人中，超过一半还需要从事农业生产劳动，还有超过一半的老人患有慢性疾病，从家庭成员中获得的支持和照料比较有限[②]。这些现象将成为未来一个时期持续加剧的社会民生问题。

（二）经济发展的不确定性

经济发展是民政事业发展的前提，也是一切社会保障的基础。在经历30多年高速经济增长后，中国面临外源动力不足、内部产能过剩和消费需求乏力等挑战。加之"人口红利"即将结束，土地环境和公共资源潜力已达极限，"新账旧债"的叠加作用将影响中国经济发展速度。宏观经济不确定、产业和区域结构不合理、微观基础支撑乏力，都有可能影响民生保障水平。

1. 宏观经济下行的风险。一是民政事业发展资金保障难度加大。经济新常态下经济增速放缓势必影响国家财政收入，民政资金逐年增长态势将受到影响。二是地方债务风险有可能削弱地方民

① 老漂族是指离开农村进入城市和子女一起生活的老年群体。2012年华中科技大学公共管理学院吴森教授带领团队对武汉市数百名老漂族进行了系统调查，并迅速得到全国范围内的媒体、政府、学者的关注和共识。

② 来源：环球网国际新闻频道，网址为：http://world.huanqiu.com/hot/2015-05/6427545.html。

生保障能力[①]。三是民生保障标准调整存在问题。

2. 深化土地政策改革的影响。随着土地政策改革的深化,我国民政事业发展面临更为错综复杂的局面。一是失地农民救助形势严峻。据民进中央向全国政协十一届二次会议提交的提案显示,到2020年我国失地农民总数将超过1亿人。如何依法保障这类人群中特殊、困难人群的基本生活,对民政工作提出了新的挑战。二是农村自给人口比例下降。自给人口的减少,使本身能够自给自足的人口需要通过市场购买粮食,容易造成粮食市场供应紧张,粮食价格上升。对粮食市场的依赖将提升人口的生存脆弱性,增加民政保障压力。

3. 劳动力供需矛盾带来新挑战。我国劳动力市场已跨越了刘易斯拐点,靠劳动力增长推动经济增长的模式已不可持续,这将对民政事业发展带来影响。同时,养老服务人员的需求上升将挤占大量生产性劳动力,影响经济发展,减少国家财政收入和民政保障资金投入。

(三)社会政策的变数

自20世纪50年代实行的户籍制度的不良效应逐渐显现,阻碍城镇化步伐,影响资源配置效率以及公共服务均等化,诱导区域、制度间的社会责任转嫁。随着城乡户籍藩篱的逐渐破除,城镇化和户籍制度改革必将影响到现有民政业务。

---

① 国家审计署发布数据显示,截至2013年6月底,全国各级政府负有偿还责任的债务206988.65亿元,负有担保责任的债务29256.49亿元,可能承担一定救助责任的债务66504.56亿元,总计30.27497万亿元;地方政府负有偿还责任的债务108859.17亿元。因此,地方债务问题有可能影响现有的地方民生财政资金保障能力。

1. 流动人口大量增加冲击既有民政服务体系。截至2014年底,全国人户分离的人口为2.98亿人,其中流动人口为2.53亿人[①]。户籍改革要求城镇有序接纳流入人口,明确其应有的公民权益,平等享受政府提供的公共服务。政府应对公民的教育、医疗、就业、生活等需求提供托底性保障。人口跨空间、产业、区域流动将成为常态,因此当前的民政管理服务体系必然会遭受一定程度的冲击。

2. 流动人口真正融入社区非常困难。城镇化和户籍改革将实现"流民"向"居民"的转变,农民能够落户城市或获得居住证,享有相应的权益和福利,但是能否真正融入所在的城市和社区却是一个十分现实的问题。推行户籍改革,还需要民政在社区建设等方面做好工作,为流动人口融入城市、融入社区提供引导和便利。

3. 农村生存功能弱化带来救助新任务。从1978年至2012年,我国农村就业人口占总人口比重由82.1%下降到47.4%[②],从事第一产业人口数量锐减。城镇化和人口流动带来的农村生存功能弱化和留守问题与民政密切相关,因此农村地区的民政工作面临新的挑战。

4. 推进殡葬改革压力重重。数据显示,我国火化率一直徘徊在50%附近,主要是因为农村地区火化率低。殡葬改革的主要障碍还在于难以突破传统观念束缚,无法接受火葬等丧葬方式。未来如何推进殡葬管理服务现代化尤其是农村殡葬服务现代化面临挑战。

---

① 数据来源:《中华人民共和国统计局:2014年国民经济和社会发展统计公报》。

② 数据来源:《中国农村统计年鉴2013》。

5. 退役军人优抚安置面临新形势。从 2007 年至 2014 年,国家抚恤、补助各类重点优抚对象由 622.4 万人增加到 917.3 万人,抚恤事业费由 210.8 亿元增长至 636.6 亿元[①]。可以预见,未来抚恤、优待补助对象仍将继续增长,财政支出面临更大压力。

(四)加强和创新社会治理的影响

随着加强和创新社会治理的推进,诸如企业、社会组织、志愿服务群体等多元主体不同程度参与到社会治理中来,必然导致社会结构不断变化,未来民政有可能在这种社会自我更新过程中遇到一些工作挑战。

1. 社会组织发展管理面临新形势。当前社会组织发展迅猛,但同时一些社会组织也存在违法违规问题,亟需加强监管。统计显示,截至 2014 年底,全国共有社会组织 60.6 万个,比上年增长 10.8%;全年共查处社会团体违法违规案件 2312 起,其中取缔非法社会团体 4 起,行政处罚 2308 起;对基金会作出行政处罚 13 起,取缔 1 起;查处民办非企业单位违法违规案件 1920 起,其中取缔非法民办非企业单位 41 起,行政处罚 1879 起[②]。民政部门必须在培育扶持社会组织的同时加强监管,确保社会组织在法治轨道上健康有序发展。

2. 社区治理面临新情况。随着"单位人"向"社会人"的转变,政府部门的大量社会治理和公共服务职能向社区转移。而社区居民群体结构和需求结构正在发生变化,居民需求日趋个性化、多元

① 数据来源:《民政部:2014 年社会服务发展统计公报》。

② 数据来源:《民政部:2014 年社会服务发展统计公报》。

化和社区业务膨胀与人员设施短缺矛盾加剧,社会关系疏离化导致社会资本重构困难,社会流动性增加致使社区公共安全问题逐渐凸显。同时,政府简政放权与重心下移急需加强社区服务承接能力,农村人居社区化起步艰难。民政部门如何在新形势下推进基层民主和社区建设,任重而道远。

3. 婚姻家庭问题面临新考验。当前我国婚姻家庭问题主要表现之一为离婚率上升,由离婚又相继引起一系列关系到社会和谐稳定的问题,比如单身单亲家庭养老、老年婚姻、再婚家庭以及婚姻引致的儿童犯罪等。同时,婚姻纠纷案件逐年增加,离婚率不断上升,使未来民政部门的婚姻登记管理与服务能力面临考验。

4. 志愿者队伍组织管理难度大。虽然近年我国志愿者队伍不断在壮大,但总体看,我国志愿者队伍建设基础比较薄弱,政策法规体系不完善,公众参与志愿服务氛围不浓厚,组织和队伍数量不足,素质有待提高,缺乏稳定经费保障。必须研究建立科学有效的志愿者队伍发展和激励保障制度,加快推进我国志愿服务事业发展,以满足人民群众日益增长的现实需求。

5. 高水平社会工作人才缺乏。我国社会工作人才总体供不应求,特别是社工专业人才需求旺盛。按照国际标准,我国至少需要数百万名社会工作人才,但目前全国持证社会工作者共计 16.0 万人,缺口巨大难以有效满足现实社会需求。

二、民政工作从管理转向治理的新变化

在国家治理体系和治理能力现代化的大背景下,民政工作也面临着从管理转向治理的新变化。

(一)更加强调多元主体协同合作

从治理主体的角度上看,民政治理更多强调多元主体协同。主要表现为以下四个方面:一是多元主体互动。民政治理需要在党的领导下,政府、市场和社会组织相互间加强合作,以便在发挥政府主导作用的同时,充分发挥市场在资源配置中的决定作用和社会组织的重要作用,实现优势互补;二是多部门协同。民政工作内容繁杂,涉及面广,离不开相关部门协调推进。这就要求以联合绩效最大化为目标,破除资源配置分散、多头管理推诿和部门政策衔接不畅等弊端;三是跨层级合作。民政工作将按照属人属事和效率效能原则,更加强调跨层级合作,充分发挥市场和社会组织的积极作用;四是跨区域共治。适应人口跨行政区流动的新常态,不仅需要公民权益和福利保障的同步跟进,也需要突破区域壁垒,推进民政工作的跨区域共治。民政跨区域共治可以针对治理对象、事务或主题,利用多中心治理机制来解决区域分割、破碎化、地方保护、成本转嫁等问题,强化区域之间的整体性绩效。

(二)更加注重综合绩效和可持续发展

针对发展中存在的"先经济后民生、重增长轻分配"现象。新形势下民政治理必将更加注重综合绩效和可持续发展。不仅要考虑政治绩效、经济绩效,还要考虑社会收益、环境收益;不仅要考虑公共活动的收益和成本,还要考虑风险与责任分配;不仅要考虑内部绩效,还要考虑外部绩效;不仅考虑本期或短期绩效,还要考虑长期绩效;不仅要有总体绩效,还要因地制宜、具体分析。

(三)更加突出多种工具联合互补

"管理"向"治理"的转变亟须改变传统管治的单一政策工具模

式,综合使用社会、经济、人文习俗、市场、公共选择、法律、生态治理等多种工具,达到多政策工具集成的联合互补功效。

三、新形势下民政治理现代化的新要求

新形势下民政部门迫切需要建立综合治理体系、治理功能体系、制度保障体系以及理论方法工具体系等四大现代化的民政治理体系。

(一)综合治理体系

国家治理体系包括经济治理、政治治理、文化治理、社会治理及生态治理五大体系,各体系之间既分工又协同,发挥各自特长,协作互补完成治理任务。民政部门需要综合利用经济、政治、文化、社会以及生态五大治理体系,建立全方位多主体的综合治理体系,以增强民政工作动员社会资源、协调社会关系、弥合社会分歧、推进社会治理、促进社会和谐的能力。

(二)治理功能体系

从治理功能体系上,民政部门应该围绕资源动员、组织、监管、服务、配置五大功能进行建设。一是建立完备的社会资源动员体系。充分调动社会各界积极性,最大限度凝聚社会共识,建立起与民生需求相适应的基础设施、物资储备网络,使基本民生保障得以均衡分配。二是社会组织能力。通过良好治理体系将社会高度分散的原子化主体重新组织化,从而实现国家理性和个体个性的最大兼容与统一。三是民政服务体系。最大限度为社会提供优质多样化民政公共服务、基础设施和社会保障,激励微观创新,并吸引社会参与,提供多元化服务。四是民政资源配置体系。以公共政策为

主导,建立良好的公共资源配置体系,促进社会公平。资源配置的方式可以借助市场力量和第三部门,通过 PPP 模式和购买服务等路径,以保证资源配置的有效性、竞争性和创新性。

(三)制度保障体系

主要包括法律法规、治理工具和协作运行机制三套体系。一是法律法规体系。在民政领域,及时更新和完善配套法律体系,把所有民政业务全方位纳入法治体系之中,并通过严格的执法体系使非法的活动得到控制。二是激励制度体系。通过制定科学、有效的激励制度,调动民政领域的多元化主体积极性,依法激发和释放内在潜能和活力,促进多元主体有序推进民政事业发展。三是协同协作体系。民政治理需要跨区域、跨行业、跨主体、跨领域合作,从全球视野到微观组织,从行政管理到基层自治,从城市到乡村,都需建立起相互合作协同机制,以实现民政工作联合绩效的最大化。

(四)理论方法工具体系

要通过理论创新和技术创新,保证民政治理拥有足够的治理方法和工具集合,来推进民政领域的良政善治。一是法律工具体系。落实党的十八届四中全会关于全面推进依法治国的要求,以法治化的民政治理为目标来完备法律体系,促进民政依法行政。二是行政工具体系。在民政治理中整合、创新运用命令、指示、规制、信息管制、问题管理等行政措施,以达到理想效果。三是经济工具体系。民政治理要善于协同有关部门,在自身职能范围内综合运用价格、财税、金融等经济政策工具,提升民政工作的经济效能。四是道德人文工具体系。民政治理应保证法治和德治并重,传承发扬、吸引创新使用传统文化,培养新社会公德体系,加强社会责任建设,弘扬公益慈善,倡导社会公德。五是教育体系。加强民政专业人才培养,强化民政职业教育,为民政治理现代化培养高水平专业人才。六是协商体系。在民政业务范围内,建立起多主体互动协商体系,开辟多元利益表达渠道,吸引公民有序参与。七是信息服务体系。厘清民政业务种类,建立民政基础数据库和决策支持系统,提高民政工作信息化水平、科学决策和精准服务水平,促进民政治理信息化。

第二节 新形势下的民生托底保障

民生问题是大众问题,习近平总书记强调:“只要还有一家一户乃至一个人没有解决基本生活问题,我们就不能安之若素”。[①] 民生托底的目标是确保任何人在任何情况下的基本民生需求都能得到满足。民生托底要面向全体社会成员,做到保基本、救急难,守住底线公平,巩固社会保障网底,让人民学有所教、劳有所得、病有所医、老有所养、住有所居。

一、民生托底保障的重要性

(一)自古以来的民生保障共识

普惠民生、保障百姓基本生活是历代当政者的首要任务之一。

① 李立国.《推进社会救助法治化的重要举措——深刻理解和把握〈社会救助暂行办法〉》.中国政府网.

历史上,民生问题一直同政治、宗教等交织在一起,是推动历史前进的原动力,是一切历史活动的重心。从古至今,众多思想家、政治家著书立说提倡“以民为本”的思想,强调百姓生活对国家统治、社会发展的重要作用。百姓的贫困生活和窘迫的境遇催生了我国丰富的民生思想,从春秋战国诸子百家的言论,到近代孙中山先生的民生主义,处处渗透着对老百姓基本生活和生存状态的关心。

道家讲“圣人无常心,以百姓心为心”,提倡尚民为先、“无为而治”的治理理念,即使不能惠及百姓,执政者也不能加重赋税,要为百姓减负。墨家认为战争具有残酷性、掠夺性,受其危害最深的首先是底层人民群众,提出“非攻”、“兼爱”的主张。儒家民生思想的影响最为深远,其“人为天生”[①]的理念劝导统治者应当顾及同胞之情而关注民生,“天人合一”的观念强调人们特别是统治者要效法天地“先生”之德,做有利于民生的事情。“保民而王,莫能御也”,在儒家思想中,“民生”和“国计”并论,“民生”问题是国家政治的中心问题。孔子强调解决和改善百姓的生活,孟子则强调“暴政”对民生的破坏作用。此外,儒家特别重视对弱势群体的关怀体恤,认为老弱病残是优先安抚的对象[②],这也是现代民生托底救助雏形。到了近代,孙中山先生结合西方现代化国家的发展经验,传承中国历史的“民本”、“大同”思想,提出了民生主义思想,强调解决民生问题是解决社会问题的根本。

---

① “人为天生”意指统治者和被统治者均为天所生。

② 孟子云:“老而无妻曰鳏,老而无夫曰寡,老而无子曰独,幼而无父曰孤;此四者,天下之穷民而无告者,文王发施仁政,必先斯四者。”

(二)国际承诺的兑现

我国加入了多项由联合国和其它国际组织倡导的与民生底线保障相关的人权、民权公约。作为联合国常任理事国,必须兑现承诺。比如,在全球化过程中,世界卫生组织、国际劳工组织等国际组织成立,为全球人权[①]的发展作出了巨大贡献,并就与人权相关的基本生活、健康、教育、就业等各方面提供基本标准。这些标准已广为全世界认可,并渐渐成为民生底线。按照这些标准,托住民生底线就是保障人权实现的过程,也是人类社会进步的基本条件和基本要求。因此,我国作为负责任大国,凡是参加的国际公约都必须兑现承诺。

(三)实现"中国梦"的要求

习近平总书记提出,要努力使我们共同享有人生出彩的机会,共同享有梦想成真的机会,共同享有同祖国和时代一起成长与进步的机会。衣食住行医没有保障,人生难以出彩;教育、就业没有保障,梦想难以成真,底层人民生活水平没有提高,无法实现一起成长与进步。并且一代人的民生问题得不到解决,危机还将波及下一代。因此,只有托住底线,不断实现好、维护好、发展好最广大人民根本利益,才能保证社会发展成果全民共享。

(四)百姓最低层次需求的保障

民生托底保障的内容是人类需求中较低层次的需求,这一层次的需求主要包括衣食住行、医疗、养老、教育、就业等方面。一般

① 与经济、社会、文化相关的人权包括:工作权、享受适当生活水准权(足够的食物、衣着、住房、医疗保健、适当的照料)、健康权、受教育权等。

而言,只有低层次的需求被满足之后,高层次的需求才会产生。只有社会的民生底板牢固,才会催生更高级的社会需求,进而拉动经济社会的发展。不管是穷人还是富人,健康人还是残疾人,一旦遇到民生风险,首先要满足的是较低层次的需求。这类需求具有刚性,受价格变动的影响很小——粮食再便宜,吃饱之后,不会消费更多;医疗手术再昂贵,为了生命健康,必须做。因此,民生托底必须满足人的基本民生需求,不能打折扣。

二、当下的民生托底保障压力

(一)传统托底保障能力减弱

一是家庭保障能力弱化。家庭是构成社会的基本单位,承载着教育儿童、供养老人、满足生理心理需求以及经济合作等重要功能,涉及多项民生需求。在城市化进程中,家庭成员流动性增强,空间和心理距离扩大。加上离婚、"丁克"、国际家庭等新型家庭类型不断出现,家庭呈规模小型化、结构多元化的趋势,传统家庭观念不断淡化,导致家庭的保障功能弱化,逐渐动摇了中国传统以家为中心的保障体系,增加了政府的民生托底压力。

二是传统社会资本消解,新型社区"空心化"。在传统社会,人们以家族、血缘、邻里关系等为依托,遇到困难时,很容易得到族人、亲戚和邻居的帮助。然而,受独生子女政策、人口流动等因素影响,传统社会资本逐步崩溃,增加了民生托底压力。另一方面,新的社会资本尚处于萌芽状态。城市化过程中,社区将成为人们主要的生活场所,但目前的社区是不同类型的居民、家庭、群体的随机组合,对重建社会资本带来巨大挑战。有媒体报道称,城市小区中60%

的人表示不认识邻居,70% 的居民没有敲过邻居家的门。2010—2012 年,相关部门调解民间纠纷案件中涉及邻里关系的达到 604.88 万件,在各类纠纷中占比最高,达 23%。随着城市“大杂院”的消失,“远亲不如近邻”所代表的传统社区社会资本的民生保障功能在消失。

(二)社会保障体系不健全

尽管我国社会保障制度建设取得了显著进步,但社会保障覆盖率低,存在社会保障碎片化现象。主要体现在托底保障对象碎片化、管理碎片化、制度碎片化这三个方面。社会保障的对象特征不统一,可以是老人也可以是儿童,涵盖农村人口也涵盖城市人口,包括穷人甚至也包括富人,关注残疾人也涉及健康人。他们散布在社会各个角落,呈碎片化状态。管理碎片化是指保障工作职责分散在多个政府部门,未能形成整体管理目标和系统管理机制。与之相随的是制度的碎片化,不同部门针对某一对象或某种民生问题建立了不同的保障制度体系,各体系之间缺乏统筹,保障信息不联通,进而导致重复保障、漏保、错保等问题。

(三)市场保险不健全

商业保险和社会保险一样,也是人类自身风险的管理机制,商业保险独立于社会保障制度之外,是对社会保障制度必要的补充。商业保险应当适应市场规则,并在寻求自身发展的同时,发挥弥补社会保障不足的作用。我国商业保险的保险深度不足、保险密度低。商业保险不发达,就会增加社会保险的压力,从而增加政府的托底保障压力。

(四)过度依靠财政支出,资金来源单一

财力保障是托底民生保障体系运转的基础。民生保障的财力支撑主要来自中央和地方政府的财政投入、社会保障基金、社会资本等。但目前,我国民生保障的财力保障过度依靠财政拨款,随经济周期的波动,财政收入具有不稳定性,经济下行时,财政收入可能剧减,托底性民生保障体系难以承担这个风险。

三、民生托底保障面临的挑战

(一)不确定性和社会风险持续,部分政策后遗症凸显

自然灾害的发生不以人的意志为转移,且灾害种类、发生频率、事件空间的分布规律等将变得更加不可测,灾害防治的难度增大。社会快速转型,隐性社会风险增多,容易冲击百姓基本生活,使他们不得不寻求托底救助。而且以前累积的产业、健康、环境等政策缺陷恶化人们的生存生活境遇的风险增大。如过去几十年粗放式的发展中,工人健康权益立法缺失和环境得不到重视的后遗症如今逐渐暴露。计划生育和独生子女政策在政策施行30多年后某些后续效应开始凸现,未来中国劳动力供给不足、家庭和社会养老负担加重等一系列问题必将逐步加剧。

(二)城市化带来城乡托底双重难题

2013年,我国城镇化率达到54.77%[①],未来五年内还将有1亿左右农业人口向城市转移。大量农民变为市民,传统生存技能和传统生活保障的丢失,致使不少进城农民的基本生存面临更大风险。

① 数据来源:国家统计局网站。

同时,城镇化是一个长期过程,未来生活困难的农民或留守老人,仍然需要持续的财力、人力投入农村社会托底工作中。随着大量农村人口向城市转移,农村的基础设施、公共服务等逐渐退化,学校关闭、商店消失、交通设施荒废等,必然会影响仍然坚守乡村的群众生活,这将成为农村民生托底的新难题。

(三)老龄化加速,养老服务压力巨大

据联合国预测,2030 年中国 60 岁及以上老年人占比将达到 23.8%,65 岁及以上老年人占比将达到 16.2%,2050 年将超过发达国家。老年人口的急剧增加将加快养老服务需求的增长,同时空巢老人、失独老人、老漂族等特殊群体的产生,必然增加托底性养老服务的压力。

(四)民生诉求易借网络炒作加剧托底的紧迫性

中国已经全面进入了以互联网为基础的信息化时代,前所未有地拓宽了信息传播和公民权利表达的渠道。各种民生诉求借助网络能在短时间内快速发酵成为舆论焦点,进而形成的舆论压力势必演化成政府的托底压力。近几年,我国发生的民生危机事件增多,凸显出民生托底工作在管理、制度等方面仍然存在诸多不足,暴露出未来民生托底的巨大压力。

(五)民生托底呈种类多样、标准拉高趋势

基本民生需要的满足,即民生托底应随着社会经济由低级向高级发展而动态发展。民生托底要适应这一动态过程,必须从整个社会一般生活水平的角度,去衡量民生托底的内容与标准。图 4-1 显示我国农村和城市居民的基本生活消费水平一直处于上升态势。研究表明,城镇居民消费存在显著的“棘轮效应”,即居民在消

费上增加容易而减少难。同时,城乡居民基本生活消费水平差距越来越大。城市化进程中,大量农民进城后,其消费水平将被迫向城市居民消费水平看齐,也将表现出“棘轮”现象。另一方面,现代社会信息交流、人口流动加快,攀比效应和示范效应作用明显,受其影响,民生基本需求被逐渐推高,从而导致民生托底的标准呈现提高容易、下调难的局面。

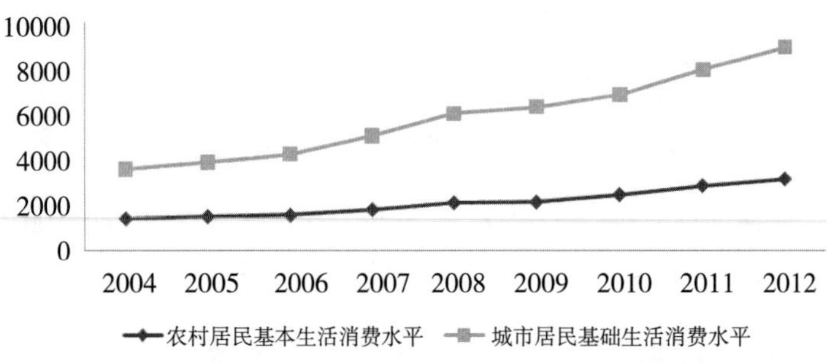

图 4－1　2004—2012 年我国城乡居民基本生活消费水平

同时,我们还面临来自国际托底保障标准提高的压力。如亚洲开发银行将贫困线提高到每人每天消费 1.51 美元,比原定的 1.25 美元有较大增加。以新的贫困线衡量,我国的贫困人口数量占总人口比例将达到 16%。这也为我国民生托底保障工作带来巨大压力。

四、未来的民生托底保障工作重点

(一)推进正式制度的融合和系统化,加快修补非正式制度

一是针对现有社会保障制度体系中的托底盲区,建立新制度,为被遗漏的民生托底业务提供制度保证。二是要加强部门联合,切

实解决制度上的交叉、重叠或割裂问题，并对现有制度进行缝补、衔接融合。三是加强薄弱环节制度建设。多种困难相互叠加的同时，现有的单一保障相对薄弱，其保障力度不足以守住部分人群的民生底线，要加强这些薄弱环节的制度建设，对特殊情况的特殊人群给予特殊的关注。同时，加快对社会关系网络等非正式托底制度的修补。必须将产业和国家福利融入社区，通过社区平台导引反映和收集现实与趋势性民生需求，编织一道社区保障网，减小社区居民滑落民生底线的可能。

（二）加强民生事业人才队伍建设

从事民生托底保障工作，必须满足特殊的能力要求。第一，要提高专业性。特别是公务员、事业单位人员和社会工作者等几类人员在为托底保障对象提供服务时必须具有人道主义精神，具备特殊专业素养。第二，要保证民生托底保障从业人员队伍稳定。第三，民生托底保障业务的特殊性决定了有关从业人员的专用性。为应对人才资源供给中出现的市场失灵，应该由政府及相关部门主导，设计、培养、补充和认定相关新职业，保证民生托底保障服务的人才供给。

（三）建立健全民生托底财力保障机制

首先，促进民生产业发展，完成由被动接受财政“输血”、社会“献血”向自己主动“造血”的转变。其次，发展民生金融，并与政策金融、商业金融有效连接，盘活社会服务类机构资产和社区及居民个人的民生资源，使之增值、增加流动性，通过提高融资、变现能力和民生资源配置效率，间接提高托底保障的财力水平。再次，要防范金融风险，保证社保资金、福利基金、民生资产的保值、增值，防范资金缩水。最后,还应考虑运用政策工具引进外资,增加托底保障的财力基础。

(四)稳步建立各种物资的储备体系

第一,健全常规品储备流转体系。在非常态下,如果市场不能进行正常运转,生存品出现短缺,局部民生危机就有可能出现。一旦常规品短缺,不仅会引起价格飙升、恶意囤积,而且可能引发社会混乱,并波及民生的其他领域。粮食、饮用水等生存物资在今天产能过剩情况下,通过市场力量能够较好地分散风险。然而,城市化过程中,土地撂荒、农田产能废弃等再次敲响粮食安全的警钟。粗放工业经济导致的水污染、饮用水短缺等已成为普遍现象。因此,民生托底要建立常规品储备流转体系,在紧急时刻能保障百姓有饭吃、有水喝,保持对基本生活的托底能力。

第二,加强应急储备及应急动员体系建设。虽然我国存在着多种民生保障体系,但无法回避急难状态下局部或整体性应急性民生问题。这些问题特征是:小概率、巨型冲击、损失大、超过一般责任能力。在危机情况下,应该保证以下几种措施之间的互保作用——政府采购与应急储备、应急物资与服务资源动员、应急备用措施。另外,应编制急难避难手册,让居民针对本区域特定的高概率风险事件,做好物资储备、排除险源、熟悉风险应对策略等工作。

(五)加强民生托底信息平台建设

第一,建立风险源数据库。我国未来民生托底保障面临来自社会、经济、自然、产业等多方面风险带来的压力。应对风险,缓解民生托底压力的有效方式就是提前预判民生风险源及其传导机制。为此,要跟踪各专业学科与相关的研究信息,为民生风险识别提供理性基础;要收集关于民生研究的成果,通过统计和计量技术显化民生事务信息,基于民生影响的风险生成与判断,与其他部门信息系统完成对接,进而跟踪民生风险,提前预防。

第二,建立公民基本信息系统。民生托底保障需要完整可靠的公民个人(或家庭)信息的支撑。目前,我国政府部门积累了大量专业、原始、微观的人口、业务等信息。但由于社会管理缺乏统一的顶层设计,我国民生数据系统表现为:重复、低效、碎片化、缺乏共享性和流动性。实现民生信息数据的系统化建设,是解决现有民生保障碎片化的前提。要努力促成建设统一共享的基础民生数据库,实现对民生托底保障业务及保障对象的动态跟踪。

第三节 新型城镇化背景下的基层社会治理创新

党的十八届三中全会提出,要创新社会治理体制,坚持走中国特色新型城镇化道路,推进以人为核心的城镇化,促进城镇化和新农村建设协调推进。这既指明了我国未来新型城镇化发展的方向,也为我国基层社会治理创新带来了新的契机。

一、新型城镇化的内涵和特点

(一)新型城镇化的提出

新型城镇化是指以“以人为本、统筹兼顾”为原则,以新型工业化为动力,以城乡一体、集约高效、生态宜居、个性鲜明、和谐发展为基本特征,推动大中小城市、小城镇、新型农村社区协调发展、互促共进的具有中国特色的城镇化发展之路。

新型城镇化主要基于以下三点提出:一是城镇化进程迅速推进。2002年来,我国城镇化进入快速发展阶段,城镇化率以每年1.35个百分点的速度发展。2014年,城镇人口比重达到54.77%,城镇人口达74916万人;从1978年至2014年,农村就业人口由79014万人下降到61866万人,占总人口比重由82.1%下降到45.23%。[①] 二是城乡二元结构问题日益突出。城乡二元分化是我国长期存在的问题,如今我国已进入城镇化中期,城乡不均衡现象更为明显,城乡二元结构问题凸显。农村基础设施建设、公共服务供给、文化精神生活等方面与城市均有较大的差距,农村留守的老人妇女儿童比例增多,空心化问题严重。传统城镇化的发展路子已经不能适应形势发展需要甚至会加大城乡二元分化,亟须一种新型城镇化模式。三是国家治理理念的提出。中央提出创新社会治理,要求着眼于维护最广大人民根本利益,最大限度增加和谐因素,增强社会发展活力,提高社会治理水平。这需要我们摈弃以往的政绩观,反对唯GDP论,从经济社会均衡发展的角度,做到科学发展、可持续发展,强调多元主体的参与和多指标的衡量。新型城镇化是国家治理的一部分,是创新社会治理的重要手段,两者需要共同促进、协同发展。

(二)新型城镇化的特点

自20世纪90年代城镇(市)化理念提出以来,我国传统的城镇化是一种以经济发展水平和城市化率作为衡量指标的城市发展

---

① 数据来源:国家统计局网站。

的量化过程。主要表现为:农村人口向城市转移以及城市规模扩大和数量增长;大量人口由第一产业转向第二、第三产业;城市建设加快,经济发展水平提高。而新型城镇化是相对于传统城镇化或城市化而提出一个新的概念,是一种新的发展思路和模式。具体包括:城乡建设一体化、公共服务均等化、生态文明建设可持续化、社会治理人本化等。与传统城镇化建设相比,新型城镇化建设具有三个显著特征:

1. 强调以人为核心。传统城镇化更多是将农村机械地转化为城市,而没有考虑到城镇化带来的农民生活水平、生产方式、思想观念等方面转变所产生影响和需要的支持。《国家新型城镇化规划(2014—2020 年)》提出,要以人为本、公平共享,合理引导人口流动,有序推进农业转移人口市民化。强调以人为核心,实际上就是以人民的需求为出发点,依靠人民群众,服务人民群众。这要求城镇化建设中不仅要满足人的基本物质需求,更要满足基本精神文化需求,使人民群众共享城镇化的发展成果。

2. 更加注重城乡一体化和均等化。传统城镇化过分强调对城市和工业的支持,忽视了农村和农业发展,导致我国农村空心化问题十分严峻,农房空置、耕地闲置、产业缺失,农村公共服务和基础设施建设严重滞后于城市。新型城镇化旨在强调打破城乡二元结构限制,切实解决农产品增产但不增收、大量农村劳动力向外转移、土地资源不断流失、财政投入量占比较低等问题,实现大中小城市和小城镇协调发展、产业和城镇融合发展,促进城镇化和新农村建设协调推进,统筹推进城乡基础设施建设和社区建设,推进城乡基本公共服务均等化。

3. 突出多主体参与、多指标衡量。在传统城镇化进程中,推动主体一般为中央和地方政府,衡量指标主要为 GDP 和城市化率,过于片面和单一,很难充分调动市场主体、社会组织、社区的积极性,发挥潜在能力。新型城镇化是与工业化、信息化、农业现代化一起同步发展的四个现代化的重要组成部分,要求经济发展的可持续、社会的和谐与稳定、环境良好生态宜居等,转变以往仅衡量短期的 GDP,更加注重对长期绩效的衡量,并且加入社会性指标(如幸福度),鼓励城镇发展新方法,鼓励社会治理新模式等。这就需要政府改变以往的管理理念和方式,积极引导鼓励多方参与,进行合作治理,也有利于调动各方的积极性。

二、新型城镇化对基层社会治理的挑战

在城镇化进程中的人口和经济要素的空间集聚,必将影响我国的人口社会特征,给基层社会治理带来许多挑战。

(一)新型城镇化带来的人口结构冲击

1. 人口城镇化。城镇化是人口向城市转移,农业人口变成非农业人口的过程。我国当前的人口城镇化显示出了速度快、质量低、结构不均衡的特点。一是城镇化速度快(前文已有数据支持)。二是城镇化质量低。大量人口向城市流动却没能享受到与城市居民同等的公共服务。三是城镇化结构不均衡。由于青壮年劳动力外流,形成了农村妇女、儿童和老人的留守现象。如资料显示,全国约 28 个省区农村老年比例高出城镇 20% 以上,这一趋势越来越严

重并还将持续30年左右,从而使农村成为老龄化冲击最严重的地区[①]。

2. 人口空间集聚。所谓人口空间集聚,就是指大量人口集中在较小的区域,对于农村来说就是土地城镇化的过程,在城市就是城市集聚过程。在我国过去30多年的改革开放过程中,城市人口增长了一倍,导致了我国农村空心化的同时,使得城市超负荷运转。人口流动带来的农村生存功能弱化和留守问题,密切关系到民生保障,未来民政工作面临新的挑战。

3. 人口结构复杂化。人口城镇化与人口空间集聚的快速推进,冲击了城市原有的社会结构,使其在人口的年龄、性别及社会关系等方面都产生了巨大变化。一是人口流动改变了原来的城市人口结构,城市流动人口比重日渐上升。例如,截至2012年底,深圳市流动人口达1532.8万人,为该市户籍人口的5倍。在全国范围内,2012年全国农民工总量为26261万人,比上年增长3.9%。其中,外出农民工16336万人,增长3.0%;本地农民工9925万人,增长5.4%[②]。二是空巢老人最先在90年代的民工外流时代的农村出现,目前已开始在城市蔓延并将快速转化为城乡共有家庭常态。这种趋势规模大、速度快,且具有地区不均衡、未富先老等诸多特点。三是越来越普遍的"4+2+1"家庭结构并与空巢化、失独、失能、老年留守等问题合流,加剧了社会的养老压力和教育压力。四是农村人口进入城镇后,原有的农村社会资本弱化,城市的社会网

① 民政部:贯彻落实十八大精神 推进社会养老服务体系建设2012[R]. 2012.

② 民政部:贯彻落实十八大精神 推进社会养老服务体系建设2012[R]. 2012.

络也没有完全建立起来,其所面对的社会容易变为一个原子化的社会。

(二)新型城镇化下的社会治理变数

一是民生保障难度加大。城镇化所带来的人口的空间集聚使得在人口流入区,一个较小的区域内存在着大量不同文化、不同地区、不同民族的动态社会集群。他们大多没有城市户口,而且流动性相当大。面对庞大的动态社会集群,民生保障需要更强有力的人才、财力和制度建设等各方面的支持。二是城市治理不确定性加大。城镇化进程不断加快,使得农村人口大量涌入城市,从而带来了人口、资金、产业等方面的要素在城市聚集。但是,城市规划建设质量远没跟上城镇化速度,人们的社会资本薄弱,公共服务缺失,社会风险的形成更加难以预料,城市治理的难度加大。三是公共服务涉及面更广。在城镇化和户籍改革的双重动力下,农村人口向城镇流动数量将大幅增加,出现"流民不流动"现象和流动人口家庭化趋势,养老、救济、教育、卫生等民生政策覆盖面更广,公共服务对象更多,利益相关方博弈更为复杂。

三、新型城镇化对基层社会治理的新要求

(一)要求主体多元且地位平等

在新型城镇化背景下,政府单一主导的方式已不能跟上社会治理的需要。治理更强调地位平等的多元主体参与,主要体现在三个方面:一是政府间的合作,不仅包括上下级之间的合作,而且还包括各部门之间的交叉合作;二是政府与市场组织间的合作;三是政府与社会的合作。治理主体地位的平等性要求打破政府主导的单

一模式，各主体平等参与。总之，社会治理是多主体平等参与、协同合作的过程。

（二）强调权力界定和保持均衡

在户籍改革以及新型城镇化背景下，政府在基层治理方面的权力增多、责任复杂，需要作出科学界定以确保其均衡性。第一，政府部门职能不缺位。面对复杂的基层社会治理问题，政府应该积极履行自身的职能，不应出现互相推诿，导致公共事务管理“真空”。第二，政府部门职能不越位。在市场经济条件下，市场在资源配置中起着决定性作用，政府应当充当好“掌舵者”的角色，明晰自身的职能定位。第三，政府部门职能不错位。要求政府部门纵向上下级之间，横向各部门之间，以及地方与中央之间要保持权力的均衡性，防止权责不清、政出多门等现象。

（三）突出治理的依赖性和合作性

社会治理主体复杂化和多元化明显，基层许多社会治理事务都需要主体间的相互依赖和合作。在新型城镇化下，社会治理等不再是简单的政府主导模式，而是市场组织、社会组织、社工等共同参与的协作过程，人才培养、物资调配、信息提供、服务供给等也都需要多方的共同努力，有的甚至是以社会组织或市场为主导，政府只是参与或配合。

四、新型城镇化背景下的基层社会治理创新路径

在新型城镇化背景下，基层社会事务纷繁复杂，社会治理任务艰巨，必须积极适应新型城镇化的发展需要，加强和创新基层社会治理路径。

(一)创新群众自治和社区治理,夯实基层社会治理基础

加强乡镇(街道)治理,厘清乡镇(街道)与村(社区)的权责边界,完善乡镇(街道)行政权力的制约和监督机制,试点建设乡镇服务型政府,探索推进街道职能转变和服务管理方式创新,建立乡镇(街道)公共服务和政务公开目录。深化基层群众自治,健全村(居)民自治法律法规,依法组织好村(居)委会换届选举,深化村务公开民主管理实践,强化村级民主监督。促进基层民主协商,制定加强社区协商民主的意见,健全村(居)民协商议事制度和社区对话机制。建好全国社区治理和服务创新实验区,积极探索社区治理的新路径,推进社区治理现代化。结合国家信息惠民试点城市建设,建好社区公共服务综合信息平台,完善社区服务体系,拓展服务内容和领域。结合新型城镇化和新农村建设,大力推进农村社区建设试点工作,发展农村社区服务。

(二)充分发挥社会组织在社会治理中的重要主体作用

健全法规政策,加快修订《社会团体登记管理条例》等,制定四类社会组织直接登记办法和直接登记社会组织的管理办法,完善公益性捐赠税前扣除、非营利组织自身收入免税等财税政策,推进社会组织依法治理。深化社会组织管理制度改革,完成行业协会商会与行政机关脱钩,进一步下放基金会和异地商会登记审批权限。推进政府向社会组织购买服务、转移职能工作,支持社会组织积极参与协商民主建设,发挥社会组织团结社会成员、规范社会秩序和发展公益服务的作用。强化社会组织监管,建立多部门协作的综合监管体制和联合执法机制,规范社会组织行为。推进社会组织信息公开,健全法人治理结构和内部民主机制,加强自治能力建设。

（三）创建公共服务包制度，发展惠及全民的社会服务

创建公共服务包制度，变公共服务的“属地管理”为“属人管理”。在户籍改革的背景下，对流动人口由“属地管理”转换为“属人管理”，建立一个随人口流动的公共服务包制度。重点发展面向老年人、儿童和残疾人的专项社会服务。推进养老服务业综合改革和公办养老机构改革，建立健全政府购买养老服务、高龄和失能老年人补贴、养老机构责任保险等制度，探索建立老年人长期护理保险制度，完善医养结合政策和服务网络。加强养老服务设施建设，每千名老人拥有养老床位数要结合经济社会发展实际逐步增加，日间照料服务基本要覆盖100%城市社区和大部分农村社区。推进适度普惠型儿童福利制度试点，发展基层儿童福利服务。建立困难残疾人生活补贴和重度残疾人护理补贴制度，强化残疾人权益保障。构建专业社会工作服务体系，制定社会工作专业岗位开发与人才激励政策，发展社会救助、禁毒戒毒等专项社会工作服务。探索专业社工带领志愿者服务机制，加快发展志愿服务组织，规范志愿者招募、培训，引导开展扶贫济困、扶老救孤和关爱特殊人群等方面志愿服务。落实促进慈善事业健康发展的政策，健全慈善捐助减免税制度，试点慈善信托，推进慈善超市创新建设，促进慈善事业发展。

（四）创新社会综合治理，促进社会稳定和谐

宏扬中华民族传统家庭美德，注重家庭、家教和家风建设，促进代际和睦、夫妻和谐、兄弟相亲、朋友相近，发挥家庭在社会治理中的“微循环”作用。坚持协商于民、协商为民，拓宽社会协商渠道，引导社会组织、社区组织和基层群众就社会治理开展双向或多向

民主协商,探索建立广泛参与、多元多层的社会协商机制,在协商中聚合社会力量,形成社会共识,为推进社会综合治理注入新活力。适应经济新常态,排查分析劳资关系、城市管理、环境保护等领域的社会矛盾,找准深化改革、发展经济与改善民生、保护环境等方面的平衡点,完善调解、仲裁、行政裁决和复议、诉讼等多元化纠纷解决机制,提高防范化解社会矛盾的实效。重点加强行业性、专业性人民调解组织建设,完善人民调解工作网络,提高调解质量和效率。推进公共法律服务体系建设,拓展服务领域,优化资源配置,提升法律服务质量和水平。推进社区矫正,切实做好监督管理、教育矫正和适应性帮扶工作,促进社区服刑人员安心改造并融入社会。

(五)加强工具创新,为基层善治提供有力支撑

第一,推进基层社会治理信息化。建立城乡一体的基层社会治理信息数据库,数据库包括城镇人口、流动人口以及农村人口相应的教育、医疗、就业、伤残、贫困等数据的统计。各地可以统一标准,联合建立、集中管理,提高资源的共享和整合。利用互联网建立社区公共服务综合信息平台,确定社会治理事务的办理流程,建立资源共享和整合服务等系统,方便基层群众民生问题的解决。第二,重构社会资本,创新社会网络机制。面对老漂人口、留守人口和原子化的社区,社会治理需要为他们重构社会资本。第三,建立多元主体参与的基层社会治理机制。目前我国社会治理职能统筹机制不健全,导致多头治理的混乱,亟须建立基层社会治理的多元协作机制,打破政府单一主导模式,统筹政府、市场、社会组织和居民等多元主体,共同参与社会治理。

第四节 老龄化背景下的老年民生与养老服务业发展

当前,我国已经进入人口老龄化快速发展阶段。老年抚养比快速攀升,传统的家庭养老难以为继,社会养老供给与养老需求背离,国民产业结构与养老服务体系并未及时调整,同时人口红利正逐步消失,劳动力对经济增长的支持力度减弱,中国经济增长迫切需要新的增长点。因此,将老年民生和经济增长相结合应当是解决我国老龄化问题的新思路。

一、我国老龄问题的总体特征

我国人口老龄化表现出老龄人口基数大、老龄化速度快且呈现阶段性、老年抚养比增大、地区差异明显、未富先老和城乡倒置等特征。统计显示,2005 年以来我国 60 岁以上人口基数和比重呈逐年递增趋势(见图 4 - 2)。截至 2014 年底,全国 60 岁及以上老年人口 21242 万人,占总人口的 15.5%,其中 65 岁及以上人口 13755 万人,占总人口的 10.1%。

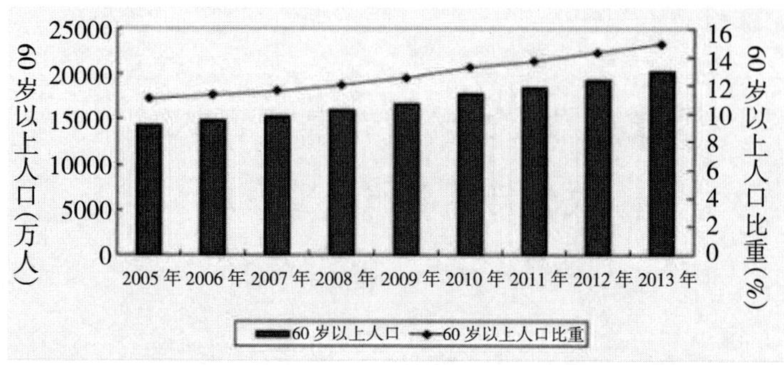

图4-2　60岁以上老年人口占总人口比重

同时，我国老年人呈群体聚集式分布状态。由于制度、产业等原因导致几十年前的年轻人集中流向某一区域或某些行业，几十年后这些老年人分布在空间、行业维度上扎堆聚集。在高校、国企等事业单位，许多职工年轻时通过单位福利房居住在一起，退休时同时成为老人，于是现在随处可见福利房居民小区老人聚集。在农村，青壮年劳动力不断流出，又没有新鲜血液补充进来，从而形成区域内、群体内的老龄化。

二、当前我国的老年生态

(一)我国特有的老年生存状态

与欧美等发达国家相比，我国老龄化速度更快，面对年轻时流动工作带来的社会资本破碎问题，没有足够的时间来适应。地域差异、城乡分割、人口流动、家庭结构变革等多种因素联合催生了中国特色的老年生存状态，形成农村留守老人、城市空巢老人、啃老族、老啃族、失独老人、老漂族和高龄老人等特殊群体。

1. 农村留守老人和城市空巢老人

我国农村留守老人和城市空巢老人共同面临的主要困境在于缺乏精神抚慰,但农村留守老人面临的问题更加严峻。城乡二元结构拉动下农村大量年轻人流入城市导致老人留守,缺乏生活照料、精神慰藉,血缘亲情逐步淡化。与此同时,城市子女没有时间和精力陪伴照顾父母,致使城市里许多老人只能独守空巢。

2. “啃老族”与“老啃族”

“啃老族”是对那些已经达到劳动年龄,有谋生能力但主动或被动放弃了谋生意愿,依靠父母为生的社会群体的统称。“老啃族”是指背负着自我谋生和赡养父母的双重负担的年轻人,多为出身农村在城市工作的“80 后”。“啃老族”与“老啃族”反映的是抚养、赡养关系的扭曲,并已经成为普遍的社会问题,凸显了部分老年人的自我养老和部分年轻人帮父母养老的巨大压力。

3. 失独老人

受独生子女政策影响,我国现有大量独生子女家庭。卫生部发布的《2010 中国卫生统计年鉴》显示,中国每年新增 7.6 万个 50 岁以上失独群体,全国失独家庭已超百万个。失独家庭的困境,正在日益成为一个大的社会问题。

4. “老漂族”

“老漂族”原指为照顾第三代而远离家乡、来到陌生大城市的父母,后来又包括那些为了照顾事业刚刚起步的子女而远离家乡的父母。根据其居住地的不同,又可以分为国内老漂和国外老漂。老漂族脱离原有熟悉的生活环境,其子女经常忙于工作,两代人之间缺乏交流,老人对外界又缺乏基本的信任与安全感,短时间内难以建立新的社会关系网。调查显示,近80%的老漂族不认同城市生活方式或者即使认同也不会效仿,47.9%的老漂族的主要活动场所是家里,高达36.4%的老漂族从不参加群体性休闲娱乐活动[①]。

5. 高龄老人和失能老人

高龄老人是指年龄在80岁以上的老人。失能老人是指丧失生活自理能力的老人。相比普通老年人而言,高龄老人和失能老人面对的生活、健康压力更大,时刻需要人照护,是一个十分特殊的群体。然而,我国高龄老人和失能老人的增长趋势明显。统计显示,中国80岁以上的高龄老年人每年以5.4%的速度增长,远远快于60—80岁老年人口的增长速度。

(二)老年消费行为与心理

为更好解决我国养老服务总量和结构供需矛盾,需要认真研究老年人的行为规律和消费心理,剥离出老龄需求特征,有的放矢,科学发展老龄产业。根据消费者行为学相关研究,与年轻人相比较,老年人对价格更敏感。老年人离开工作岗位以后,收入来源减少、收入水平降低,价格成为影响其需求与消费决策的重要因素。同时,老年人的生理状况与社会角色的变化也会影响其消费倾向。随着年龄增长,老年人身体进入衰老阶段,自理能力减弱,其活动范围缩小、频率下降,对饮食、烟酒等能量消耗品的需求降低,但对保健、休闲、照料服务等需求增加。另一方面,老年人退休后,基于原来社会角色的需求(如与工作有关的服装、应酬、交通等方面的支

① 来源:《物质性融入与社会性漂泊:老漂族城镇化困境—基于湖北省武汉市的调查与思考》(作者系华中科技大学公共管理学院学生钱盛民、徐施政、苏萌等)。

出，人力资本方面的投入）将会减少甚至消失。由于社会交往活动减少，老年人更渴望在家庭生活中寻找存在感与尊严。

（三）老年人的消费需求

老年人的消费需求，概括起来就是：老有所养、老有所医、老有所为、老有所学、老有所教、老有所乐。2013 年国家统计局上海调查总队调查显示，医疗保健、生活养老、精神文化和工作等 4 大类 12 项与老人关系较密切的社区服务项目中，受访者对医疗保健类服务的需求度最高，达 79.6%，对生活养老类服务的需求度为 69.7%，精神文化类和工作类服务的需求度分别为 64.6% 和 48.8%（见图 4－3、图4－4）。

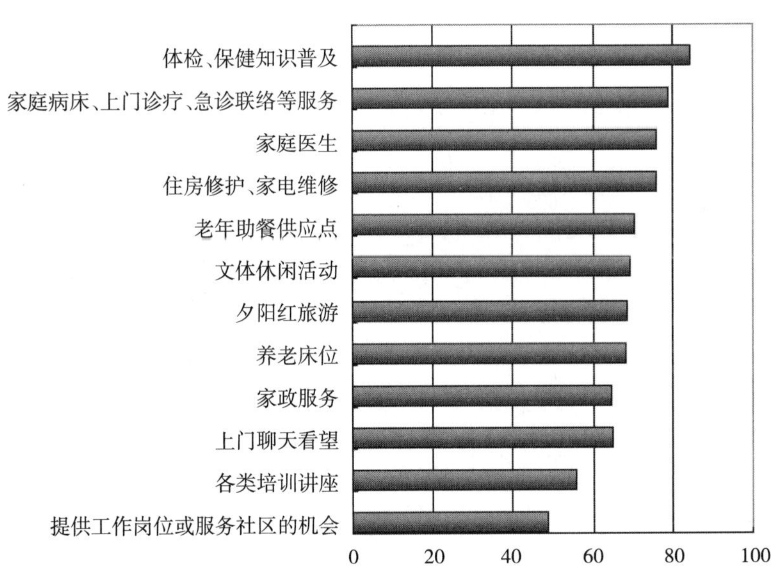

图 4－3 受访者对各大类社区服务的需求度

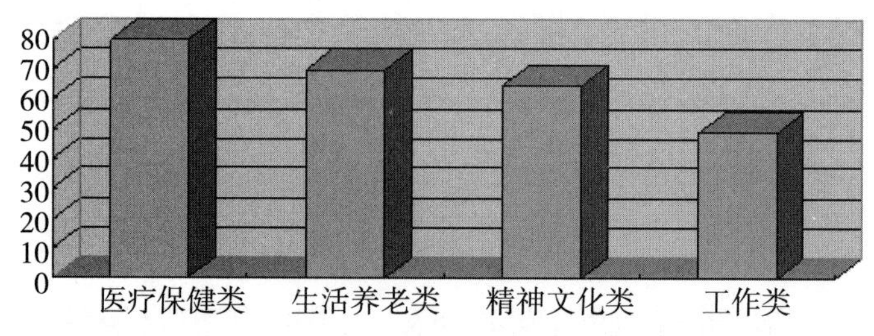

图4-4 受访者对社区各项服务的需求度

三、老年民生问题的新变化

老年民生问题就是老年群体最关心、最直接、最现实的吃、穿、住房、就医、休闲等生活问题。由于多方面原因,我国老年民生问题的特点已然发生转变。

(一)从收入型贫困转向支出型贫困

我国老龄化的一个重要特点是未富先老,虽然国家反贫困系统、社会救助制度、城乡养老保障体系、社会慈善等通过财政转移支付、社会捐赠等手段保证了老年人一定水平的收入。但是,老年人需求种类多,遭遇意外的风险大,支出水平高;同时,老年人的收入增长速度跟不上通货膨胀速度,持有购买力下降,导致我国部分老年群众正由收入型贫困群体转向支出型贫困群体。

(二)持续关注和临时救助相结合

老龄化和贫困问题叠加,脆弱度高,持续性强,缺乏自我解困能力,需要长期帮扶救助,同时还要关注其返贫问题(返贫的原因很多,通货膨胀、理财危机、重大疾病、社会诈骗等)。当前的老年保障体系主要以老年保险和救助为基准,对老年资源的开发并没有给予足够重视。现今老龄市场上越来越需要全产业链层面上的专业设施、专业人才、专业服务。养老服务产业化是政府、投资者、服务机构、从业人员和老年人多方共赢的选择。结合现状与未来发展趋势,应加强对养老产业的扶持,鼓励和引导社会各方力量积极参与,逐步形成政府宏观管理、社会力量积极进入、老年服务机构按照市场化要求自主经营的管理体制和运行机制,形成与国情相适应的养老产业,从根本上解决我国的人口老龄化问题。

(三)由货币保障转向货币与实物保障相结合

以前国家解决养老的思路主要是给予资金支持,如60岁退休之后领取养老金,让老人利用货币购买自己需要的物资和服务。然而,随着老年人口规模的扩大,当某些养老物资、养老服务供给不足或者相关市场不存在时,纵然有钱也不能解决问题。同时,对数量日益增多的高龄、失能失智等没有消费决策能力的老人来说,或者遇到死亡殡葬问题,货币可能就失去原有的救助意义,达不到预期效果。因此,单纯货币保障的养老方式不能从根本上解决问题。老年人的选择能力、抵抗通货膨胀的能力等都比年轻人要脆弱得多。大批老人,依靠现有的体系是完全难以应对养老危机的,所以再保险成为一种出路。农村有些地方可以进行适当的现代化改造,以供某些老年群体养老,可以达到自给自足,既能从事农业劳动,又能锻炼身体、获得基础物资。

四、解决老年民生问题的新思路

随着老年群体规模的快速扩大,养老设施不足、从业人员短缺等问题都需要有效的战略应对措施。一方面,老年民生的重点应转向产业服务的供给上来,走规模化的产业化发展道路,推进老年产品创新、服务创新,满足几亿老年人的切实需求,破解某些情况货币无效的困境。另一方面,当养老产业不发达时,部分老人的养老需求得不到满足,可能落入政府托底的范围,加重国家托底负担。而发展老年产业,让市场主体参与到老龄事业中来,提供丰富廉价的养老服务,可以有效化解政府托底负担,从而实现老人、市场、政府等多方共赢。

(一)加快发展老年产业

老龄化问题涉及范围之广、影响程度之深,一方面给传统家庭养老和经济增长带来冲击,另一方面也为产业结构调整和国民经济生产提供了新的思路。因此,老龄化问题对于中国社会变革和经济发展来说,既是挑战又是机遇。养老产业的发展有助于提高老年人的生活质量,提供愉快、健康、和谐、幸福的晚年生活,推动社会保障体制的健全和完善,促进社会和谐。改革开放以来,我国劳动力人口的高速增长释放了巨大的人口红利,为经济的高速发展作出了巨大贡献。60 岁之后的老人主要由家庭来提供生存和生活保障,不需要社会和市场提供专业的养老服务。而今天,曾经占总人口巨大比例的生产性人口快速转换成消费性人口。在国民经济的需求管理中,通过转移支付增加老年需求,增加老年支出和消费,通过消费需求的乘数效应拉动产业产出,进而促进经济增长,为养老产业的发展提供了需求基础。

1. 老龄产业发展潜力大,将成国民经济新的增长点

养老产业链条长、涉及领域广,是横跨第一、二、三产业的综合产业体系。美国的养老产业产值在 1986 年时就已突破了 8000 亿美元,占到了当年美国 GDP 的 18%。日本经济产业省《21 世纪经

济政策的课题与展望》报告强调老龄产业将带动日本经济走出低谷,并在21世纪前25年实现年均2%的经济增长率。因此,有专家预测,5年内我国老年人市场将突破万亿元规模,20年内我国养老产业规模有望达到20万亿元以上。我国养老产业发展前景广阔,将成为国民经济发展新的增长点。

2. 养老服务供需缺口大,市场动力强劲

随着老龄化的加速,我国养老需求快速增长,然而养老设施和服务在数量和结构上供给短缺,急需资金、设施、专业人员的大量投入。总量上,尽管各种类型的老年服务机构不断增加,但是远远跟不上养老需求的增长速度。虽然近些年我国每千人老年人口养老床位数年年都在增加(见表4-1),但是这一数值不仅低于发达国家50至70的平均水平,也低于发展中国家20至30的水平。

表4-1　每千名老年人养老服务机构床位数及增长速度

(单位:万人、%)

指标	2006年	2007年	2008年	2009年	2010年	2011年	2012年	2013年	2014年
60岁以上人口	14901	15340	15989	16714	17765	18499	19390	20243	21242
床位数	179.6	242.9	267.4	293.5	316.1	369.2	416.5	493.7	577.7
床位数增长率	13.6	35.2	10.1	9.8	7.7	16.8	12.8	18.5	17
每千人老年人口养老床位数	12.05	15.83	16.72	17.56	17.79	19.96	21.48	24.39	27.2

结构上,我国现有养老设施和服务存在城乡差距大、服务项目种类少、养老服务设施功能不完善、利用率低等问题,养老服务所供给的并非老年人所需要的,而老年人需要的养老服务却供给不足。

据专家测算,目前我国养老服务市场年需求超过6000亿元,而实际提供的供给不足1000亿元,养老产业蕴含着无限商机,填平养老服务供需缺口将成为养老产业发展的持续推动力。

3. 养老产业就业容纳性强

养老产业具有很强的就业容纳性,能提供上千万个就业机会。全国老龄办专题研究显示,按照就业人员与有需求的老年人数1∶10的比例计算,预计2020年我国城市居家养老大约需要650万名服务人员。从2010年至2030年,我国养老产业从业人员将从2000万人激增到7800万人,提高就业率约2%以上。如果按需要护理的老年人口与护理人员3∶1的比例配备,仅此一项就能增加就业岗位1000多万个。

(二)积极开发老年人力资源市场

老龄化的趋势已定,应把老年人和年轻人一样,当作有效的社会经济资源,使其成为经济增长的动力而非压力。一般而言,60岁以上的人群是非劳动力,但是在农业社会中,还是会把60岁以上的人看作是劳动力。当今社会,“退而不休”的现象普遍,许多老年人到了退休年龄仍然在工作。他们有继续劳动的能力和资本,能够发挥自己的余热为社会创造价值。和年轻人相比,老年人虽然身体较弱,相对缺乏活力,但仍然能胜任许多工作。比如,老年人可以利用丰厚的知识储备,从事咨询类工作;利用丰富的人生阅历,从事心理辅导工作;利用充分丰裕的闲暇时间,从事家政、保洁等比较轻松的工作;利用老年人的社会影响力,发展社会组织或从事仲裁调解工作等。

(三)坚持资源联合配置,多元协同治理

联合配置,就是通过某种空间互换、部门配合、产业对接等方式来减低养老的成本,提高民生风险抵抗能力,增进老年人的养老效用。比如,华中科技大学位于武汉近郊,老年教师喜欢在附近种菜,打发时间,体验农耕生活,同时还能锻炼身体。因此,养老业可以和农业对接,让老年人参与农耕过程,农业可部分地从产业农业向娱乐农业、健康农业、休闲农业转型,从而达到联合绩效。除此之外,养老还可以和科教文卫体等产业结合,如组织老年花鼓、书法、文玩市场等,让老年人快乐积极地生活。另一方面,养老事业是关系民政等多个部门的综合问题。在现有民生保障体系分割情况下,很多具体养老问题,如果不同部门共同参与,就会产生协同效应。比如,养老中的医疗问题,如果养老院提供医疗服务,很多服务可以打包完成,从而实现各方成本最小化,收益最大化。

(四)倡导老年守望与互助

老年互助就是“以老助老”。当养老产业不完善时,在一些地区基本不存在养老服务市场,在城市化和人口流动的时代,老人之间相互帮助,相互守望,不仅解决了老人自身的养老问题,也能让儿女安心工作。老年守望与互助,一方面有利于充分利用老年资源,让老人拥有社会存在感;另一方面,利用老年群体的共同情感优势,重新构建老年社会资本。老年互助,不仅仅在日常生活中相互提供物质、行为方面的帮助,更重要的是充实精神生活,解决孤独问题。其心理抚慰功效,是对现在以及将来养老服务体系的一个重大有益补充。

五、未来养老服务发展展望

日益严重的老龄问题对政府现有的应对策略、应对能力、应对措施等提出了巨大挑战。一方面,抚恤金、养老金等货币手段,在养老市场不发达、恶性通货膨胀等多种情形下效率可能会受到限制,甚至没有效率;另一方面,公办养老机构数量远远不足、结构单一、分布不合理、城乡发展不均衡,且存在管理落后、工作人员素质较低等问题。在养老服务产业化发展趋势下,今后应重点做好以下几方面的工作:

(一)使市场及社会力量逐渐成为养老服务供给的主体

公办养老机构不能为现有2亿多老人提供养老服务,让企业、社会组织等各类主体参与养老事业,是合拢养老服务巨大供需缺口的首要任务。政府应当分清发展养老服务中各个主体的边界,对“三无”老人、孤老优抚对象以及低收入的失能失智、高龄等特殊困难老人进行托底保障。鼓励市场充分发挥其在资源配置中的基础作用,提供方便可及、价格合理的各类养老产品和服务,满足多层次、多样化的养老服务需求。发挥广大社会组织的独特优势,有效弥补养老事业发展中出现的“政府失灵”或“市场失灵”的缺陷。政府应加快职能转变,积极创新体制机制,最大限度激发市场及社会活力,加快推动养老服务业发展。

(二)深化公办养老机构改革,确立行业最低标准

加速公办养老机构改革是革除现有公办养老机构弊病,优化资源配置的必然,是营造公平市场环境的需要。公办养老机构的作用是保基本,托底线。在改革过程中,在保持一定的托底养老能力

的同时,应鼓励公办民营、公建民营、民建民营等多种形式,释放市场竞争活力。同时,借助公办养老机构改革,探索出一套合理的、有效的机构养老标准。一方面,为社会养老机构提供标准,保证老人的基本服务需求;另一方面,为今后的监管提供依据。

(三)培育和监管好养老服务市场

首先,民政部门要协同发改、财税等多部门加大对养老服务业扶持,包括完善金融投资、土地、税收、补贴等多方面的政策,保证养老企业快速规模化。其次,在满足基本养老需求情况下,鼓励和引导符合老年特点的文化娱乐、体育休闲、保健旅游等多种老年服务的共同发展;鼓励老年理财、信贷、保险等产品的开发。最后,要加强市场监管,保证各项养老优惠政策落到实处、取得实效。

(四)开发利用老年资源,创新养老模式

通过各种形式盘活老年人手中的各种资源使其为社会发展做贡献。充分利用老年人力资源,让他们利用自己独特的人力资本优势,发挥余热。目前出现的“时间银行”、“以房养老”、“消费养老”、“以地养老”等养老新模式和内蒙古、河北等地实践探索出的农村互助养老模式,都应予以必要的政策指导并积极推广,以促进我国养老服务业健康快速发展。

第五节 我国社会组织发展前景展望

在改革开放至今的30多年中,我国社会组织的发展大致可分为四个阶段,即“复苏发展期”、“曲折发展期”、“稳定发展期”以及从2013年开始的“增速发展期”。2013年和2014年,社会组织年度新增量分别是4.8万个和5.3万个,几乎都是自有统计数据以来年度均增2.6万个的倍数。

一、社会组织发展面临的历史机遇

前所未有的机遇是中国社会组织进入“增速发展期”的重要原因。党的十八大以来,新一轮政府改革以更宏大、更全面、更深入和更体现战略性的姿态拉开了序幕,使30多年改革开放积累的条件得到进一步放大,从而为社会组织发展创造了一系列有利条件。

(一)我国经济与社会转型激发社会组织发展

根据国家统计局统计公报,2014年我国GDP总量为636463亿元,实际人口数达到136782万人,人均GDP达到46530元。[①] 按照2015年年初汇率,我国人均GDP大约为7420美元。根据世界银行2012年的最新收入分组标准,我国已经踏入中上等收入国家或者成熟社会的门槛。伴随经济积累与社会转型,社会主要矛盾也在发生悄悄变化,即由物质匮乏阶段人们对于以物质为主的产品需求与物质生产供给不足之间的矛盾,逐渐转变为人们对于公共事务的参与需求与参与机制和通道不畅之间的矛盾[②]。作为社会参与的重要主体之一,社会组织无论是量的增加还是质的提升,都将会在中国社会转型进步的大背景中,获得新时期的热切期待,受到新形势的巨大激发。

---

① 国家统计局:《2014年国民经济和社会发展统计公报》,http://www.stats.gov.cn/tjsj/zxfb/201502/t20150226_685799.html

② 马庆钰:新一轮机构改革的新亮点,《人民日报》2013.3.26。

（二）国家与社会治理促进社会组织发展

十八大以后，社会组织制度和理念上进行了一系列重要调整，继十八大提出“加快建立政社分开、权责明确、依法自治的现代社会组织体制”，和十八届二中全会确定改革社会组织管理制度之后，十八届三中全会作出的《决定》中至少有13处涉及“社会组织”，充分显示出中央对社会组织的重视。尤其是《决定》将“治理”嵌入国家和社会事务的全局，是中国共产党执政理念的重大变化。这意味着我国进入了“国家治理时代”，预示着行政运作模式将逐渐从权力集中走向适度分散，从一元走向多元，意味着社会组织面临着良好发展机遇。

（三）政府职能转变需要社会组织发展

从2013年开始，新一届政府不能加大职能转变和转移、行政审批制度改革和简政放权的力度。《国务院机构改革和职能转变方案》和三中全会作出的《决定》都明确提出要激发社会组织活力，加快实施政社分开，推进社会组织明确权责、依法自治、发挥作用；适合由社会组织提供的公共服务和解决的事项，交由社会组织承担。2013年9月国务院发布了《关于政府向社会力量购买服务的指导意见》。在明确的政策导向下，政府与社会组织围绕公共服务的供给逐渐形成一种新型的合作机制，越来越多的社会组织参与提供社会服务。

（四）制度创新环境有利于社会组织发展

十八大以后，围绕激发社会组织活力的顶层制度设计和地方创新实验全面展开。《国务院机构改革和职能转变方案》规定的5年期间72项任务清单中，关于社会组织管理制度调整与改革的有

10 项。行政审批制度改革中社会组织登记管理简政放权也获进展。根据中央改革部署,有关社会组织发展改革的顶层设计在 2013 年之后全面展开,20 多个部委参与有关政策创制,如已经出台或正在制定或修订的文件有:《政府向社会力量购买服务的指导意见》《社会组织管理制度改革指导意见》《行业协会商会与行政机关脱钩方案》《社会组织人才队伍建设意见》《关于促进慈善事业健康发展的指导意见》《关于党政领导在社会组织中任职兼职的规范和党建工作指导意见》,以及国家社会组织发展规划、与社会组织相关的几个管理条例、社会组织转移职能目录指引、社会组织税收减免制度、登记管理机关的职能调整和四类社会组织直接登记办法等。在中央带动下,地方创新也各具声势。[①] 中央顶层制度改革和地方创新探索,为社会组织大发展创造了有利条件。

二、治理语境中社会组织的战略地位

社会组织作为与政府组织和市场组织鼎足而立的第三部门,具有通过“以志愿求公益”来弥补“政府不足”和“市场不足”的功能。同时,走入全面深化改革新阶段的中国社会组织,还将是国家治理现代化的重要角色,是市场经济改革深化的延伸地带,是国家经济发展的新引擎,是社会治理和公共服务供给的重要参与主体,是构建现代社会秩序的重要力量。

(一)社会组织是国家治理现代化的重要角色

构建国家和社会治理格局,需要构建多角色参与平台和平等

---

① 包颖.顶层设计+地方创新:社会组织改革开动双引擎[J].《中国社会组织》,2014(1)。

协商机制,以实现社会共治。党的十八届三中全会作出的《决定》为此作了五方面安排:一是推进协商民主广泛多层制度化发展;二是激发社会组织生机;三是推进社会事业改革;四是创新预防和化解社会矛盾机制;五是健全公共安全机制。在从一般的管理与服务参与到高端的重大事项参与中,社会组织需要找准自己的位置,努力担当治理现代化中的责任。尤其是《决定》提出:"国家与社会治理需要为社会全程参与重大决策创造条件,并构建程序合理、环节完整、内容全面的协商民主体制,拓展包括社会组织、基层组织在内的各类主体参与民主协商的渠道。"在中央首次明确了社会组织民主参与主体身份的情况下,如何积极、恰当、有效参与就是社会组织面临的考验。国家重大决策是社会治理的高端形态,协商民主是政治参与的关键环节,其挑战都比一般公共服务大得多。需要通过组织方式、公民意识、参与能力,作为对国家治理现代化的贡献。组织方式保证治理发展的有序,公民意识保证治理的方向,参与能力保证治理的质量。就此而言,社会组织是三者兼得的不二选择。社会组织的特性是非政府性、非营利性、自治性、志愿性,他们以自愿组织、自主事务、自我管理、自我负责、自我发展的方式来提供公益服务和组织互益活动,其实践本身就是一个良好的组织治理机制,非常有利于形成独立负责、互助合作、民主协商、律己守则、奉献他人的集体意识和公共精神。国家治理需要既有奉献国家社会的义务、又有个人自由权利合法追求、还有参与国家和社会事务热情与能力的合格公民,而这些方面的历练,社会组织的实践可以说是一个可靠的平台,对于启迪公民意识、增进社会能力、改善社会生态,使社会活力得以显现,是一个不可或缺的重要角色。

(二)社会组织是市场经济改革深化的延伸地带

党的十八大报告将推动经济、政治、文化、社会、生态“五位一体”的发展作为中国特色社会主义事业总体布局和战略任务。从十一届三中全会提出以经济建设为中心的转向,到十八届三中全会以后的系统性改革,一脉相承。前者是后者的基点,后者是前者的深化。在这个过程中,社会改革是衔接经济改革与政治改革的一条纽带。一方面,经济改革带来的自由空间为进一步社会改革创造了条件;另一方面,经济改革过程中产生的社会问题又亟待通过推进社会改革来得以解决。经过30多年的探索,中国的经济体制改革已经明确了市场的地位和方向,十八届三中全会更鲜明提出市场在资源配置中起决定性作用。这不仅仅是对经济规律的尊重,更是对市场作为资源配置机制的认知。市场的本质是多元平衡的互惠机制,开放、自愿是市场的资源配置特点,它不仅适用于商品交易,同样体现在社会服务、公益资源的配置中。顺应市场经济改革方向的社会改革,就是既要通过简政放权和社会参与来突破社会建设中的政府单一主导机制,要通过多元的社会组织发展,来实现公共服务供给过程中的社会选择,从而降低公共资源和社会资源配置的成本,提高社会管理和公共服务的效率。这意味着,社会组织发展是市场经济改革深化的延伸领域。

(三)社会组织是经济发展的新增长点

社会组织具有与公共部门和企业不同的特点,它跨越多种部门和不同所有制形式,会聚各类人才,联系各种组织和群体,拥有技术、信息、项目、人脉等多方面资源,在科技教育、文化体育、卫生保健、扶贫开发、环境保护、法律援助、社会福利、社区建设、农村经济等诸多领域均可以发挥积极作用。迄今中国已经初步形成了门类齐全、层次不同、覆盖广泛、遍布全国城乡，涉及社会生活各个领域的社会组织体系。

从宏观总量看，社会组织整体对经济增长和经济稳定具有不容忽视的影响。已有研究[①]表明：首先是它直接创造 GDP。社会组织已经成为一支日益强大的经济力量，主要集中在第三产业，它所提供的社会最终产品的价值构成了社会总产品价值的一部分；其次是带动投资，促进消费。社会组织的无偿捐赠、价格补助、服务支出等通过收入分配、价格媒介等，带动家庭(个人)、企业、政府等其他经济主体相应的投资或消费支出，产生支出的乘数效应。社会组织对某些群体实施教育、医疗等补助会引起此类产品或服务相对价格的下降，以及受益群体实际可支配收入的增加，从而提高他们对此类服务的消费。Anheier Helmut K. & Rudney Gabriel 对美国和前西德"非政府组织"的研究揭示，美国"非政府组织"每向最终消费者提供 1 美元的服务将带来商业领域额外 83 美分的间接支出，即乘数效应为 1.83，而前西德"非政府组织"支出的乘数效应是 1.43[②]；再次是创造社会资本，促进经济增长。社会组织不仅培育社会资本，还可以创造社会资本，以此促进经济增长。从理论上讲，社会资本对经济增长的作用机制表现在：信任、社会规范和个人之间的社会联系，这有利于克服信息不对称对经济活动的约束，减少

---

① 引自黄春蕾. 非政府组织的经济效应：基于公共经济学视角的分析框架[J]. 载《当代财经》，2007(9)。

② Anheier, Helmut K.; Rudney Gabriel, An Input - output Analysis of The Nonprofit Sector In The USA and Germany [J]. Annals of Public & Cooperative Economics, Vol. 69, No. 1, 1998: 5 ~ 31.

道德风险和搭便车行为,降低交易费用,使交易双方更容易达成协议,提高经济活动的效率;最后是促进就业。社会组织的经济活动涉及几十个领域,其中大多属于服务行业,大量依靠劳动力,而且服务业内部也在不断分化,形成各类新兴服务行业,从而给劳动者提供广泛的不断增加的就业空间。[1] 社会组织的发展壮大,对于丰富产业形态和社会服务形态,转变经济发展方式和实现产业结构优化,促进经济的健康可持续发展,加快我国城镇化进程等都会有极为重要的作用。

(四)社会组织是社会治理和公共服务供给的重要参与主体

国家治理、政府治理、社会治理是现代治理体系中互为关联的要素。当前在国家深化行政审批制度改革、"简政放权"的过程中,公共服务职能"谁来承接"的问题越来越突出。社会组织是政府购买公共服务的主要承接者。社会组织参与和政府职能转变如同一个硬币的两面,只有有机联动,才能双向受益。多年来"全能政府"的实践证明,政府职能都是有限的,社会事务的责任主体是多元化的,政府和社会按照"剩余原则"[2]各担责任、分工合作、共同治理是处理好国家公共事务的客观规律。既然政府不能解决所有的问题,不能提供所有的服务,就必须依靠社会和市场等其他主体,贡献各自的力量,使政府逐步从"缺位"、"越位"、"错位"的尴尬中解脱出来。显然,各类社会组织将是政府移交职能的合适承接者之一。与政府相比,社会组织服务方式更为灵活,创新自由度更高,投入产出

---

① 黄春蕾.非政府组织的经济效应:基于公共经济学视角的分析框架[J].《当代财经》,2007(9)。

② 马庆钰.论"政社分开"与社会组织管理改革[J].《行政管理改革》,2012(7)。

效率更高。社会组织参与社会治理和公共服务,可以减轻政府压力,缓解社会矛盾,实现政府与社会的良性互动,提高政府管理和制度供给水平,改善政府形象,破解政府职能转变的难题。

(五)社会组织是构建现代社会秩序的重要力量

社会组织与社会秩序之间的关系,是社会组织发展过程中必须回答的重要问题,也是引起争议的焦点。社会组织是稳固秩序的基石,还是对秩序威胁的来源,这两个判断中截然相对的张力,主要在于不同的社会"秩序"观。如何正确认知这一问题,则必须理解现代社会的秩序的逻辑。现代社会秩序是开放动态的秩序,是在多元差异中的平衡,而不是整齐划一的秩序。企业的自主行为是对计划经济的巨大挑战和威胁,却是市场体制赖以生存的健康要素;类似地,社会的自组织治理是对管制社会的秩序威胁,却是法治自治的现代社会组织体系之秩序基石。有研究认为:"从世界各国的情况来看,在国家专制力较强、社会组织力量较弱时,人民为了维护自身权益而采取的集体行动,通常会采取破坏性比较大的形式;而在社会组织力量较强时,人民对权益的集体化诉求往往纳入组织化的轨道,体现为有组织、有限度的社会运动,采取的是破坏性较小的形式。因此,一个国家将社会集体行动纳入体制化轨道的能力很强,国家内发生极端事件的可能性就会大大降低。"[①]对于社会组织的发展,应当根据规律形成科学理性认识。首先理解现代社会、尤其是信息时代秩序的开放性、多元性、自治性特点,才能作出适应时代步伐的政策判断。社会组织对于现代社会秩序的意义在于:通过

---

① 张紧跟.从社会组织的视角看群体性事件[J].《探索和争鸣》,2009(3)。

组织化促进理性表达,通过自发机制及时反映诉求,通过多方对话搭建协商平台,通过参与机制达成矛盾调解,通过自治机制进行危机预警,建立与社会组织发展规律相容的法治化的现代社会秩序。

三、“十三五”时期社会组织发展的目标取向

进入“十三五”时期以后,我国社会组织需要有与使命担当相匹配的发展规模。为此,既需要确立正确的发展方向和发展目标,也需要有正确的指导思想和发展原则,以保证我国社会组织健康快速发展。

(一)社会组织健康发展的方向

围绕构建现代国家治理体系,形成政社分开、权责明确、依法自治的现代社会组织体制,积极培育和发展社会组织,提升社会组织能力,激发社会组织活力,促进社会组织发挥作用。

1. 立足于国家治理现代化来发展社会组织。经过30多年的改革开放,一方面,生产力不断提升,整个社会的物质文化水平不断提高。另一方面,社会参与与国家治理能力之间的矛盾也日益凸显。在中国发展仍处于重要战略机遇期之时,社会组织作为提供服务、扩大参与、推动民主协商、反映诉求、化解矛盾、规范行为、促进和谐的重要载体,已经成为国家治理体系的重要构成部分。现代国家治理强调在法治框架内,党组织、政府组织、企业、事业单位、社会组织等多元主体通过协同作用,实现经济、政治、社会、文化和生态的良性发展。社会组织的发展和完善有利于现代国家治理体系的建构,有利于国家治理能力的提升。

2. 立足于建立现代社会组织体制来发展社会组织。“现代”社

会组织是全球化、市场化、信息化条件下的重要社会形态。要顺应新时代的变化,要摆脱旧传统的束缚,重视并参考当下的国际经验,实现国家社会组织体制建设的现代性。“政社分开、权责明确、依法自治”是有机统一的整体。政社分开是基础,权责明确是条件,依法自治是保障。“政社分开”是党委领导、政府主导、社会协同、公众参与、法治保障的社会管理体制的重要特征。无论是政府部门还是党委部门,都要按照十八大和十八届三中全会的决议,切实按照“政社分开,权责明确,依法自治”要求找准定位,为社会组织发展创造条件。

3. 立足于激发社会组织活力来发展社会组织。社会组织在经济和就业、政府职能分担、社会服务贡献、和谐社会建设和国家交往等方面都可以发挥重要作用。十八届三中全会《决定》对社会组织发挥作用的领域和范围进行了全新的界定。包括推进事业单位改革、促进城乡要素平等交换和公共资源均衡配置、社会组织参与协商民主等内容。对于社会组织的能力建设而言,既是机遇也是挑战。为克服阻碍,助推社会组织发展,应以科学发展观为指导,在遵循社会组织发展的客观规律前提下,立足于为社会组织创造良好环境,避免亲力亲为和揠苗助长;以激发社会组织活力、促进社会参与、提升公共治理能力为落脚点;正确处理改革发展稳定关系,胆子要大、步子要稳,加强顶层设计和实践探索相结合,整体推进和重点突破相促进,提高制度改革和政策创新的科学性和有效性;要坚定信心,凝聚共识,统筹谋划,协同推进,发挥中央和地方、政府与社会多方面积极性,形成各方共同推进合力,坚决破除阻碍发展的体制机制障碍,努力开拓社会组织健康、有序、持续发展的新局面。

(二)社会组织健康发展的原则

1. 坚持深化改革,政社分开。首先是职责分开,将政府管不了、管不好、管不到、不该管的事情坚决地剥离出来,使社会组织和企业有机会承担相应职能;其次是对行业协会商会进行“政社脱钩”改革,消除公共权力对它的不正当影响;最后是身份剥离,分类推进社会组织去行政化,实现政社分开。

2. 坚持法人自治,规范运作。依法保障社会组织“自愿成立、自选领导、自律运行、自聘人员、自主业务”的自治地位。督促社会组织建立健全独立自主、权责明确、运转协调、制衡有效的法人治理结构。建立完善民主选举、民主决策、民主管理、民主监管的自治机制。实现社会组织依法自治和规范运作。

3. 坚持公平政策,开放竞争。公平政策下的开放竞争是促进社会组织有序发展的必要条件。政府有义务营造公平的政策环境,消除民办非企业单位与公办事业单位之间的政策落差,消除官办社会组织的特殊身份影响,让所有社会组织同享“国民待遇”。

4. 坚持统筹谋划,尊重规律。党和政府应能辩证处理好主观能动和客观规律之间的关系,将统筹谋划与尊重规律有机结合,做到在尊重规律前提下统筹谋划,将制度改造和环境营造作为工作重点,力避直接插手或越俎代庖,力避随心所欲或揠苗助长,保证社会组织按照自身规律健康发展。

5. 坚持因地制宜,创新借鉴。学习胸怀和借鉴眼光至关重要,故步自封、狭隘偏见将是社会组织发展的天敌,改革创新的各级党委和政府部门,应当根据社会组织自身需要和现实可操作性,广泛借鉴国内外社会组织管理和服务的有益做法,创造性推动中国社会组织发展。

6. 坚持各方联动,协同推进。社会组织发展具有全局性、复合性、联动性特点。从宏观统筹到微观设计,从制度改革到机制创新,从体制建设到职责调整,从组织领导到贯彻落实,都不可能依靠一个系统和少数部门完成。只有在中央统一领导下,分地方、各系统、各部门、全社会消除偏见,积极参与,协同推进,才能够克服各种阻力,开创社会组织发展新局面。

(三)社会组织健康发展的目标

1. 社会组织的能力得到显著提升。到2020年,社会组织将进一步得到发展,成为国家治理和社会治理的重要主体,在社会管理和公共服务中成为政府重要伙伴,在经济、政治、文化、社会、生态文明建设中发挥重要作用。具体目标是:以国际社会的发展程度为参照,结合我国实际,争取平均每万人拥有社会组织8个以上①;全职雇员人数占经济活动人口比重争取接近3%;社会工作专业人才数量不少于145万人;社会组织总支出占GDP比重、社会组织增加值占GDP比重、慈善捐赠占GDP比重都达到或超过发展中国家平均水平②;社会组织结构趋于合理。

---

① 以2013年的自然增长数做参考值,预计2020年时将有88万个社会组织;北京、上海、广州等"十二五"末已达到每万人平均8个社会组织,这可以作为"十三五"期间各地社会组织的数量指引,照此测算,2020年时全国将有116万个社会组织。

② 根据霍普金斯大学萨拉蒙(Lester M. Salamon)和索克洛斯基(S. Wojciech Sokolowski)开发的非营利部门国际指数,所有34个样本国家的"全职雇员人数占经济活动人口比重"为2.78%,"社会组织总支出占GDP比重"为5.4%,"社会组织增加值占GDP比重的均值"为3%;"志愿者人数占经济活动人口比重"为1.68%,"慈善捐赠占GDP比重"为0.37%。这可作为中国社会组织发展目标的参考。见萨拉蒙和索克洛斯基著《全球公民社会:非营利部门国际指数》,陈一梅等译,北京大学出版社,2007,第96-101页。

2. 社会组织的制度环境更加优化。到2020年,社会组织管理制度基本健全,社会组织发展的支持政策更加到位,社会组织法律法规体系趋于完善。具体目标是:建立起完备的社会组织登记管理制度;建立起更加合理的社会组织统计体系;对社会组织的税收优惠政策更加合理有效;政府向社会组织购买公共服务更加规范;社会组织评估体系更加健全可靠;社会组织信用信息体系趋于完备;以法律法规为保障的社会组织公平发展环境得以形成。统一登记、各司其职、协调配合、分级负责、依法监管的社会组织管理体制更加完善。

3. 现代社会组织体制基本形成。到2020年,社会组织管理制度改革全面到位,直接登记与双重管理相结合的混合管理制度业已成熟,社会组织独立自主的运行机制普遍实行,"政社分开、权责明确、依法自治"的现代社会组织体制基本成型。具体目标是:行政机关与行业协会商会完成脱钩;公共权力机关发起成立的社团去行政化基本完成;官办社会组织分类改革取得实质性进展;政府性社会组织发展基金大多数走向社会化;以法律为保障的社会组织独立地位得到保障;党组织与社会组织关系普遍规范合理化;以章程为核心的社会组织内部治理机制得以普遍完善。

第六节　风险社会背景下的防灾减灾救灾

当前我国正处在一个复合转型的风险社会时代,各种灾害频发、多发,效应叠加,已经成为一种新常态。按照党的十八届三中全会提出的"健全公共安全体系,健全防灾减灾救灾体制,推进国家治理体系和治理能力现代化"的改革目标要求,民政部门作为国家自然灾害救助业务主管部门,必须深刻认识当前工作面临的挑战,深入研究提出有效应对之策。

一、风险社会对防灾减灾救灾提出新挑战

(一)风险社会时代来临

1. 从传统社会到风险社会

"风险社会"是一个和"传统社会"相对的概念。在传统社会中,社会处于一种高度封闭、高度一致的状态,财富增值以及经济发展是人的行为和社会运作的主要目的和方式。传统社会面临的主要是传统安全问题,其主要是指军事、政治、外交等所引发的威胁人类生存和发展的国家安全问题。而风险社会所表现出的现代性,使得它具有多源多样、随机开放、整合共享等特征。基于这些特征,社会的不确定性和不可预测性越来越明显,人们面临的社会风险越来越多,在一定程度上,防范出现在身边的风险已经成为"风险社会"中人们行为和社会运作的主要目的和方式。风险社会面临非传统安全问题,这种非传统安全问题具有跨国性、动态性、不确定性以及时空转化性,涉及恐怖主义、疾病蔓延、信息安全、经济安全等诸多领域,加剧了风险社会的破坏领域与力度。

2. 风险社会的背景因素

在改革开放30多年里,中国各方面事业取得长足进步,随着改革开放的不断深入,中国社会的工业化、信息化、城市化、全球化以及市场化特征愈加明显。这一系列因素是中国拥有发展窗口期和

面临矛盾凸显期的主要背景因素。

第一,全球化。德国社会学家乌尔里希·贝克认为,全球化时代是“风险社会”时代。全球政治、经济以及文化等各方面联系加深使得风险随之全球化,某一风险的发生不再局限在某一国家或者地区,它会通过稠密的全球产业网络、人口流动网络以及文化传播机制等途径在短时间内流向全球。全球化背景下,风险通过三种机制传递:一是产业传播机制。人类社会已经进入了高度的现代性,市场化程度大幅度提升,产业分工日益精细化,全球产业链将每个民族国家或者地区紧紧套牢,作为产业链条中一环的民族国家或者地区风险一旦发生,将会迅速传播至整个产业链。二是全球治理机制。风险全球化时代对风险机制的需求大大高于封闭社会的需求。全球化时代必然要求跨国家、跨地区的风险治理,构建全球风险治理体系和治理能力,任何单一国家或者地区的风险治理都无法满足风险全球化治理的需求。三是文化诱导机制。文化全球化使得文化流动性加强,文化相互融合借鉴趋势加强。然而,在文化相互融合过程中必然伴随着外来文化和本土文化冲突,这种冲突极有可能形成政治性、经济性以及制度性等方面的风险。

第二,信息化。现代信息科学技术的不断发展增加并扩大了人为的社会风险,使得风险发生的方式、路径和速度发生了实质性的变化。互联网、移动电话的迅速普及,使得信息化程度进一步加深,原有信息阻塞、不流通的封闭格局已彻底改变。同时,也改变着社会风险传播格局。一是信息化扩大风险影响范围。开放、及时的信息系统使得信息流动性增加、传播速度更快,某一地方小事件极易通过快捷高效的信息网络转化为全球大事件。人们身在这样一个高度信息化社会中，犹如被众多的风险所包裹。二是信息化加速风险源传播速度。信息化网络具有快速、及时等特征，在信息化背景下，风险源的传播速度快于传统社会。同时，小世界网络风险传播机制同样扩大了风险源扩散所造成的后果。三是信息化增加风险人群脆弱性。随着人们对信息依赖的加强，原本高效便捷的信息反而成为风险的源头。由于信息发展的同时还呈现出“碎片化”趋势，鉴于人们的“有限理性”特征，收集信息的能力有限，加上技术性的故障，极易导致信息不畅通。一旦信息中断或者信息不对称、不完全，某些风险人群将会更加脆弱，从而扩大风险的影响。

第三，城镇化。城镇化水平的不断提高，增加了风险的流动性，扩展了地方性风险的影响范围，加大了风险成灾后人员、财富的损失程度。《国家新型城镇化规划(2014—2020 年)》和《国务院关于进一步推进户籍制度改革的意见》，以推进城镇化健康有序发展，并提出了城镇化的目标，明确了户籍制度改革方向和原则。随着户籍改革不断深化，户籍的制度性障碍进一步破除，潜在社会风险所造成的后果会更加严重。一方面，社会流动性增加加速风险蔓延。城镇化过程必然伴随人口的大量流动，增加了风险源的传播途径，加速了风险的传播，使得地方性风险跨地域传播。另一方面，人口财富大量聚集加大风险破坏力。城镇化不仅包括人口城镇化，还包括大量产业、财富在城市聚集。虽然传统风险成灾概率下降，但是风险一旦在城市成灾，其破坏力更强，影响人群更多，造成损失更大。

3. 风险社会新趋势

随着全球化不断加深，信息化加强同时呈“碎片化”趋势，新型城镇化过程处于关键性阶段,社会风险相应也呈现出诸多新变化。

第一,风险源不断更新异化。风险源随着人类对自然越来越大的改造力度和越来越频繁的影响而增加。随着国家之间、国内各地区之间联系加深,社会流动性增加,社会网络越来越稠密,信息高速度、高质量传播,各种新型未知风险源增加。如类似埃博拉的新型疫情出现,这些疫情对于人类来说是未知的风险,原有的人类知识存量不足以解决这类新型未知风险。同时,全球化浪潮使得某一局部地区风险蔓延至全球,世界卫生组织拉响埃博拉疫情"全球警报",并警告称"在该病出现近 40 年的历史上,这是迄今最大、最严重和最复杂的一次疫情爆发"便是最好的例证。另外,科学技术的发展使得可识别、可察觉、可意识到的风险源增多。在原有人类认知系统下,许多风险我们无法辨识,也就没有意识到风险的存在。然而,随着现代科技发展,人类风险识别能力提高。尽管在某种程度上风险识别能力提高有助于风险的防范,但也会造成风险过度防范的问题。例如,随着人们的核危害意识提高,诱发了我国民众在"3·11"东日本大地震海啸导致福岛核电站核泄漏过后的食盐抢购风潮,这种风险反应模式便属于风险防范过度。

第二,风险生成机制关联强化。自然动力学机制使得风险不断同步化、扩大化、关联化和持久化。风险的自然动力学机制是指水、气、岩石、生物和人文等导致风险发生的自然和人为因素致使风险形成、发展和演化的一种机制。自然因素之间、自然和人为因素之间的互动往往扩大风险影响,多灾害关联影响使得灾害影响更加持久。特别是,全球、各地区灾害同步发生致使灾害多领域、跨时空、多点爆发;信息化、城镇化的急速发展催生出的小世界网络联系加剧了风险爆发的潜在可能性。小世界联络这种社会网络是基于节点之间的相互连接而不是群体互动,它反映了陌生人由彼此共同认识的人而连接的小世界现象。这种社会网络、人际传播网络以指数形式扩大消息传播源,加快风险的传播速度,并且不断扩展风险传播范围;经济全球化致使全球产业网络联系更加密切,风险呈现出全球化传播态势,这同时要求构建风险现代全球化治理体系和治理能力。

第三,风险成灾后果严重化。城镇化进程不断加快,使得农村人口大量涌入城市,从而带来了人口、资金、产业等方面的要素在城市聚集。然而,城市发展的质量远没有跟上城镇化速度,许多城市的功能老态、疲态、病态,使得城市防灾、减灾、救灾能力降低。城市潜在风险一旦成灾,将会使得灾害损失巨大,甚至使得“生命线系统”(交通、供电、暖、气、水等)崩溃。虽然传统风险发生概率下降,但是随着城市化的人口财富聚集效应,其损失必将提升。

(二)未来我国灾害形势复杂严峻

我国是一个地域辽阔、人口众多、灾害多发的国家,灾害的种类多、分布广、频率高、损失重,尤其是巨灾频繁、次生灾害严重,极大地制约着我国国民经济的健康可持续发展,威胁着人民的生命财产安全。尤其是近年,南方低温雨雪冰冻、汶川特大地震、玉树强烈地震、舟曲特大山洪泥石流等重特大自然灾害接连发生,严重洪涝、干旱和地质灾害以及台风、风雹、高温热浪、雪灾、森林火灾等灾害多发并发,给经济社会发展带来严重影响。虽然目前我们对既有灾害类型及其生成机制、成灾机制形成了较为完整的认知系统,并根据统计分析以及经验总结凝练出了一套系统的灾害治理模式,然而,随着灾害源统计特征、时空因素等方面参数发生变化,在全球化、信息化、城镇化背景下,灾害动力学机制与复杂的产业网络、信息网络以及社会网络一道催生出灾害新形势。

1. 灾害源统计特征发生变化

近些年来,灾害源的统计特征与业已形成的固有灾害认知系统有很大差异,使得灾害源呈现出诸多新变化。主要表现在如下两个方面:一是新型未知灾害类型增多。与地震、火山、台风、洪涝、海啸等传统致灾因子相比,近些年来出现了许多新型未知灾害源头,比如甲型 H1N1 流感、甲型 H7N9 禽流感、雾霾等。由于我们对新型未识别灾害的产生原因、发生后的后果没有明确的认识,这些类型的灾害所造成的后果将会超出我们的想象。例如,2009 年出现的全球性猪流感疫情(H1N1)是新型未知灾害源出现的最佳佐证。2014 年发生的埃博拉疫情虽暂时未传入中国,然而伴随着全球化,传入的风险仍然存在。与此同时,一些平时未曾注意的不起眼的小事故亦成为大灾害的源头,比如小交通拥堵演变成整个交通网络瘫痪。二是常规灾害源发生时空变异。根据气候变化研究成果显示,在全球气候变化的影响下,整个北半球副高位置向北扩张,降雨带也随之变化。正常年份,我国降雨呈南涝北旱分布态势。但是,近年来我国出现了南旱北涝现象,而该现象便是造成舟曲特大山洪泥石流以及“7·21”北京特大暴雨的主要原因之一。

2. 次生衍生机制发生变化

次生灾害、衍生灾害主要动力来源于大气圈(大气降水、气温和大气运动等)、水圈(地表水、地下水、海水)、岩石圈(海陆表层岩石、松散沉积物、土壤、地形、构造等)、生物圈(植被、动物、微生物)

及人文圈(人类环境、人类活动)五大圈两种或多种之间的互动、演化和发展。基于这五种动力源,灾害的次生衍生机制所形成的后果变幻莫测,常常形成诸多不同的灾害链。

一是灾害多路径形成。以经常影响我国东南沿海的台风为例,其多路径形成次生、衍生灾害,给我国东南沿海省市造成了严重的损失。台风一般伴随着狂风、暴雨和风暴潮。强台风和超强台风带来的狂风足以损坏甚至摧毁陆地上的建筑、桥梁、车辆等,在建筑物没有被加固的地区破坏更大,大风将杂物吹到半空使得户外环境变得非常危险。伴随台风的暴雨会导致区域洪涝、城市内涝、山体滑坡、山洪泥石流等次生灾害,而区域洪涝导致疫病流行衍生灾害,城市内涝极容易造成城市交通瘫痪、地铁停运等城市衍生灾害。台风的风暴潮造成海岸侵蚀,海水倒灌造成土地盐渍化等次生灾害,破坏生态环境。另外,台风及其次生灾害很有可能衍生出病虫害,例如2005年在遭受“麦沙”和“卡努”台风影响后,台风外围的西北气流和降水有利于稻褐飞虱大量回迁入上海地区,曾造成申城田间稻褐飞虱虫量猛增。

二是灾害多网络演化。灾害的多网络演化机制是指灾害的衍生链不仅仅是线性或者直链式衍生机制,而是多方向、网状式发散演化。以2008年我国南方部分地区严重低温雨雪冰冻灾害事件为例,我们可以发现灾害的演化机制可以分为直链式、直链发散式、自循环式和发散集中式等多网络演化结构。冰冻导致停电是一种直链式网络结构,它是指演化过程中单因素造成单结果的关系结构。直链发散式网络结构会使得多个因素造成多个结果,例如多方面因素导致交通瘫痪、旅客滞留等多种结果。在雪灾中,物价上涨属于自循环网络结构,物价上涨导致社会恐慌,引发哄抢购物,物价则继续上涨。同时,诸多因素导致物价上涨,旅客滞留导致多种负面因素都属于发散集中式网络演化机制,它是一种在演化机制中多因致果或者多果致因的关系结构。总的来说,现阶段次生灾害和衍生灾害表现出一种多网络演化形式,该演化机制复杂,有些演化机制呈现出复杂的贝叶斯网络结构,其规律往往让人捉摸不定。

三是灾害快速传播。不管是自然灾害还是人为灾害,其灾害表现形式都呈现一种连锁反应态势,而且现今灾害的一个突出特点便是其连锁反应快、演化传播迅速。这主要表现在两个方面:一是一种灾害的发生会诱导出一系列次生灾害,随之演化出诸多影响人类生命财产安全、生产生活秩序的衍生灾害,并且从原生灾害经次生灾害演化为衍生灾害最终形成完整灾害链费时短。2008 年汶川地震发生后,在很短时间内形成崩塌、滑坡、泥石流、洪水、水库大坝裂缝和堰塞湖等次生灾害,而几乎与此同时,汶川地震造成大量的死难者和震区环境破坏,使震区变得非常脆弱,在夏季高温、高湿等致灾因子的作用下,传染病灾害频发。震后信息阻塞,形成众多“孤岛”,与外界隔离,致使人员被困,无法及时救助进而造成人员伤亡。最终形成传染病、孤岛效应、社会恐慌等一系列衍生灾害。二是随着社会、市场以及信息网络的进一步发展,人口流动越来越大,产业链之间联系越来越密切,其他国家、地区的灾害随着产业网、信息网等网络很快传到国内,高度的现代性往往成为灾害这种风险快速度传播的温床,我们可将灾害的这种演化传播机制称作跨时空衍生灾害。跨时空衍生灾害最生动的例子应该是上面已经提到的,2011 年日本福岛核电站泄漏过后,我国一些地方出现了抢购碘盐防止核辐射的风潮，许多超市的碘盐被抢购一空，个别商家也趁机提价，扰乱了市场的正常秩序。食盐抢购风潮突出表明在现今网络高度发展的同时，灾害影响传播速度更快、范围更广。

四是多灾害合成强化。灾害是孕灾环境、致灾因子和承灾体共同作用的结果，致灾因子是灾害形成的直接原因。2008 年汶川地震震区处于欧亚板块和印度洋板块交界处，地壳极不稳定，地表破碎。在这样的孕灾环境中，余震、暴雨和持续高温等致灾因子并发，崩塌、滑坡、泥石流、地裂缝、地面坍塌、地面变形、堰塞湖、洪灾、火灾、传染病等诸多灾害一齐发生，强化了由地震单一造成的后果，最终造成了人员伤亡、财产损失、信息阻塞、“孤岛效应”以及环境变化等一系列危机事件，致使灾害持续时间更久、影响范围扩大。同样，2011 年发生在日本的 9.0 级地震引发海啸，并造成重大核泄漏事故，最终引发了严重后果。总的来说，现今灾害呈现多灾害合成强化新趋势，这种合成不仅包括自然灾害多灾种合成，也包括自然灾害和人为因素相互作用、共同合成，最终使得灾害时间持续化、影响扩大化。

3. 灾害生成机制发生变化

在全球化、信息化、城镇化的冲击下，各种灾害作为中国社会不可避免的风险，必将随着产业网络、信息网络、社会网络的不断发展而产生不同的生成路径和生成机制。

一是巨灾发生频繁。特大地震、超强台风等都属于小概率高损失的巨灾风险，这些灾害源由于技术或者经济不可行无法从源头上进行治理，通常情况下它们发生的概率极低。但是，近些年来这些灾害发生越来越频繁，南方低温雨雪冰冻、汶川特大地震、玉树强烈地震、舟曲特大山洪泥石流等小概率特大灾害接连发生,给人民生命财产安全和国民经济带来严重损失。

二是灾害成灾率大幅上升。随着全球气候变化,各种极端天气气候事件发生概率增加。干旱、洪涝灾害时空分布发生变化,原有防洪抗旱认知模式和防灾减灾救灾措施僵硬化,以至于不能适应防洪抗旱需求。同时,高温热浪、特大雪灾以及冰冻等灾害出现的可能性增大。综合各方面因素,我国灾害成灾率在原有上升趋势的同时极有可能进一步上升。研究表明,1978—2010 年来,在我国农业受灾面积和成灾面积总体上呈现出降低趋势的同时,农业成灾百分比不仅没有降低,反而悄悄上升,其中,干旱引发农业灾害的成灾比上升突出。这仅仅是农业一方面的受灾率,其他方面的受灾率情况还未曾统计入内。

三是灾害脆弱性不断增强。灾害脆弱性是指在特定产业网络、信息网络、社会网络以及公共治理网络背景下,某一孕灾环境内的灾害承载体对自然和人为因素交互作用下所形成灾害的受伤害程度和损失程度。它是一种状态,在这一状态中人们的灾害抵御、应对和恢复能力表现出相异的承受力。我国灾害脆弱性增加主要表现在四个方面:首先,多灾害源多路径多网络快速演化传播,孕灾环境在多致灾因子的复合、变异、非线性网络作用下,不仅使灾害承载体所面对灾害风险增多,而且往往以出其不意的方式致灾,让人防不胜防。其次,随着户籍制度藩篱破除,城镇化步伐加快,人口的流动性进一步增加。一方面,由于社会福利、社会保障、社会救助等制度滞后于城镇化速度,致使流动人口本身具有较强脆弱性,一旦灾害发生,流动人口所依靠的“社会资本保障体系”崩塌,其灾害脆弱性必将进一步加大。另一方面,人口流动性的增加,必然使得相伴而生的灾害隐患增加,原有致灾因子和源头不断蔓延、扩张,新灾种和致灾源不断产生,致灾因素和成灾频率必然提高。再次,信息化背景下,人们对信息的依赖不断增强。一方面,信息的快速传播模式将会使人们在任意时间、任意地点接收到任意地方灾害,从而引致跨时空衍生灾害。另一方面,信息亦呈现出"碎片化"分布状态,在特大灾情发生时,必然发生信息拥堵、阻塞,使得受灾人群处于"信息孤岛"的状态,增加受灾者脆弱性,而外界人群无法获知相关准确信息,两者都会产生心理恐慌,信息中断所产生的"盲动"将会扰乱正常社会秩序,增加社会脆弱性。最后,经济全球化和区域经济联系增加,将会致使人口和产业脆弱性增加。一方面,经济全球化将各个国家拴在同一产业链条上,一旦其他国家或地区发生重大灾情,必然影响到产业上下游环节,增加我国以及各地区产业脆弱性。另一方面,城镇化进程中,城镇化的人口、财富、产业聚合效应使得城市人口增加、经济实力增强,某些大城市或者特大城市灾害一旦发生,必然影响诸多人口和产业链,最终形成脆弱人群和脆弱产业。

二、我国现有灾害应对机制及其问题

(一)我国现有灾害应对机制

近些年来,通过对以往灾害管理经验总结,我国已经初步形成了一套较为完整的灾害应对机制。

首先,灾害风险管理体系逐步完善。我国组织开展了洪涝、地震、地质灾害、海洋灾害等常见自然灾害的风险调查,并取得一些重要成果。组织开展洪水风险图编制和山洪灾害普查和危险区划定工作,编制完成 56 个不同类型试点的洪水风险图和七大流域历史典型实况图。先后编制了四代地震区划图,在 100 余个大中城市开展了活断层探测与地震危险性评价工作,为全国地震灾害风险管理和一般建设工程抗震设防提供了基础依据。地质灾害信息系统建设方面,开展了山区丘陵区、重点防治区、平原区、重大工程项目建设区、重要城市的地质灾害调查,基本摸清我国地质灾害分布现状,在完善中国地质灾害信息网与各省级地质灾害信息网及部分地(市)地质灾害信息网的同时,建成集地质灾害监测、气象监测等为一体的全国地质灾害气象监测信息系统。气象灾害信息系统建设方面,气象卫星、天气雷达和自动气象观测系统建设初具规模,初步建成较完整的数值天气预报和气候预测业务体系。海洋灾害信息系统建设方面,某些海洋灾害多发的省份编制了海洋防御规划,如浙江省实施了海洋灾害综合观测网工程、海洋灾害预警网工程、海洋灾害信息服务网工程。

其次,灾害治理科技支撑系统逐步成型。对自然灾害发生、发展机理和演变规律的研究进一步深入,灾害监测预警、风险评估、应急处置等技术水平不断提高,遥感、卫星导航、监测和通信等技术在重特大自然灾害应对过程中发挥了重要作用,有关防灾减灾科研机构相继成立,科技支撑平台逐步形成。

再次,灾害管理的体制机制初步形成。由国务院统一领导、国家减灾委综合协调、有关部门分工负责的减灾救灾综合协调体制初步建立。全国各省、市、自治区成立了减灾委员会或减灾救灾综合协调机构,防灾减灾综合协调职能得到充分发挥。防灾减灾社会参与程度显著提高，社会动员能力和社会资源整合能力明显增强。在重特大自然灾害面前，社会各界踊跃奉献爱心，积极投身抢险救援、生活救助、医疗救治和恢复重建，海内外和衷共济，形成了合力防灾减灾救灾的良好氛围。“政府主导，社会参与”的灾害治理局面基本形成。

最后，灾害治理保障能力稳步提升。一是法规制度不断完善。修订、颁布了《中华人民共和国防震减灾法》、《中华人民共和国突发事件应对法》、《自然灾害救助条例》等法律法规。二是自然灾害工程防御能力和重特大自然灾害应对能力大幅提升。重大工程、重点防护区、人口密集区、大中城市以及重大工程建设区及其他灾害隐患点等防御工程扎实推进，以应急指挥、抢险救援、灾害救助、恢复重建等为主要内容的救灾应急体系初步建立。三是国家救灾物资储备制度初步形成。初步建立国家专项粮食储备、中央级救灾物资储备和国家医药储备，促进了国家储备制度的发展。

（二）现行灾害应对机制存在的问题

现代灾害治理体系和治理能力构建是基于现行灾害管理体制无法满足风险社会下灾害新变化的现实情况而提出的。基于灾害治理的新需要，现行灾害管理体制表现出如下五个方面的不适应：

第一，注重灾害直接短期后果，忽视长期间接影响。从灾害经济学视角来看，防灾减灾救灾同时要求将灾害的损失以及灾害治理成本减少到最低。然而，现行灾害管理体制更多注重短期“突击式”救灾，缺乏长期、间接的成本效益衡量。

第二，注重灾害人员财产损失，忽视社会心理影响。从灾害社会学视角来看，受灾人群的社会资本、社会支持、社会脆弱性与防灾减灾救灾难度息息相关。但是,现行灾害管理体制更多注重灾后经济物质上补助,极少关注灾后人群的社会资本、社会支持系统重建,不能够最大程度地减少受灾人群脆弱性问题。

第三,注重政府主导,多元主体协同不够。现有灾害管理是以政府作为救灾主导、依托国家财政的一种管理模式。这种体制造成国家财政压力较大,行政成本较高,未必能使我国灾害治理、救助达到全方位多层次广覆盖。而且,这种体制无法调动其他治理主体积极性,发挥其灾害治理的优势。

第四,侧重条块防灾减灾方式,综合协调行动有待加强。我国现有灾害管理模式不能满足灾害发展趋势需要。一方面,现今大多自然灾害涉及跨部门、跨地域、跨层级、跨主体治理,但我国现行灾害管理体系条块分割,各部门、各地区、各层级、各主体协同治理能力不强。另一方面,灾害一旦发生,将会涉及长时间的灾后重建工作,灾害的这种跨期性要求灾害救助和重建的延续性,以保证灾害治理连贯性、可持续。

第五,侧重政府主导动员方式,多元主体协同参与机制有待健全。灾害发生后,政府占主导优势,民间组织参与有限,其作用未能充分发挥。由于协调制度机制,政府和民间组织救灾信息共享系统未建立或不完善,导致救灾资源无法对接、救灾供需不匹配等问题。政府与社会力量之间的信息交流不畅通、引导仍不够到位,部分社会组织和志愿者行动缺乏组织性和有序性。

三、推进我国灾害治理体系和治理能力现代化的建议

（一）构建现代灾害治理体系

构建现代灾害治理体系是国家治理体系现代化进程中的重要一环，从本质上来说，它应该是一个有机、协调、动态和整体的多元参与、信息处理和制度运行的大系统，它应该实现灾害的源头治理、过程治理和结果治理，并形成完善的灾害应对机制。因此，我国现代灾害治理体系应该包括多元协调治理体系、法规制度治理体系和信息数据治理体系。

1. 多元协调治理体系

灾害的多元跨界治理是现今灾害治理的一大特征。所谓多元治理是指现代化灾害治理需要政府（包括各部门、各层级）、企业、社会组织及公众的广泛参与并合作，协调治理是指现今灾害新趋势需要跨区域、跨部门、跨层级、跨业务领域、跨行业合作治理，灾害多元协调治理体系的形成有创于提高防灾减灾能力和水平。一是多元主体参与机制构建。在实际操作层面上，政府部门重视予其他治理主体参与灾害治理的权利，并明确其责任，比如充分发挥市场在配置资源中的决定性作用，利用保险公司建立巨灾保险制度。同时，要提升灾害治理主体参与灾害治理的能力。一方面，政府自身做好“掌舵者”角色，协调好各方面关系，搭建灾害协同治理的平台。另一方面，政府要帮助其他治理主体做好“划船者”角色，培育良好的社会组织发育环境，制定好相关制度，培训其他治理主体以提升其灾害治理能力。二是综合协调治理机制构建。现代灾害治理体系本质上属多元协调治理机制，它往往需要打破传统条块分

割的行政部门。因此现代灾害治理体系应该进行不同部门、不同层级、不同地域、不同行业合作治理,构建完善的多元综合协调治理机制。

2. 法规制度治理体系

完善的法规制度体系是提高灾害治理绩效的关键,从本质上来说,现代灾害治理体系就是一个法规制度系统。推进灾害治理现代化治理体系的构建,就要综合考虑各方面的因素,包括长期、间接影响、社会脆弱性分析、多元主体参与、协调治理以及技术制度风险等,从而制定出一个具有全局视野、长期持续的制度体系。一是法律法规体系构建。依法治国是实现灾害治理体系和能力现代化的必然要求和根本性制度保障。然而,传统的灾害管理法规制度模式已经无法有效地应对不断变化的灾害形势,无法顺利完成灾害治理的现代化转型。二是激励机制体系构建。制度具有良好的激励效应,完善的制度体系能够激励各灾害治理主体的热情和积极性。激励机制体系的构建应该在依法治国的大框架下,采取综合配套的方式,形成多手段、多工具的激励制度体系,从而激发各治理主体的潜能和活力。

3. 信息数据治理体系

信息化大背景下,信息对于灾害治理的作用愈加凸显。因此,信息数据治理体系也是我国现代灾害治理体系的重要组成部分。信息数据治理系统应该形成大数据思维,厘清灾害种类、强度、频率和时空分布情况,并能够通过数据分析,并建立相关信息共享、资源协调机制。一是灾害数据库和决策知识系统。灾害治理需要完整的信息储备系统,灾害数据库应该对已有灾害统计特征、发生规律、频率、强度和时空分布进行良好储存,并通过计量、数据开采过程获得灾害新动向,动态跟踪并建立行动体系。二是灾害信息及资源配置系统。防灾减灾救灾的重点在于灾害信息的共享以及资源的合理配置。灾害信息资源配置系统应该建立健全的物流救灾系统,并建立良好的信息共享机制使得每个灾害治理主体能够及时获得救灾信息,从而合理配置救灾物资。

(二)现代灾害治理能力构建

现代灾害治理体系是灾害治理的基础,而现代灾害治理能力是能否实现灾害治理的关键。因此,现代灾害治理应该具备灾害知识储备、科技研发、物资储备、动员组织、网络产业监管以及社会资本重建等六个方面的能力。一是灾害知识储备能力。在灾害知识储备方面,加强灾害科技研究,搞清楚已有灾害的统计特征、发生规律,更重要的是从灾害动力学、灾害社会学和灾害经济学的角度摸清未来可能发生的灾害源、生成机制、传播机制的变化,并明晰这些灾害对社会带来的影响以及如何将灾害的损失和防灾减灾救灾成本降低到最低。二是物资储备配置能力。在遇到重大灾情时,如何将已储备好的救灾物资送到灾民手中是救灾过程中重要的一环。一方面,在正常情况下,应该做好物资储备工作。另一方面,要建立良好的信息网络配置系统和物流系统,从而分配好救灾物资。三是救灾动员组织能力。在社会各个领域最大限度凝聚共识能力,最大限度动员资源,通过良好国家治理体系将原子化主体(企业、个人等)组织化(如党组织、单位、社会组织、自治组织等),从而实现灾害良序治理。四是网络及产业监管能力。现今灾害表现出诸多新特征,而这些新特征大多通过发达的网络信息系统和高度市场化的产业链传播。因此,应该加强网络和产业的监管能力。五是社会资本重建能力。社会资本和社会支持的发达程度与风险人群脆弱性息息相关,灾情一旦发生,其对社会资本、社会支持系统的破坏将会带来不可估量的后果。因此,一方面要发挥家庭的基本保障制度;另一方面要利用多种方式重建社会网络,积累社会资本。

第七节　我国慈善事业发展展望

2014 年是全面深化改革的开局之年,也是我国慈善事业取得重大发展成就的一年。慈善事业制度建设迈出历史性步伐,慈善立法紧锣密鼓推进,国务院印发《关于促进慈善事业健康发展的指导意见》,慈善组织管理和政府购买服务等制度日趋完善。社会捐赠积极踊跃,捐赠形式灵活多样,网络捐赠发展迅猛,全年捐赠总量超过 1000 亿元。慈善组织数量和规模继续扩大,基金会和县以上慈善会数量达 6400 多家,以扶贫济困为重点实施了众多慈善项目,惠及亿万困难群众。全国志愿服务组织与站点发展到 21 万多个,常年从事志愿服务的志愿者达 6500 多万人。慈善事业已成为社会力量参与民生改善特别是困难救助的重要途径,在扶贫济困、为困难群众救急解难中发挥着越来越突出的作用。2015 年,是全面深化改革的关键之年,是全面推进依法治国的开局之年,也是全面完成“十二五”规划的收官之年,慈善事业发展任务繁重、空间广阔。

一、慈善事业政策环境更加成熟完善

一是党和国家更加重视慈善事业作用。新一届中央政府非常重视激发社会活力、创新公共服务提供方式，在养老服务、社会救助、医疗卫生、公共文化、教育、社会公共设施等领域出台的政策措施中，都用专章或专门条款就如何调动社会力量参与作出了相应安排，体现了政府和社会共治的理念。这一思路在2015年会得以延续和深化，越来越多的公共政策特别是社会领域的公共政策将会突出强调发挥社会力量的作用，而慈善捐赠、志愿服务无疑又是社会力量参与公共服务的主要途径。可以说，慈善事业的舞台越来越宽，在完善基本公共服务、保障和改善民生、解决社会问题等方面都有很大的作为空间。

二是慈善事业法立法进入加速阶段。2013年，全国人大将慈善事业法列为五年立法规划一类项目。2014年，慈善立法工作在各方努力下紧锣密鼓推进，初步的法律草案已基本形成。2015年，全国人大将会根据立法工作程序安排有关内设机构进行慈善法草案的研究和讨论，慈善立法将取得明显的阶段性进展。

三是更多支持和规范措施将落地。2015年，各级政府及主管部门的一项重要任务就是贯彻落实《国务院关于促进慈善事业健康发展的指导意见》。这份新中国成立以来首个以国务院名义印发的指导、规范和促进慈善事业发展的政策文件，部署了17项需进一步落实和细化的重点任务分工，主要包括：(1)探索捐赠技术、股权、有价证券等新型捐赠方式；(2)鼓励设立慈善信托；(3)构建形式多样、内容丰富、机制健全、覆盖城乡的志愿服务体系；(4)引导社会公众积极捐赠家庭闲置物品;(5)健全社会救助和慈善资源信息对接机制;(6)研究完善慈善组织企业所得税优惠政策;(7)鼓励金融机构根据慈善事业的特点和需求创新金融产品和服务方式;(8)加大政府财政资金向社会组织购买服务力度;(9)查验网络募捐主体合法性;(10)实施募用分离;(11)慈善组织信息公开;(12)建立健全慈善活动和慈善工作责任追究制度;(13)完善慈善表彰奖励制度;(14)完善公民志愿服务记录制度和志愿者嘉许回馈制度;(15)完善慈善人才培养政策;(16)加大对慈善工作的宣传力度;(17)省级政府制定实施意见。预计随着与上述重点任务落实相关的配套政策的出台,将构筑起多层次、立体化的慈善事业政策体系。

二、慈善事业参与方式更加灵活多样

一是网络慈善将吸引越来越多的人参与。网络慈善以其门槛低、透明度、便捷性,让每一个参与其中的人都有着良好的体验,每年吸引数亿人次网民的参与,汇集了10余亿元的善款。随着微博、微信、电子支付等移动互联网技术的发展和互联网企业、慈善组织对网络募捐平台的开发利用,将会有越来越多的网民特别是80后、90后年轻网民参与到网络慈善中来,他们或通过电商购买公益宝贝,或通过直接的小额在线捐赠,或通过参与公益众筹或其他寓捐于乐的公益活动等,轻轻一点鼠标,就完成一次爱心的表达,将时尚元素融入慈善。当然,网络慈善在蓬勃发展的同时,也面临着募捐主体不规范、募捐活动缺乏公信力、骗捐、挪用善款等问题,政府主管部门也在采取要求网络平台查验募捐主体合法性、引导不具备募捐资格的主体跟有募捐资格的慈善组织合作开展网络募捐等措施加以规范。

二是慈善信托在试点中扬帆起航。虽然2001年出台的《中华人民共和国信托法》确立了慈善信托的法律地位，但由于缺乏操作细则和配套制度等原因，除西安信托“5·12抗震救灾公益信托计划”等少量几单外，慈善信托在我国基本未能落地。慈善信托相对于慈善捐赠、成立基金会具有成本低、灵活性强、安全稳定和财产能保值增值等优势，潜在社会需求巨大，是信托业和慈善事业今后发展的方向。去年底印发的《国务院关于促进慈善事业健康发展的指导意见》提出：“鼓励设立慈善信托，抓紧制定政策措施，积极推进有条件的地方开展试点。”这为进一步发展慈善信托提供了政策支持。在深圳、上海等改革开放前沿城市，不仅聚集了一批愿兼顾家族利益和社会责任的财富阶层，一些金融机构和慈善组织也有开展慈善信托业务的强烈意向，加上深圳前海金融创新和上海自贸区等制度优势，首批慈善信托试点很可能会落在这两地，在总结试点经验基础上有关设立慈善信托的支持政策和监管措施也会在年内制定出台。

三是其他新型慈善方式层出不穷。我国现代慈善事业有延续传统、植根本土的一面，也有学习借鉴发达国家先进经验的一面。最近几年，通过商业手法运作并将所得盈余用于社会公益目的和组织自身发展的社会企业，立足基层社区整合社会资源、提供慈善帮扶的社区基金会，注重追求社会公共利益回报而投资社会创新型企业的产品和服务的社会价值投资，围绕解决个案性社会问题发起的公益众筹，以及旨在依托网络社交媒体调动公民互动参与社会问题解决的阿里云“污染地图”、“顺风车”、“微博打拐”、“光盘行动”等微公益项目等一系列新型慈善方式相继在我国出现、拓展和扎根,吸引着不同群体的关注和参与,极大地丰富了慈善事业运行方式,传播了人人慈善的社会文化。不论是植根本土的创造,还是对外部经验的借鉴,慈善方式的创新发展今后不会停顿,只会继续扩散和深化,从主体、渠道、载体、链条等不同侧面推动着慈善事业的拓展革新。

三、慈善行业资源整合提速增质

一是资源对接平台日益优化。这几年,一些地方着力打造慈善资源对接平台,实现不同慈善主体之间资源的优化配置,切实解决行业发展中普遍存在的项目推广难、筹款难等问题,取得明显成效。其中最富有影响力的深圳“慈展会”,迄今已举办 3 届,累计对接项目 1052 个,对接金额 68 亿元。广州慈善项目推介会,迄今已举办 2 届,共对接慈善项目约 700 个,认捐善款 7. 34 亿元。已举办 4 届的“上海公益伙伴日”,旨在搭建社会组织、企业、政府以及媒体、志愿者之间的新型伙伴关系,支持慈善机构面向企业、基金会筹措资源。2014 年 7 月佛山市顺德社会服务交易所挂牌启用,9 月深圳“慈展会”也启动公益资源对接系统,二者皆属于借鉴产权交易的系统规则和模式,实现慈善资源全要素、常态化撮合对接的尝试。今后,这样的资源对接平台将会在越来越多的地区落地,对接规则、流程和系统不断健全,甚至实现线上线下联动,促进资源在不同慈善主体间的有效流动和科学配置。

二是公益创投越来越普遍。公益创投旨在为有潜在巨大社会影响力的慈善组织提供资金支持和能力建设服务，主体既可以是政府，也可以是社会力量，还可以是两者的混合。联想集团 2007 年首先将公益创投引入中国，发起为公益组织提供创业和发展资助的公益计划。随后，政府部门和社会力量陆续跟进，上海、深圳、东莞、杭州、苏州、无锡、昆山、顺德等地政府部门纷纷开展了相应公益创投实践，阿拉善 SEE 生态协会、爱佑慈善基金会、爱德基金会、友成企业家扶贫基金会等社会组织也相继设立了公益创投引导基金。但总体来说，我国公益创投的资金盘子偏小，参与主体较少，运行的专业化、规范化水平参差不齐。今后一个时期，公益创投会保持稳健增长的态势，越来越多的政府机构、社会组织甚至企业会加入到公益创投的主体中来，担保、优先贷款、贷款、后偿贷款、可转股贷款、准股权、股权、可转换资助、资助等多种投资工具将根据投资对象结构和投资回报期望而灵活选择和组合，这不仅能极大缓解慈善组织筹资难问题，还能把投资者的管理团队、战略规划、市场营销、人力资源管理、财务管理和信息技术等方面的优势嫁接到慈善组织，帮助其更好地成长。

三是人才培养呈阶梯式格局。人才专业性不足、管理经验匮乏是制约我国慈善事业发展的一大问题。最近几年，一些高校和慈善机构陆续探索开展不同层次的公益慈善人才培养。学历教育层次，较有代表性的有：北京师范大学珠海分校宋庆龄公益慈善教育中心通过“基金会 + 行业 + 高校”模式率先开展公益慈善领域本科层次专门人才的培养，从 2012 年成立至今，三届共招收学生逾 100 人，2014 年首届毕业生 25 人，有 15 人直接进入各类慈善机构。南京大学河仁社会慈善学院，在社会工作专业硕士和博士点下增设公益慈善研究方向,并在社会工作本科阶段增设公益慈善专业课程,同时招收博士后研究人员进站从事公益慈善研究工作,以培养从本科、硕士、博士到博士后的全系列公益慈善高级专门人才。另外,南京工业大学浦江学院也开设了公共事业管理(公益慈善事业管理)本科专业。在职培训方面,较有影响力的有安利公益基金会和中民慈善捐助信息中心发起的“中国公益人才培养计划”、南都公益基金会发起的“银杏伙伴成长计划”、香港赛马会和中民慈善捐助信息中心实施的“中国公益创新型人才培养计划”、老牛基金会和中民慈善捐助信息中心发起的“慈善千人计划”等。随着慈善事业的蓬勃发展,劝募筹款、高级管理、项目实施、专业服务、传播宣传等各类人才需求将会剧增,从而带动更多高校和社会力量涉足慈善学科建设和人才培养,形成学历教育和在职培训各有侧重、互为补充的慈善人才培养格局,为行业成长提供坚实人力资源支撑。

四是行业支持网络不断完善。近年来,慈善行业支持网络经历了一个从无到有、从薄弱到逐渐完善的发展过程。主要表征有四:一是支持性组织的出现。如专门提供信息服务的基金会中心网、中民慈善捐助信息中心等,致力于组织孵化和能力建设的恩派、倍能等,侧重于评估咨询的深德咨询、博源拓智、成都青羊三方调查评估咨询中心等。二是联合型组织的兴起。标志性的有中国慈善联合会、首都公益慈善联合会、成都公益慈善联合会等,旨在联合行业力量、整合行业资源、开展行业自律。三是第三方独立监督的试水。如广州市2013年成立了慈善组织社会监督委员会,15名监督委员分别来自律师、会计师、媒体等7个界别,主要对广州地区慈善组织的行为和活动给予监督,中国红十字会也早在2012年设立了由16

名跟红会无隶属关系、且不领取任何形式报酬的委员组成的社会监督委员会。四是联合劝募和募用分离模式的运用。如中国社会福利基金会的联劝平台相继为瓷娃娃、“多背一公斤”、“宝贝回家”等项目开展过联合劝募活动,中国扶贫基金会、儿慈会、妇基会、南都公益基金会等机构主动向资助型组织转型,将所募集的或自有资金以招投标等形式委托给基层慈善组织运作项目。可以预见,未来几年这种支持网络将会朝着更为深入、细分的方向发展,慈善行业的每个价值链条、每个细分领域都将有专业的机构提供有偿、低偿甚至无偿服务,从而助推着行业的发展进步。

四、慈善事业与其他领域紧密融合

一是慈善事业在民生改善中作用更加突出。扶贫济困是慈善事业的传统领域,也是主要领域。近年来,慈善事业在灾害救助、助学助医、扶老助残、扶贫脱困等方面的作用和影响越来越突出,涌现“光彩事业”、“希望工程”、“母亲水窖”、“幸福工程”、“母亲健康快车”、“贫困地区儿童营养改善”、“春蕾计划”、“集善工程”、“爱心包裹”、“扶贫志愿者行动计划”等诸多品牌项目,成为党和政府保障和改善民生的重要补充。去年国务院出台的《社会救助暂行办法》、《关于进一步动员社会各方面力量参与扶贫开发的意见》、《关于加快推进残疾人小康进程的意见》等法规政策,都强调发挥社会力量特别是慈善资源的作用。目前,我国还有 7000 多万城乡低保对象、8500 多万残疾人、1.2 亿贫困人口、1.6 亿农村“三留守”群体以及大量遭遇临时突发困难群体的各种基本生活问题需要解决,编织社会生活安全网光靠政府的力量是不够的,还需要通过慈善事业动员社会各方面的力量。今后,慈善事业将在4个方面发挥民生改善助手的作用:一是通过对贫困家庭提供直接的物资援助、助学助医、资助参合参保等方式,帮助和改善困难群众的生活,减少外部风险冲击。二是通过为老年人、残疾人、困境儿童、疾病患者等特殊群体提供生活照料、康复、养育等个性化服务,满足特殊群体的服务需求,使他们生活得更加幸福、更有尊严,促进社会稳定和融合。三是通过对社会成员提供文化技能培训、就业创业帮扶、社会融入训练等,提升受益人群的发展能力,推动他们脱贫致富和持续发展。四是通过兴办学校、医院、养老机构等公益事业和援建道路、饮水、文体等设施,弥补政府投入的不足,助力社会事业发展。

二是慈善事业和循环经济日益结合。随着经济社会的发展和人民生活水平的提高,城乡居民家庭中包括废旧衣物在内的闲置物品将越来越多。如何有效地引导居民捐赠家庭闲置物品,在此基础上进行分类利用,实现奉献爱心和发展循环经济的有机统一,是当前和今后慈善事业的重要发展方向。可以预见,在政府主管部门的引导扶持和社会各界的积极参与下,闲置物品的捐赠利用将会在三个方面得到发展:一是将涌现若干区域性甚至全国性的闲置物品捐赠调剂网络平台,实现捐赠者、慈善组织、加工企业和受益人的需求有效对接。二是在巨大前景的吸引和政府补贴的杠杆作用下,将有一些社会力量投身到闲置物品的加工利用中,建立相关加工再生基地,它们或是传统企业的业务转型,或是嗅觉敏锐资本的新进入。三是产业所涉要素和链条不断完善,包括捐赠活动发起、物流、仓储、分拣、消毒、二次销售、终端采购、第三方评价等,共同支撑闲置物品的捐赠和再利用。

三是慈善事业更加依赖现代金融的支持。资金将慈善事业和现代金融勾连了起来，慈善事业能为金融运行提供资金来源，金融则为慈善事业持续发展、做强做大提供工具支持，二者互为支撑、互动发展。随着慈善事业的发展壮大和金融产品的不断丰富，现代金融对慈善事业的支持将变得更加立体、多元，既有为慈善组织提供的资金托管、保值增值、募捐平台等服务，也有为捐赠者提供的网银捐赠、慈善消费、慈善信托等服务，甚至还能提供支撑慈善行业发展的公益保险、企业年金等服务，从而使得慈善事业朝着更为专业、现代的方向发展。

五、透明诚信的约束力日益增强

中外历史实践表明，慈善事业是“玻璃口袋”，哪个组织或个人不检点、不透明，就会招致公信力危机，进而对该组织甚至全行业造成毁灭性打击。近几年，我国慈善领域出现的一些负面事件，许多都是由慈善组织透明度不够或者失信问题诱发的，不仅当事组织声誉受到重创，也在一定程度上影响了社会捐赠的积极性。随着慈善组织直接登记的深入实施和社会捐赠行为的日趋理性，慈善资源募集环节的竞争将会越来越激烈，那些公信力强、透明度高、运作规范的慈善组织，更容易赢得捐赠者的信任，在“募捐市场”竞争中胜出，这反过来又会进一步增加透明诚信在行业中的约束力。当然，慈善组织信息公开并非绝对的，需要公开的是那些事关社会公共利益和利益相关者合法权益的信息，如慈善组织基本情况、年度工作报告、经审计的财务会计报告和开展募捐、接受捐赠、捐赠款物使用、慈善项目实施、资产保值增值等信息，而对于涉及国家安全、个人隐私等依法不予公开的信息和捐赠人或受益人与慈善组织协议约定不得公开的信息,不得公开。

第八节　新形势下的民政法治建设

党的十八届四中全会通过的《中共中央关于全面推进依法治国若干重大问题的决定》(下称《决定》),明确提出依法治国的总目标是建设中国特色社会主义法治体系,建设社会主义法治国家。民政部门作为政府重要职能部门,建设法治民政是落实依法行政、实现依法治国的重要方面。要构建完备的民政法律制度体系、高效的法治实施体系、严密的法治监督体系和有力的法治保障体系,加快推进民政法治建设,全面规范引领民政事业科学发展。

一、民政法治建设取得的成就

民政部高度重视重民政法治建设。特别是 2010 年以来,民政部两次召开全国民政法制工作会议,对未来 10 年民政立法、执法、普法以及法治队伍建设作出全面部署。提出“到 2020 年,要建立健全内容协调、程序严密、配套完备、有效管用的民政法律法规制度体系;完善权责明确、行为规范、监督有效、保障有力的民政执法体制机制;形成上下联动、多方参与、学用结合、注重实效的民政普法格局;建设政治坚定、能力过硬、作风优良、奋发有为的民政法治队伍”的目标任务。经过多年努力,目前,民政法治建设取得了很大成就,为新形势下全面推进民政法治建设奠定了良好基础。

（一）民政法律规范体系不断健全

截至2014年12月，我国民政部门基本形成了以10件法律为核心、以24件行政法规和410多件地方性法规为主干、以46件部门规章和570多件地方政府规章为基础、以一大批规范性文件和政策文件为补充的民政法律法规制度体系，涵盖现有民政工作的方方面面，涉及救灾救助、社会组织管理、基层政权和社区建设，包括收养、婚姻和殡葬等，涵盖退役士兵、优抚对象、烈士、“三无”、“五保”、儿童、老人等特殊群体，构成了民政法治建设的法制基础和基本框架。

（二）执法队伍建设和普法力度不断加强

截至2014年底，全国已有24个省级民政部门拥有独立的民政法治机构，专职法治工作人员百余人。同时，民政部不断加强普法宣传力度，营造了良好的学法遵法守法氛围。通过新闻发布会、网站、报纸、杂志、会议等多种渠道做了大量的民政法治宣传工作。2013年3月公布的全国普法办“六五”普法中期先进单位名单中，隶属民政部的社会福利和慈善事业促进司、中国社会报社榜上有名。

（三）民政法治监督体系不断完善

民政部门始终坚持依法行政，不仅注重职权法定，加快立法为依法履行行政职能奠定基础，而且强调民政法治的监督和审查工作。《民政部工作规则》规定：“除依法需要保密的外，所有部门规章的草案都要公开征求意见”，“要把公众参与、专家论证、风险评估、合法性审查和集体讨论决定作为重大决策的必经程序”。同时，专门制定了《民政部立法工作规定》和《民政部规范性文件制定与审查办法》两部规章,对规范部机关立法行为发挥了重要作用。此外,为扩大民政部门依法行政的透明度和公信力,民政部颁布了《民政部机关政府信息依申请公开管理规定》等多部规范性文件,为信息公开创造条件。《民政部银行账户管理规定》《民政部工程建设项目招投标管理办法》《民政部内部审计工作规定》《民政部项目资金管理暂行办法》等法律法规都为民政法治监督工作提供了法治基础。

二、当前民政法治建设面临的主要问题

(一)法律法规数量相对较少且调整修订力度不够

民政部门业务多元,服务群体多样,客观上需要根据需要制定多部法律法规,但当前民政法律法规数量远少于很多职能相对单一的政府部门。如民政部现行有效的部门规章有40多部,而农业部、住建部均有100多部,教育部、环保部等部门也都在80部以上。不管是总量还是从业务均量看,规范民政部门业务的法律法规数量相对偏少。不仅如此,民政领域现行有效行政法规、部门规章、地方性法规和政府规章中,20世纪制定或修订的分别占56%、34%、26%和32%,整体比较滞后。当前我国经济社会形势、人口、政策等因素都发生了较大变化,部分民政法律法规的条款已经难以适应民政工作发展的需要,甚至有的还存在与上位法和国家相关政策不一致的地方,迫切需要修订完善。

(二)民政执法的自觉性规范性需进一步提高

虽然经过多年努力,广大民政干部的法治意识和法治能力有了明显提高,但是依然存在少部分领导干部法治意识较为薄弱、法

治工作能力不足的问题,用法治思维和手段解决问题的习惯还没有养成,依法行政的自觉性还不够高,知法犯法、以言代法、以权压法、徇私枉法的现象依然存在,甚至出现少数基层民政部门不愿执法、不会执法、不敢执法、选择性执法的不良现象,这种局面亟待改变。

(三)法治队伍建设和法治宣传力度不到位

目前,全国还有少数省级民政部门仍然没有独立的民政法治机构,大部分市、县民政部门尚未配置独立法治机构和专职法治工作人员。民政普法宣传中存在“虚、散、空、浅”的问题,针对性不强,方式比较单调,重点不够突出,缺乏有效的考核评价体系。

三、民政法治建设面临的新形势

(一)民政法治建设要适应法治国家建设和全面深化改革的新要求

第一,加快社会主义法治国家建设,民政法治建设要走在前列。法治是国家长治久安的必由之路,依法行政是各级政府、部门的基本准则。目前,社会进入“转型期”,社会问题越来越复杂,加快推进法治建设的迫切性比以往更强烈。民政工作与基层和百姓生活的方方面面最为贴近、最细致,是百姓透视政府形象的“显微镜”。民政部门做好法治工作,有利于提升政府公信力,彰显依法治国的决心,有助于树立基层百姓的法治理念,在底层营造法治氛围。全面推进依法治国重大战略,民政法治工作要走在前列,要把民政权力的来源纳入法治化轨道,依法规范行政行为,防止权力乱用。

第二,民政法治要紧跟全面深化改革的步伐。民政工作涉及百姓的衣食住行、生老病死,与百姓生活贴得最近,百姓对其也最为敏感。但诸多外部环境的变化,都会推动民政工作的调整。特别是在全面深化改革的背景下,改革或多或少会影响到部分百姓的切身利益,特别是托底保障对象的生活状态。这就要求我们做到一切的改革工作都要及时有效地回应老百姓的诉求,对于出现的新情况、新问题要在法律法规政策上给予规范。民政法治建设要与民政的职能转变和深化改革协调推进,为提升民政为民服务的能力提供制度保障。

(二)民政法治建设要以保障民政服务对象的合法权益为基本

第一,要激发地方创新创制活力。《决定》指出:“实现立法和改革决策相衔接,做到重大改革于法有据、立法主动适应改革和经济社会发展需要。实践证明行之有效的,要及时上升为法律。实践条件还不成熟、需要先行先试的,要按照法定程序作出授权。对不适应改革要求的法律法规,要及时修改和废止。”民政业务最贴近基层群众,加上我国地广人多,东西部地区、沿海和内陆,经济、社会发展不平衡,自然条件、人文风俗各不相同,同时受城乡二元结构和社会人口流动的影响,民政法律势必要考虑社会形势。因此,一方面,民政立法不能过于严格,否则就限制了地方创新创制的空间。另一方面,民政法治建设要注重巩固微观创新成果。在强调通过民政法治建设发展带动业务发展的同时,也要注重业务过程中的创新创制对法律的贡献。目前,全国在养老、社区管理、优抚安置、救灾捐赠等各方面的创新创制都非常活跃。各地、各领域的优秀的创新创制的成果,要以法律规章的形式确定和巩固下来,在程序化的环节中予以落实,进而推广到更大的范围。以制度创新推动业务创新、业务拓展、职能转变。

第二,要保障人民群众的基本权益。民政法治的关联对象大多和贫困、伤残、老人、儿童、基层等特殊群体相关联,社会敏感性强。因此,必须“坚持法治建设为了人民、依靠人民、造福人民、保护人民,以保障人民根本权益为出发点和落脚点”,切实保障好这些民政服务对象的基本权益。首先,要保证公民最基本的权利。《决定》指出:“依法保障公民权利,加快完善体现权利公平、机会公平、规则公平的法律保障公民人身权、财产权、基本政治权利等各项权利不受侵犯,保障公民经济、文化、社会等各方面权利得到落实,实现公民权利保障法治化。增强全社会尊重和保障人权意识,健全公民权利救济渠道和方式。”因此,加强民政法治建设,要在民政立法、执法等各个环节体现权利公平、机会公平、规则公平,保证民政托底保障民生功能的实现。其次,要让群众合法有序地表达利益诉求。“我国经济社会已经发展到了一个新的阶段”,发展中不平衡、不协调、不可持续的问题越来越多,而“人民群众的民主意识、法治意识和权利意识日益增强,再像过去那样运用权力思维、行政思维甚至人治思维来管理国家和社会已经不行了”。因此,加快民政法治建设,通过法律、部门规章等整体、全面、合理的制度安排,理顺各种利益关系,平衡不同利益诉求,努力以制度防纠纷于未起、化矛盾于未发,从源头上有效预防与减少社会矛盾和纠纷。通过法律判断是非曲直的标准,符合人们的普遍理性。矛盾的解决、诉求的上达,都应当纳入法治轨道。

四、加快推进新形势下的民政法治建设

按照《决定》的统一要求,民政部门要不断完善立法、执法、监督、保障等各个法治环节,为推动新形势下民政事业发展提供强有力的法治保障。

(一)继续健全法治民政的立法体系

《决定》提出:“法律是治国之重器,良法是善治之前提。建设中国特色社会主义法治体系,必须坚持立法先行,发挥立法的引领和推动作用,抓住提高立法质量这个关键。”对此,新形势下民政法治工作首先“要恪守以民为本、立法为民理念”,加强社会救助、养老、儿童、残疾人权益保护等领域涉立法,“使每一项立法都符合宪法精神、反映人民意志、得到人民拥护”。其次,要“坚持立改废释并举,增强法律法规的及时性、系统性、针对性、有效性”,积极配合国家立法部门制定修订相关法律;要主动适应新形势下民政事业发展需要,把实践证明行之有效的经验,及时上升为规章,不断消除民政法律制度空白点,形成完备的民政法律制度体系,做到每一项民政业务实施都有法可依;要不断增强民政法律制度的有效性,推动将现有“暂行”的法律制度成为正式法律规章。最后,要不断完善民政立法体制,不断加强对地方民政立法工作提供政策、人才等支持,“深入推进科学立法、民主立法”,不断提高民政立法的数量和质量。

(二)深入推进民政法治实施

《决定》指出:“法律的生命力在于实施,法律的权威也在于实施。各级政府必须坚持在党的领导下、在法治轨道上开展工作,创

新执法体制，完善执法程序，推进综合执法，严格执法责任，建立权责统一、权威高效的依法行政体制，加快建设职能科学、权责法定、执法严明、公开公正、廉洁高效、守法诚信的法治政府。”对此，一要坚持并完善权责法定的工作机制。没有合法依据的事情不做，不设定法律范围以外的行政权力，没有法律法规依据不得作出减损公民、法人和其他组织合法权益或者增加其义务的决定；而对于法律规章明确规定的职责，必须切实落实依法做出的各项决策，坚决抵制懒政、怠政、失职、渎职行为。二要坚持权责统一，完善行政纠错和问责机制。民政业务繁杂且覆盖面广，要不断完善每一项行政程序，细化权力行使的程序、流程、标准，防止权力行使的随意、异化和滥用，强化执法考核和行政问责。在全面深化改革的新形势下，民政法制建设清晰社会治理各个主体之间的权利边界，鼓励政府进一步放权，把一部分政府不该管、管不好的事项交由社会力量承担。要按照规范公正文明执法的要求，规范执法主体，界定执法权限，减少执法层级，整合执法资源。三要坚持执法严明、公正公平，完善行政执法程序，规范工作流程，重点规范行政许可、行政处罚、行政强制等执法行为。严格执行重大执法决定法制审核制度。建立健全行政裁量权基准制度，细化、量化行政裁量标准，规范裁量范围、种类、幅度。要改进执法方式，不得粗暴对待当事人，不得侵害执法对象的人身权利和人格尊严。严格落实执法责任制，对违法者要严肃追究责任。

（三）加快完善民政法治监督体系

按照《决定》关于“强化对行政权力的制约和监督”的要求，未来民政法制建设要重点抓好以下几项工作：第一，坚持内部监督、司法监督和社会监督相结合,增强监督合力和实效;推行民政权力清单制度建设,明确民政部门权力的法律依据,实施主体,职责权限、管理流程、监督方式等,并向社会公开。第二,加强审计,保障审计监督权依法独立行使。民政部门的资金、资产等大多与公益、慈善等相关联,必须加强对各级民政部门的审计,真正做到对人民的利益负责。第三,健全信息公开制度,坚持以公开为常态、不公开为例外原则,推进民政事务决策公开、执行公开、管理公开、服务公开、结果公开。重点做到“三公”经费公开和财政预算、重大项目建设、公益事业建设等重点领域的信息公开。加大行政许可、行政处罚等信息公开力度。第四,建立执法检查和综合评估制度,探索建立科学规范、标准统一、简便易行的民政法治建设评估考核体系。

(四)强化民政法治保障能力

按照《决定》有关要求,重点加强以下几种能力建设:一要提高党员干部法治思维和依法办事能力,采用多种宣传教育形式,树立和强化民政工作人员依法执政的意识。二要建设高素质民政法治队伍,加强民政法律服务队伍建设,同时加强民政法治创新人才的培养。三要逐步实现民政执法信息化建设。实现网上执法办案、网上法律宣传培训、网上监督查询将是大数据互联网时代的趋势,是提高民政工作效率、方便人民群众的重要手段。

(五)充分发挥道德建设的补充作用

《决定》强调,国家治理需要法律和道德共同发挥作用。民政事务涉及基层民主社区治理、特殊人群救助,公益慈善等领域与传统美德和社会主义核心价值观紧密相关,因此民政法治建设要充分发挥社会主义道德建设的重要补充作用,坚持一手抓法治、一手抓德治,强化法治对道德建设的促进作用,强化道德对法治建设的支撑作用,实现法治建设和道德建设相辅相成、相得益彰。

第九节 大数据时代的智慧民政建设

大数据①逐渐进入公众视野,将大数据技术运用到经济社会运行的方方面面已成为趋势。民政引入大数据技术,有助于民政部门提高决策的科学性、增强社会服务能力、提升社会治理能力,促进民政工作的理念创新、技术创新和管理创新,进而促进国家治理能力和体系的现代化。新形势下,推进以大数据为基础的智慧民政建设是时代的潮流,也是保障民政事业科学发展的内在要求。

一、智慧民政建设的大数据环境

大数据蕴含发现事实、挖掘价值的功能,并且具有预测未来的洞察力。目前世界上许多企业、政府和非政府组织已有围绕大数据的收集、存储、挖掘、利用等多方面的实践探索。2012 年美国政府发布《大数据研究与发展倡议》以来,多个国家已经将大数据上升为国家战略。未来大数据将渗透到各行各业运用于各级政府部门,因此民政部门要与时俱进,积极推进大数据技术的运用。

一方面,民政业务环境需要大数据的支持。面临城镇化、人口

① 大数据是指数据量大、类型多、价值密度低、速度快、时效高的数据集合。与一般意义上的数据量相比,大数据起始计量单位至少 P(1000 个 T)、E(100 万个 T)或 Z(10 亿个 T),它包含了众多的数据类型,包括网络日志、音频、视频、图片、地理位置信息等。

流动、人口结构等多种因子变化,民政业务呈现出业务多元、关联性弱、随机性强和跨主体、跨行业等诸多特征。面对现代社会的诸多不确定性,民政工作亟须现代化的信息技术和精细化的管理手段的支持。大量的民政事务需庞大的数据储存能力,民政风险管理需庞大的数据计算和处理能力,多元业务的动态化管理需要依靠大数据才能实现,因此引入民生大数据管理技术非常迫切。从经济方面来说,大数据管理还有大大提高决策效率、节省成本、减少差错,及时发现民政业务发展新趋势等优势。同时,互联网大数据在各个行业的开发应用对民政信息化建设形成了“倒逼”态势。

另一方面,信息数据环境有利于民政大数据的发展。民政是大数据的“生成”部门,也是“需求”部门。数据获取成本、存储成本和处理成本的下降是智慧民政建设的基础。截至 2014 年底,我国网民规模已经达到 6.49 亿,手机网民达到 5.57 亿[①]。物联网、云计算、互联网和电脑、手机等移动终端以及各种传感器普及保证了数据源的稳定性。民政业务深入社会的最基层,基层服务人员就是分布最广泛的数据采集者,随时可以跟踪收集数据。此外,长期以来,在民生和社会管理的过程中,我国民政系统内部已积累了大量专业、原始、微观的数据信息,可供发掘利用。

二、“大数据”对民政的重要作用

(一)提高民政决策的科学性

大数据作用与价值的重点在于能够引导和启发大数据应用者

① CNNIC:2015 年第 35 次中国互联网络发展状况统计报告。

的创新思维，辅助决策。一方面，海量信息经过大数据技术处理，能够直观地呈现经济社会运行的规律特点，从而提升政府决策的科学性、准确性。大数据下丰富的数据和知识使得民政工作者能够洞察社会问题和民生需求、优化办事流程及政策措施。此外，大数据将在民政风险识别控制、业务跟踪、人口统计、对象认定、能力储备、应急响应等多方面形成高效决策支持，辅助民政资源的优化配置。另一方面，大数据环境将会改变民政工作者的决策思维方式，整合传统“目标驱动决策”与大数据环境下“数据驱动决策”的理念，进而作出更科学精确的决策。

（二）提升民政服务的有效性

大数据技术的一种重要优势就是信息传递及时、成本低，能够迅速集成和流通，能提高工作人员的办事效率。如果能够实现综合数据联网，许多信息可以在政府部门内部顺畅调取，减少百姓办事手续，简化民政业务流程。同时，根据各个部门即时传递的信息，可以及时调整民政服务资源的投入。当下许多以社区公共服务综合信息平台建设为依托的“一门式服务”就是成功的探索，大大提高了社区服务能力。

民政的服务对象具有一定的特殊性，对民政服务对象的甄别是民政工作有效开展的前提。受信息成本、信息不完全和信息不对称影响，很有可能导致以下后果：第一，本来应该得到救助的对象，结果却因为技术性原因所否定，最终排除在救助体系之外，面临生存风险；第二，某些本来不具备条件的个人或家庭却错获保障资格，导致民生资源发生错误的配置。如果引入大数据技术，则可以充分利用现有相关信息数据，在临时社会救助、低保甄别、灾害管理等多个方面提升民政服务的有效性。

(三)促进民政工作的需求导向性

利用大数据,未来民政部门将实现从现有的“供给导向”服务模式转向更加注重民政服务对象个性化的需求导向服务模式。一是基于实时数据分析,把事后响应变成事中响应和事前预测,实现对民政服务对象需求的实时感知和提前预判;二是通过对民政服务对象需求的多维度、多层次细分,把从面上的需求判断变为对需求细节的感知,从而确保服务更加精准、更具个性化;三是根据预测结果,经及时确认后,有效组织服务供给,提高民政部门的服务响应能力。

(四)推进民政工作的多主体协同性

以大数据环境下的数据共享为契机,建立以数据链接为基础的业务协同模式,是增进民生和社会治理工作联合绩效的多赢选择。高质量的初始数据是大数据技术有效分析和利用的基础,只有广泛采集数据,尽可能增加数据的维度,才能综合处理数据,因此,以大数据为基础的智慧民政建设需要跨区域、跨行业、跨部门的联合数据保障。一是部门协同。我国民生事务管理具有部门多、职能分散、业务破碎等特点。各个民生关联部门在反贫困、社会救助、减灾防灾、社会治理等方面独立或联合发挥作用。多项民政工作的基础信息分析离不开多个部门的数据支持与共享。但目前各部门的数据孤岛需要建设数据开放平台,解决各个部门服务群众的网络隔阂。二是地区协同。人口流动和属地管理制度带来的社会福利包不随人口流动的弊病,一直广受社会关注。破解这一难题的主要障碍是对流动人口的动态跟踪。随着大数据技术的普及,对众多民政对象进行动态跟踪已逐渐成为可能。这就需要各地区实现数据共享,并以此为基础在人、财、物等多个方面协同合作。三是政社协同。提高社会治理能力,社会主体还需要及时了解社会其他主体的运行状况,通过大数据技术从自己的业务角度预测可能发生的问题。这需要整合政府数据、企业数据以及社会组织数据,建立统一的社会治理数据发掘中心。从而使民生部门与社会其他部门信息系统完成对接,成功实现民生风险识别、传导路径的跟踪,并促进各个治理主体的跨界合作。

三、大数据背景下智慧民政建设面临的问题

(一)现有民生数据系统滞后于社会发展需要

民生保障和资源配置离不开信息支持,但过去我国各个部门各自为政,影响了潜在效率的发挥。首先,民生数据库建设部门分割,各自为政。政府部门日常工作中也积累了大量与社会经济生活息息相关的数据。然而,遗憾的是很多具有丰富价值的数据信息还沉睡在档案袋和各个孤立的终端。在横向层级上,各地数据库系统建设也缺乏纵向协调。其次,许多职能部门拥有相同管理职责,但各自独立采集数据并录入不同数据库,缺乏系统性规划,导致数据采集重复与不足并存。再次,数据库之间缺乏接口,造成技术或经济上无法共享,且无法提供支持公民跨地区流动的信息服务。最后,数据陈旧,缺乏动态性。

(二)民政服务对象的特殊性影响有效数据的采集和管理

由于业务差异,各业务需求和分析挖掘目标的不同,大数据应用的技术和信息系统也存在很大差别。这就要求大数据的采集应

当坚持“对象、技术、应用”同步的原则,才能充分实现价值。智慧民政建设的服务目标是广大民政服务对象,有效的民政大数据必须与这些对象适度相关。一方面,目前大数据以互联网、物联网等科技为依托。然而民政部门有其特殊性,对于不熟悉互联网的老人、穷人、急难人员以及条件落后的农村地区人口来说,民政部门还不具备基本的大数据采集和管理条件。另一方面,未来民政服务需求是建立在预测、不确定性分析、关联分析基础上的。为了能够预测未来的民生趋势,快速识别民政需求和民生责任,除了原始数据,还需要包括选择偏好、社会关系、行为信息等在内的各种衍生数据。而这些衍生数据的获得需要特殊的治理手段和技术支持。

(三)信息安全保护机制不完善

信息安全保护机制既包括对个人隐私的保护,也包括数据存储的保护。一方面,大数据通过互联网、物联网等从个体终端收集数据,包含大量个人信息,进而引发对信息安全的担忧。目前,我国对个人信息的保护在立法、监管、技术、行业、个人等方面仍存在不少困境。缺乏信息安全保护机制,用户在享受大数据所带来价值的同时,也承担着日益严重的安全威胁和隐私风险,将影响智慧民政建设大数据的获取、管理、运用等。另一方面,民政信息背后关联的社会福利包,如果存储的信息遭到恶意更改,将严重影响部门决策,导致资源误置。为此,智慧民政建设需要从部门出发,不断完善信息安全保障制度、信息资源共享制度、机密信息保护制度、信息审计制度等。

(四)技术人才问题亟待解决

随着数据类型的迅速增加、数据结构的日趋复杂化,半结构化、非结构化及不可信数据的融合变得异常艰难,已有数据的处理需求已经远远超越现有计算机处理能力,这就需要将计算机科学、数学、物理学、管理学等学科结合起来,形成新的数据处理方法。因此,大数据挖掘人才问题亟待解决。

四、推进智慧民政建设的政策建议

为了保证智慧民政建设的战略性、适应性、预防性和高效性,民政大数据库和管理系统建设需要达到以下目标:第一,逐步建立全国统一的数据采集标准,并建立全国、省、市和县等不同尺度的数据大集中平台;第二,数据采集将满足多方面的管理需求,包括公民信息系统、民政资源保障系统、民政业务认证和匹配系统、流动人口管理系统、专家决策与支持系统、风险源分析系统等;第三,数据采集以社区(城市社区和农村社区)为基本单元,逐步向上一级统一并最终达到全国数据的整合;第四,建立数据流动和共享接口。流动和共享接口包括部门内部业务的整合、区域共享接口的整合和部门共享接口的整合。

随着社会参数的不断变化,智慧民政建设需要更多的信息、权益、资源和福利包的流动,社会治理也越来越复杂。为此,智慧民政建设首先要建立大数据管理中心,以应对管理信息需求和决策支撑;其次,建立物联网技术,使信息链、物资配置和资金、社会活动整合配套;最后,建立专家决策支持系统,通过数据开采、模式识别,发现潜在趋势和模式。

(一)建立民政大数据管理中心

我国很多部门都在采集公民信息,并形成了一大批数据库。这

些数据重复采集而且因业务、部门、主题分割而出现碎片化。今后民政数据应该更多地从数据合成、数据共享和数据流动方面着手:

1. 数据共建

各个部门为自己业务需要,收集并积累了大量的原始、微观个人信息。但是,由于缺乏联合规划,这些数据之间没有良好的衔接接口,缺少合理分工,缺乏统一的关联机制统领。结果不仅是政府各层级、各部门之间缺乏协同,有时甚至一个部门内部各单位也各自有互相独立的数据库。这种低效信息采集和配置模式必须改变。今后的发展方向必须是建立分工、有序、权限明确且具有整体功能的数据系统,各个部门既相互合作提出联合和独立需求,然后分工联合共建,最后依照权限和需求使用。

2. 数据整合

即对各个单位历史上形成的文档、数据信息,进行统一编码入库储存。再对各个系统积累的历史碎片信息进行整合后,按照现代数据统计和开采技术,挖掘出对各自业务有价值的资源。这样,通过这些信息的数据整合,可以相对完整地勾勒出民政的历史流变、影响机制和未来基本走势。

3. 数据共享

每个部门都保留和生产出部分可共享的、公共的信息,也会保留部分排他性私密信息。对于公共非排他信息,应该免费向社会开放。对于共享信息,按照合同或约定条件开放。对于开采出来的复合信息属于自己的资源的,可以按照市场机制有偿开放。最终目标是,促进各方数据的合理有序流动,提高信息资源的使用效率,降低成本减少浪费。

由于每个公民都存在跨部门、跨区流动等情况，因此我们要求其相应权益、福利和公共服务也必须能够流动。现代公民信息往往储存在多种“社区”空间中，而民生服务中的资格认定需要完整的信息支撑，因此需要数据的跨“社区”流动。数据跨区流动包括横向和纵向(垂直)流动两种类型：它包括部门间流动、管辖区信息流动。数据纵向流动就是指信息在政府各层级间共享和流动。

(二)建立民政物联网

大数据平台以及民政数据库的创建为民政物联网建设提供了有力的保障。物联网是能让独立对象实现互联互通的网络。可以依托互联网建立一个民政公共服务的物联网，使公众在民政事务方面能够实现实时沟通共享。如建设养老服务物联网，对养老服务的信息统一调配公开，并及时收集到社区民众的反馈；建设困难家庭物联网，跟踪贫困家庭动态，满足他们对衣食住行的需求。民政物联网建设包括以下几个方面的内容：

1. 识别认证系统建设

一是收集全面准确的民政信息。在民政物联网中服务个体既是主体也是物联网连接的节点。可利用大数据建立服务个体的识别系统，了解民政物联网服务对象的年龄构成、社会特征、身体状况等，以满足不同主体的不同服务需求，发现服务关键点，提高服务效率。二是加大信息流通，促进无缝链接。民政数据库要保证各部门、各管辖区之间的无缝连接，促进流动，尽量利用数据信息满足决策需求。数据流动一方面保持了时间和空间的连续性，有利于掌握和推断民政公共服务对象的真实属性。在缺乏完整信息条件下，许多决策需要进行统计推断，即利用大量原始信息、历史信息、样本经验信息来进行分类。另一方面,数据间的无缝链接也减少了数据的重复性、低效率,加强了数据统计的可行性。例如在智能养老物联网中,则需要收集老年人群体的基本信息以及偏好和困难等,做到有的放矢。在儿童福利方面,就需要了解不同年龄段的儿童的不同需求,儿童的分布情况,上学情况以及家庭状况、受教育情况等。

2. 定位跟踪系统建设

民政物联网是要把各个独立分散的个体运用现代技术整合起来,提供民政服务。定位跟踪系统能实现快速的信息反馈和传达,了解服务对象的基本动态。例如在养老中,提供老人的实时定位、跌倒自动监测、卧床监测、痴呆老人防走失、行为智能分析服务等;[①]在防灾减灾问题上,对受灾群众实时定位、困难检测、服务帮助、医疗食品卫生的供应等;在托底保障中,对各主体即困难群众在就业、住房、医疗等方面进行全方位跟进,提供全面服务。

3. 民政公共服务智能管理系统建设

大数据时代下信息充分流通,物联网的功能之一就是对这些信息进行鉴别整合,通过信息有针对性地提供服务。一是实现智能管理。物联网是一个基于互联网、传统电信网等信息承载体,让所有能够被独立寻址的普通物理对象实现互联互通的网络。民政物联网要充分利用互联网、电子政务等新科技与技术,实现民政服务的自动化、智能化。二是实现联动管理。在大数据时代,数据共享和流动是必然的趋势,也是实现综合治理的关键。因此,各部门间,部门内部各司局之间以及政府、市场和企业间,要就相关民生服务

① 《民政部办公厅关于开展国家智能养老物联网应用示范工程的通知》。

问题实现联动管理和辐射式管理，使各网络节点间能够进行充分的互动。如运用物联网技术，对老年群体进行行为智能分析、身体检测、心理咨询、视频互动、活动帮助等服务；对伤残人士进行心理辅导、康复治疗、教育协助等；对儿童提供公益托管、健康午餐；对退伍军人提供就业指导，等等，将这些服务都统一在物联网之下，同时建立健全技术应用体系，促成智能养老物联网、智能伤残救助物联网、智能儿童福利物联网等健康快速发展。

（三）完善大数据决策支持系统

为了提高民政保障的科学化、精细化水平，除了建立信息采集和常规信息服务外，还要建立信息专家系统，以便为民政决策提供高级支持。智慧民政的大数据决策支持系统包括但不限于以下几个方面：

1. 民政数据开采与模式识别

除了民政将建立自己的信息系统外，互联网及各专业数据库都与民生业务存在相关关系，所有这些共同构成了民生业务的大数据库和信息源。在过去的工作中，我们很多决策失误和低效率是因为缺乏信息。对未来各个业务部门来说，一方面是信息缺乏；另一方面却又是信息的消化和开采能力不足，可能因为过多数据而淹没。民政工作涉及多个领域、多种专业，信息源必然丰富多样。基于各类信息的数据统计技术、开采技术、计量技术、模式识别等，可以补充自我信息不足，也可以提高信息资源使用的效率。

2. 资格认证

资格认证是民政工作的一项重要内容，大数据的决策支持系统能够利用采集数据提供有效准确的技术支持。一是民政决策支持:对民政工作的前瞻性分析。民政部门对于外在环境的适应和战略应对都需要决策信息系统支持。二是民政保障需求:对需要进行资格认证的人群作进一步分析,了解他们的切实需求,具体有针对性地对他们的民生需要进行保障。三是公民认证信息:即保证对象的唯一性、真实性、可靠性。保证做到应保尽保,尽量做到无遗漏、无重复、无虚假、无骗保等现象。民生现状信息需要对所有公民进行信息采集,并保证在跨社区流动中,按照不同权限开放信息库。

附录

2014 年社会服务发展统计公报

（中华人民共和国民政部）

一、综合

截至 2014 年底，全国共有省级行政区划单位 34 个（其中直辖市 4 个、省 23 个、自治区 5 个、特别行政区 2 个），地级行政区划单位 333 个（其中地级市 288 个、地区 12 个，自治州 30 个、盟 3 个），县级行政区划单位 2854 个（其中市辖区 897 个、县级市 361 个、县 1425 个、自治县 117 个、旗 49 个、自治旗 3 个、特区 1 个、林区 1 个），乡级行政区划单位 40381 个（其中区公所 2 个、镇 20401 个、乡 11111 个、苏木 151 个、民族乡 1019 个、民族苏木 1 个、街道 7696 个）。

2014 年，共联合检查省界 14 条，完成了总长度约为 7874 公里的联检省界任务。

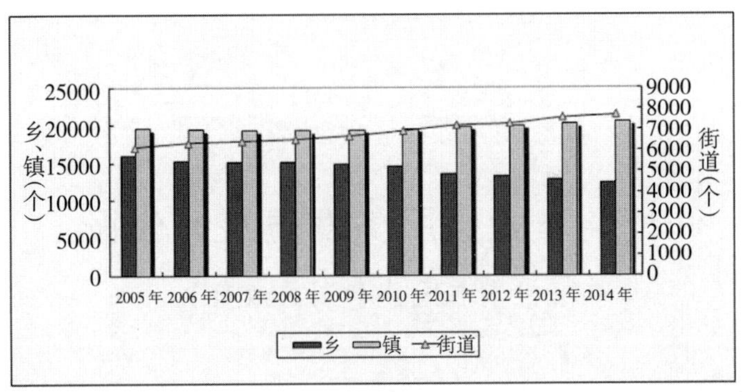

图1　乡镇、街道变化情况

表1　乡镇、街道变化情况

单位:个

指标	2007年	2008年	2009年	2010年	2011年	2012年	2013年	2014年
乡(个)	15120	15067	14848	14571	13587	13281	12812	12282
镇(个)	19249	19234	19322	19410	19683	19881	20117	20401
街道(个)	6434	6524	6686	6923	7194	7282	7566	7696

截至2014年底,全国共有社会服务机构166.8万个,比上年增长6.8%,职工总数1251.0万人(全国持证社会工作者共计16.0万人,其中:社会工作师3.9万人,助理社会工作师12.0万人),固定资产总值为7213.0亿元,比上年增长5.9%,增加值为2503.7亿元,比上年增长11.2%,占第三产业的比重为0.8%。

截至2014年底,全国社会服务事业费支出4404.1亿元,比上年增长3.0%,占国家财政支出比重为2.9%。中央财政共向各地转移支付社会服务事业费2150.0亿元,与上年基本持平,占社会服务事业费比重为47.8%。社会服务事业基本建设施工项目14001

个，全年完成投资总额282.2亿元。

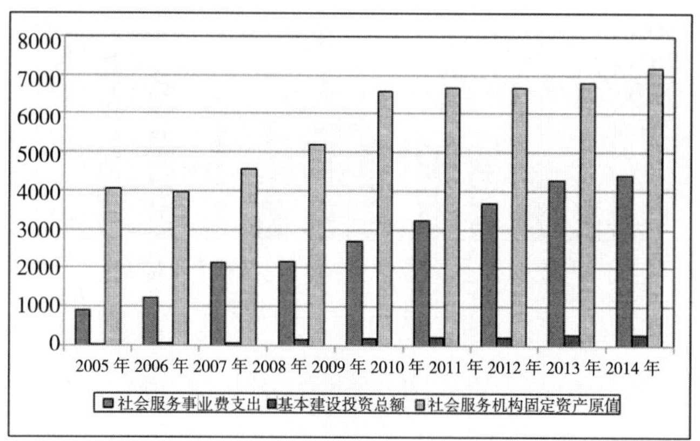

图2 社会服务基本情况

表2 社会服务基本情况

单位：亿元

指标	2007年	2008年	2009年	2010年	2011年	2012年	2013年	2014年
社会服务事业费支出	1215.5	2146.5	2181.9	2697.5	3229.1	3683.7	4276.5	4404.1
基本建设投资总额	47.7	66.6	157	183	218.5	235	292.8	282.2
社会服务机构固定资产原值	3973	4592.8	5198	6589.3	6676.7	6675.4	6810.2	7213.0

二、社会工作

（一）提供住宿的社会服务。

截至2014年底，全国各类提供住宿的社会服务机构3.7万个（其中登记注册为事业单位机构1.6万个）；床位613.6万张，比上年增长16.5%；每千人口平均拥有社会服务机构床位4.5张，比上年增长15.4%；收留抚养334.9万人，比上年增长3.8%。

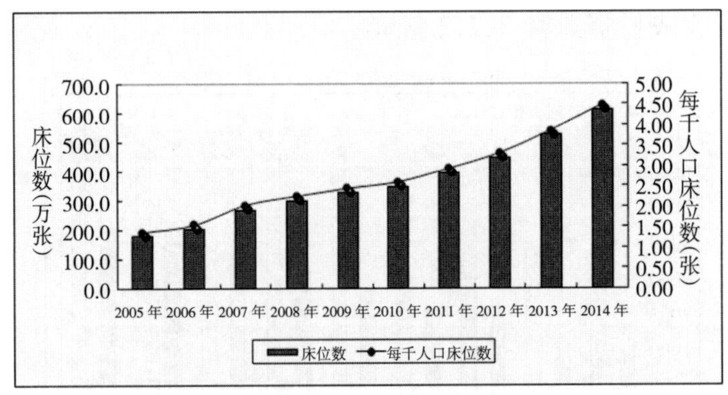

图3　社会服务机构床位

表3　社会服务机构床位

单位:万张、张

指标	2007年	2008年	2009年	2010年	2011年	2012年	2013年	2014年
床位数	269.6	300.3	326.5	349.6	396.4	449.3	526.7	613.5
每千人口床位数	2.04	2.26	2.45	2.61	2.94	3.32	3.87	4.49

1. 提供住宿的养老服务。全国各类养老服务机构和设施94110个,其中:养老服务机构33043个,社区养老服务机构和设施18927个,互助型的养老设施40357个,军队离退休干部休养所1783个;各类养老床位577.8万张,比上年增长17.0%(每千名老年人拥有养老床位27.2张,比上年增长11.5%),其中社区留宿和日间照料床位187.5万张;年末收留抚养老年人318.4万人,比上年增长4.2%。

2. 提供住宿的智障与精神病服务。全国民政部门管理的智障与精神疾病服务机构共有254个,拥有床位8.0万张,比上年增长

8. 1%。其中社会福利医院(精神病院)156 个,床位数 4. 9 万张,比上年增长 8. 9%,年末收留抚养各类人员 4. 0 万人;复退军人精神病院 98 个,床位数 3. 1 万张,比上年增长 6. 9%,年末收留抚养各类人员 2. 5 万人。

3. 提供住宿的儿童福利和儿童救助服务。全国共有儿童收留抚养救助服务机构 890 个,拥有床位 10. 8 万张,年末收养各类人员 5. 9 万人。其中儿童福利机构 545 个,床位 9. 6 万张,比上年增长 10. 3%;未成年人救助保护中心 345 个,床位 1. 2 万张,全年救助生活无着流浪未成年人 17. 0 万人次。

4. 其他提供住宿的社会服务。全国共有其他提供住宿的社会服务机构 2622 个,床位 17. 0 万张。其中救助管理站 1949 个,床位 9. 9 万张,全年救助生活无着流动人员 351. 7 万人次,其中在站救助 299. 5 万人次,不在站救助 52. 1 万人次;安置农场 13 个;军供站 327 个,床位 3. 7 万张;其他收留抚养机构 333 个,床位 3. 3 万张,年末收留抚养各类人员 1. 6 万人。

(二)不提供住宿的社会服务

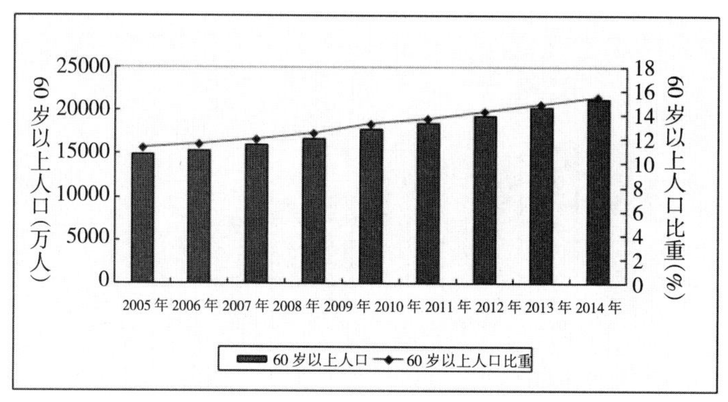

图 4 60 岁以上老年人口占全国总人口比重

1. 为老年人提供的服务。截至2014年底,全国60岁及以上老年人口21242万人,占总人口的15.5%,其中65岁及以上人口13755万人,占总人口的10.1%。截至2014年底,全国共有老龄事业单位2558个,老年法律援助中心2.1万个,老年维权协调组织8.0万个,老年学校5.4万个、在校学习人员733.1万人,各类老年活动室34.9万个。

表4　60岁以上老年人口占全国总人口比重

单位:万人、%

指标	2007年	2008年	2009年	2010年	2011年	2012年	2013年	2014年
60岁以上人口	15340	15989	16714	17765	18499	19390	20243	21242
比重	11.6	12	12.5	13.3	13.7	14.3	14.9	15.5

2. 为儿童提供的服务。截至2014年底,全国共有孤儿52.5万人,其中集中供养孤儿9.4万人,社会散居孤儿43.2万人。2014年全国办理收养登记22772件,其中:内地居民收养登记19694件,港澳台华侨收养登记191件,外国人收养登记2887件。

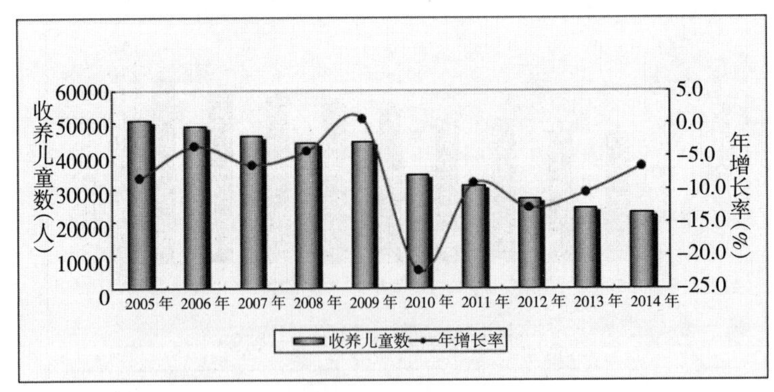

图5　儿童收养

表 5　儿童收养

单位:人、%

指标	2007 年	2008 年	2009 年	2010 年	2011 年	2012 年	2013 年	2014 年
收养儿童数	46047	44115	44359	34473	31329	27310	24460	22876
年增长率	-6.3	-4.2	0.6	-22.3	-9.1	-12.8	-10.4	-6.5

3. 为残疾人提供的服务。截至 2014 年底,全国共有为残疾人提供服务的机构 16389 个;增加值为 757.0 亿元,占第三产业的比重 0.25%;吸纳残疾职工 47.9 万人就业;实现利润 95.2 亿元;年末固定资产 1789.5 亿元。

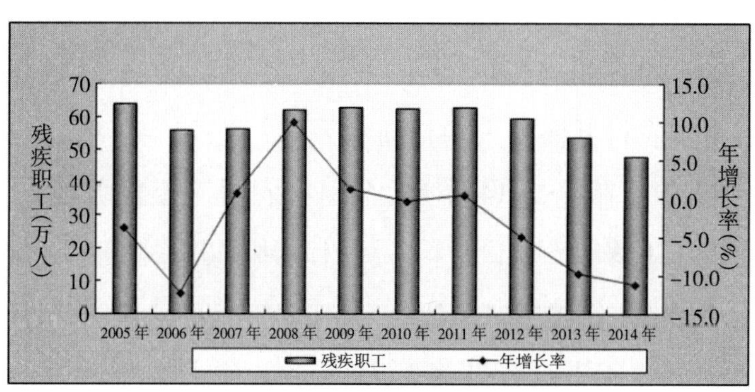

图 6　为残疾人提供服务机构中的残疾职工

表 6　为残疾人提供服务机构中的残疾职工

单位:万人、%

指标	2007 年	2008 年	2009 年	2010 年	2011 年	2012 年	2013 年	2014 年
福利企业残疾职工	56.3	61.9	62.7	62.5	62.8	59.7	53.9	47.9
年增长率	0.7	9.9	1.3	-0.3	0.5	-4.9	-9.7	-11.1

4. 社会救助。城市低保。截至2014年底,全国共有城市低保对象1026.1万户、1877.0万人。全年各级财政共支出城市低保资金721.7亿元,其中中央财政补助资金518.88亿元,占总支出的71.9%。2014年全国城市低保平均标准411元/人·月,比上年增长10.1%;全国城市低保月人均补助水平286元,比上年增长8.3%。

城市“三无”救济。2014年救济城市“三无”7.6万人。

农村低保。截至2014年底,全国有农村低保对象2943.6万户、5207.2万人。全年各级财政共支出农村低保资金870.3亿元,其中中央补助资金582.6亿元,占总支出的66.9%。2014年全国农村低保平均标准2777元/人·年,比上年提高343元,增长14.1%;全国农村低保月人均补助水平129元,比上年增长11.4%。

农村五保。截至2014年底,全国有农村五保供养对象529.1万人,比上年下降1.5%。全年各级财政共支出农村五保供养资金189.8亿元,比上年增长10.2%。其中:农村五保集中供养174.3万人,集中供养年平均标准为5371元/人,比上年增长14.6%;农村五保分散供养354.8万人,分散供养年平均标准为4006元/人,比上年增长14.5%。

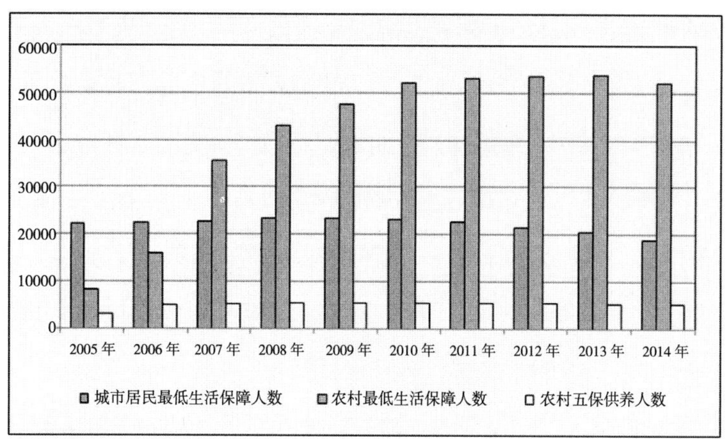

图 7　社会救助情况

表 7　社会救助情况

单位：万人

指标	2007 年	2008 年	2009 年	2010 年	2011 年	2012 年	2013 年	2014 年
城市居民最低生活保障人数	2272. 1	2334. 8	2345. 6	2310. 5	2276. 8	2143. 5	2064. 2	1877
农村最低生活保障人数	3566. 3	4305. 5	4760. 0	5214. 0	5305. 7	5344. 5	5388. 0	5207. 2
农村五保供养人数	531. 3	548. 6	553. 4	556. 3	551	545. 6	537. 2	529. 1

农村传统救济。2014 年农村传统救济 74. 5 万人。

医疗救助。2014 年全国实施医疗救助 9119 万人次，其中住院救助 1106. 6 万人次，门诊救助 1288. 7 万人次，资助参保参合 6723. 7 万人。支出医疗救助资金 252. 6 亿元，其中住院救助 180. 2 亿元，门诊救助 24 亿元，资助参保参合 48. 4 亿元。住院救助、门诊救助、资助参保参合水平分别达到人次均 1628 元、186 元、72 元。

2014 年全年累计医疗补助优抚对象 474.6 万人次,人均补助水平 661.8 元,各级财政共支出优抚医疗补助资金 31.4 亿元。

临时救助。2014 年临时救助 650.7 万户次,其中,按户籍性质分类城市家庭 333.5 万户次,农村家庭 317.2 万户次;按属地分类当地常驻户口 631.5 万户次,非当地常驻户口 19.2 万户次;按救助类型分类支出型临时救助 533.9 万户次,应急型临时救助 116.8 万户次。全年支出临时救助资金 57.6 亿元。

5. 防灾减灾。2014 年全国各类自然灾害共造成 2.4 亿人次不同程度受灾,因灾死亡失踪 1818 人,紧急转移安置 601.7 万人次;农作物受灾面积 2489.1 万公顷,其中绝收面积 309.0 万公顷;倒塌房屋 45 万间,不同程度损坏 254.2 万间;因灾直接经济损失 3373.8 亿元。国家减灾委、民政部共启动 3 次预警响应和 28 次应急响应,协调派出 22 个救灾应急工作组赶赴灾区,财政部、民政部下拨中央救灾资金 98.73 亿元,民政部调拨帐篷 11.4 万顶、棉衣被 16.4 万件(床)、折叠床 4.7 万张等中央救灾储备物资,累计救助受灾群众 7500 万人次,受灾群众基本生活得到妥善保障。

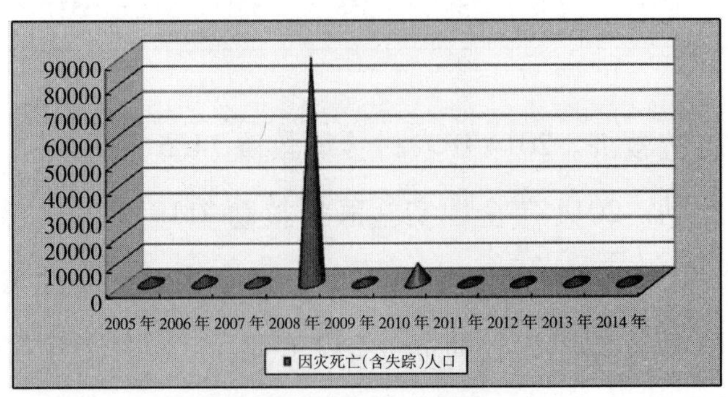

图 8　因灾死亡(含失踪)人口

表 8 因灾死亡(含失踪)人口

单位:人

指标	2007 年	2008 年	2009 年	2010 年	2011 年	2012 年	2013 年	2014 年
因灾死亡(含失踪)人口	2325	88928	1528	7844	1126	1530	2284	1818

6. 慈善事业。慈善捐赠。截至 2014 年底,全国共建立经常性社会捐助工作站、点和慈善超市 3.2 万个(其中:慈善超市 10174 个)。全年各地共接收社会捐赠款物 604.4 亿元,其中:民政部门直接接收社会各界捐款 79.6 亿元,各类社会组织接收捐款 524.9 亿元。全年各地接收捐赠衣被 5244.5 万件,捐赠物资价值折合人民币 8.0 亿元。间接接收其他部门转入的社会捐款 2.2 亿元,衣被 105.6 万件,捐赠物资折款 39011.6 万元。全年有 1694.9 万人次困难群众受益。全年有 1095.9 万人次在社会服务领域提供了 2711.1 万小时的志愿服务。

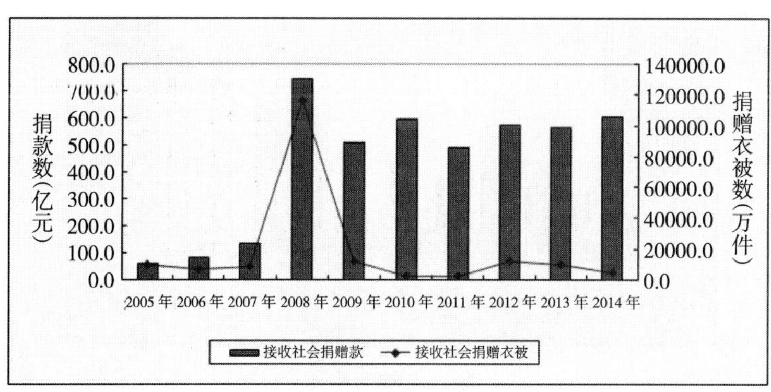

图 9 接收社会捐款和衣被

表 9　接收社会捐款和衣被

单位:亿元、万件

指标	2007 年	2008 年	2009 年	2010 年	2011 年	2012 年	2013 年	2014 年
接收社会捐款	132. 8	744. 5	507. 2	596. 8	490. 1	572. 5	566. 4	604. 4
接收社会捐赠衣被	8756. 8	115816. 3	12476. 6	2750. 2	2918. 5	12538. 2	10405. 0	5244. 5

福利彩票。2014 年中国福利彩票年销售 2059. 7 亿元,比上年增加 294. 4 亿元,同比增长 16. 7%。全年筹集福彩公益金 585. 7 亿元,比上年增长 14. 7%。全年民政系统共支出彩票公益金 231. 3 亿元,比上年增加 35. 8 亿元;其中:资助用于抚恤 5. 9 亿元、退役安置 0. 9 亿元、社会福利 143. 6 亿元、社会救助 29. 1 亿元、自然灾害 2. 2 亿元、其他 49. 7 亿元。

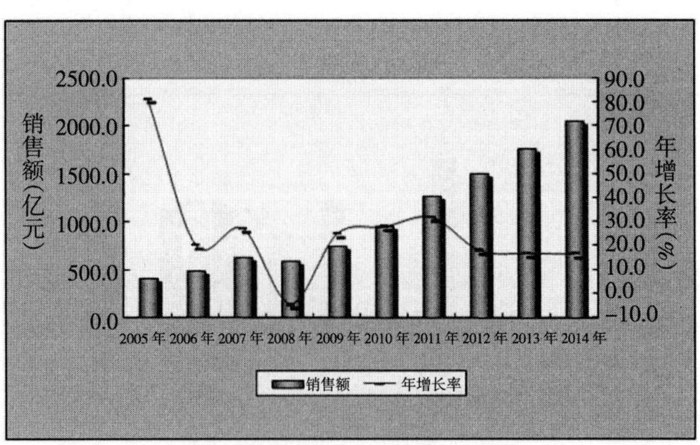

表 10　福利彩票

表 10　福利彩票

单位:亿元、%

指标	2007 年	2008 年	2009 年	2010 年	2011 年	2012 年	2013 年	2014 年
销售额	631.6	604.0	756.0	968.0	1278.0	1510.3	1765.3	2059.7
年增长率	27.4	-4.4	25.2	28.0	32.0	18.2	16.9	16.7

7. 优抚安置。截至 2014 年底,国家抚恤、补助各类重点优抚对象 917.3 万人。其中:伤残人员 76.6 万人,带病回乡退伍军人 124.2 万人,在乡复员军人 99.3 万人,60 岁以上农村籍退伍军人 374.8 万人,在乡退伍红军老战士 341 人,在乡西路军红军老战士 87 人,红军失散人员 11269 人;烈士遗属 19.8 万人,因公牺牲、病故军人遗属 11.3 万人。

2014 年新增领取烈士褒扬金人员 267 人。截至 2014 年底,全国共有烈士纪念设施管理机构 1516 个,占地面积 4564 公顷,机构内烈士纪念设施 9289 处;零散烈士纪念设施 11365 处。

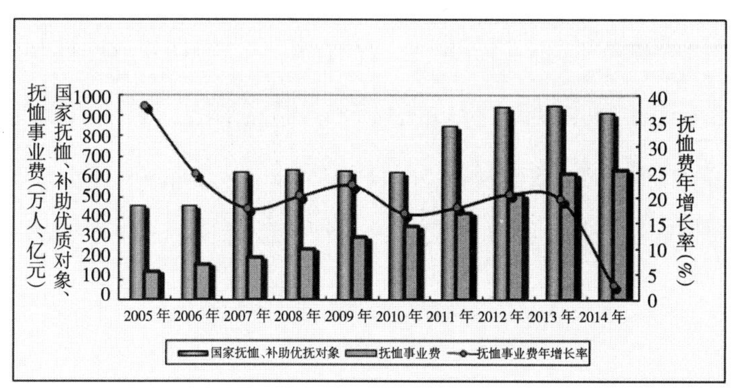

图 11　国家抚恤、补助优抚对象

表 11　国家抚恤、补助优抚对象

单位:万人、亿元、%

指标	2007 年	2008 年	2009 年	2010 年	2011 年	2012 年	2013 年	2014 年
国家抚恤、补助优抚对象	622.4	633.2	630.7	625	852.5	944.4	950.5	917.3
抚恤事业费	210.8	253.6	310.3	362.7	428.3	517	618.4	636.6
抚恤事业费年增长率	17.9	20.3	22.4	16.9	18.1	20.7	19.6	2.9

2014 年共接收军队离退休干部(含退休士官)、无军籍退休退职职工、复员干部 2.8 万人。军队离退休人员管理中心 185 个,年末职工 0.2 万人;军队离退休人员活动中心 30 个,年末职工 0.1 万人。

8. 社区服务。截至 2014 年底,全国共有各类社区服务机构 31.1 万个,社区服务机构覆盖率 45.5%;其中:社区服务指导中心 918 个,社区服务中心 23088 个,比上年增加 4074 个,社区服务站 120188 个,比上年增加 11811 个,社区养老服务机构和设施 18927 个,互助型的养老设施 40357 个,其他社区服务机构 10.7 万个。城镇便民、利民服务网点 30.9 万个。社区志愿服务组织 10.9 万个。

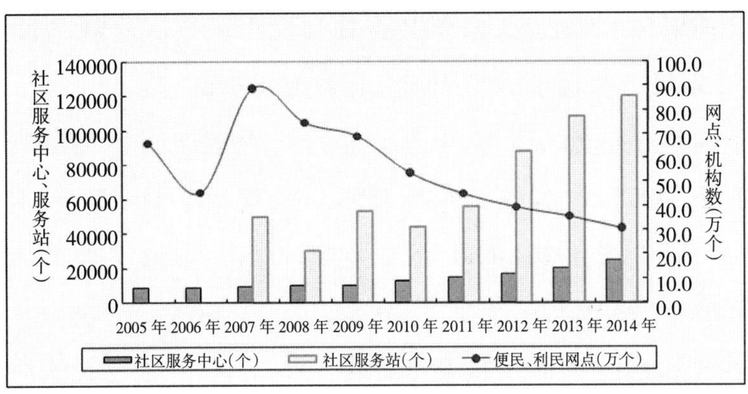

图12 社区服务机构

表12 社区服务机构

单位:万个、个

指标	2007年	2008年	2009年	2010年	2011年	2012年	2013年	2014年
社区服务机构	12.9	14.6	14.6	15.3	16.0	20.0	25.2	31.1
社区服务中心	0.9	1.0	1.0	1.3	1.4	1.6	2.0	2.4
社区服务站	5.0	3.0	5.3	4.4	5.6	8.8	10.8	12.0
便民、利民网点	89.3	74.9	69.3	53.9	45.3	39.7	35.9	30.9

三、成员组织和其他社会服务

(一)成员组织

1. 社会组织。截至2014年底,全国共有社会组织60.6万个,比上年增长10.8%;吸纳社会各类人员就业682.3万人,比上年增加7.2%;形成固定资产1560.6亿元;社会组织增加值为638.6亿元,比上年增长11.8%,占第三产业增加值比重为0.21%;接收各类社会捐赠524.9亿元;全年共查处社会组织违法违规案件4246起,其中取缔非法社会组织46起,行政处罚4200起。

全国共有社会团体31.0万个,比上年增长7.2%。其中:工商服务业类34099个,科技研究类16923个,教育类11412个,卫生类10060个,社会服务类44630个,文化类30101个,体育类20848个,生态环境类6964个,法律类3270个,宗教类4898个,农业及农村发展类60202个,职业及从业组织类19867个,国际及其他涉外组织类516个,其他45946个。全年共查处社会团体违法违规案件2312起,其中取缔非法社会团体4起,行政处罚2308起。

全国共有基金会4117个,比上年增加568个,增长16.0%,其中:公募基金会1470个,非公募基金会2610个,涉外基金会9个,境外基金会代表机构28个。民政部登记的基金会(含涉外基金会)227个。公募基金会和非公募基金会共接收社会各界捐赠374.3亿元。全年对基金会作出行政处罚13起,取缔1起。

全国共有民办非企业单位29.2万个,比上年增长14.7%。其中:科技服务类15110个,生态环境类398个,教育类163681个,卫生类23404个,社会服务类42244个,文化类14148个,体育类11901个,商务服务类5915个,宗教类82个,国际及其他涉外组织类4个,其他15308个。全年共查处民办非企业单位违法违规案件1920起,其中取缔非法民办非企业单位41起,行政处罚1879起。

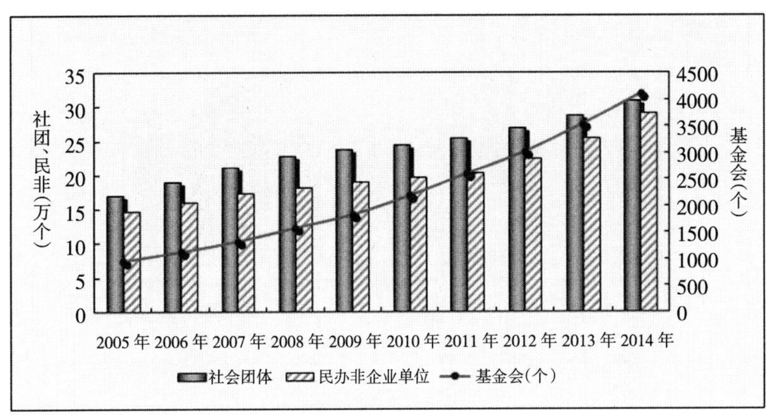

图 13 社会组织

表 13 社会组织

单位：万个、个

指标	2007年	2008年	2009年	2010年	2011年	2012年	2013年	2014年
社会团体	21.2	23	23.9	24.5	25.5	27.1	28.9	31
基金会	1340	1597	1843	2200	2614	3029	3549	4116
民办非企业	17.4	18.2	19	19.8	20.4	22.5	25.5	29.2

2. 自治组织。截至2014年底，基层群众自治组织共计68.2万个，其中：村委会58.5万个，村民小组470.4万个，村委会成员230.5万人；居委会96693个，比上年增长2.2%，居民小组135.8万个，居委会成员49.7万人，比上年增长2.7%。全年共有33.0万个村(居)委会完成选举，参与选举的村(居)民登记数为4.3亿人，参与投票人数为3.4亿人。

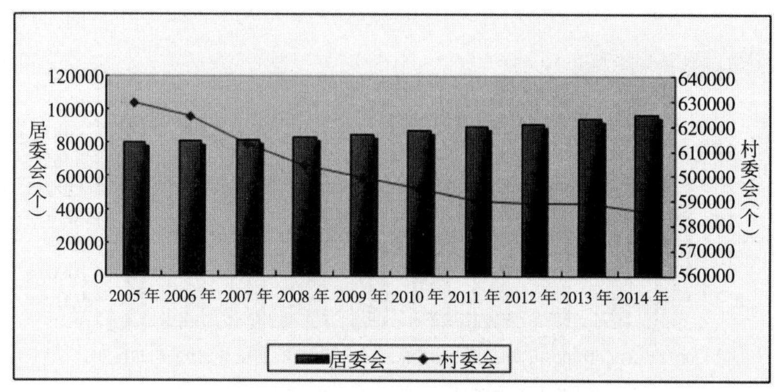

图14　自治组织

表14　自治组织

单位:个

指标	2007年	2008年	2009年	2010年	2011年	2012年	2013年	2014年
居委会	82006	83413	84689	87057	89480	91153	94620	96693
村委会	612709	604285	599078	594658	589653	588475	588547	585451

(二)其他社会服务

1. 婚姻服务。2014年全国共有事业单位性质的婚姻登记机构2236个,办理婚姻登记的处数6797处。全国共依法办理结婚登记1306.7万对。其中:内地居民登记结婚1302.0万对,涉外及华侨、港澳台居民登记结婚4.7万对。粗结婚率为9.6‰。2014年25-29岁办理结婚登记占结婚总人口比重最多,占38.0%,比上年提高2.8个百分点。

2014年依法办理离婚363.7万对,比上年增长3.9%,粗离婚率为2.7‰,比上年增加0.1个千分点。其中:民政部门登记离婚295.7万对,法院办理离婚67.9万对。

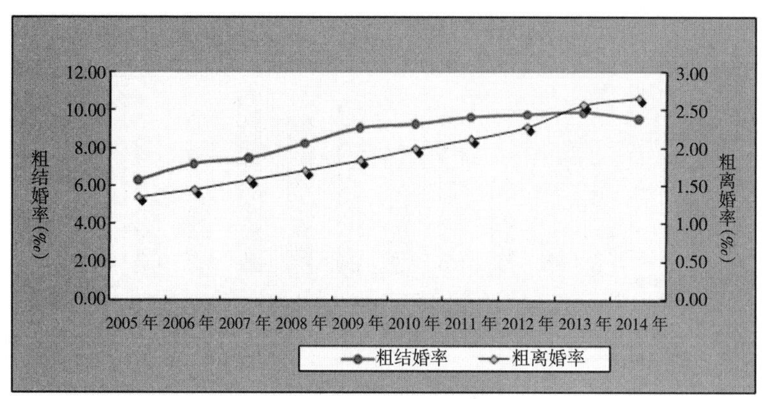

图 15 粗结婚率和粗离婚率

表 15 粗结婚率和粗离婚率

单位:‰

指标	2007 年	2008 年	2009 年	2010 年	2011 年	2012 年	2013 年	2014 年
粗结婚率	7. 50	8. 27	9. 10	9. 30	9. 67	9. 80	9. 92	9. 58
粗离婚率	1. 59	1. 71	1. 85	2	2. 13	2. 29	2. 58	2. 67

2. 殡葬服务。截至 2014 年底,全国共有殡葬服务机构 4559 个,其中殡仪馆 1801 个,殡葬管理机构 1141 个,民政部门管理的公墓 1598 个。殡葬服务机构职工共有 8. 3 万人,其中殡仪馆职工 4. 6 万人。火化炉 5908 台,火化遗体 459. 3 万具。火化率 47. 0% 。

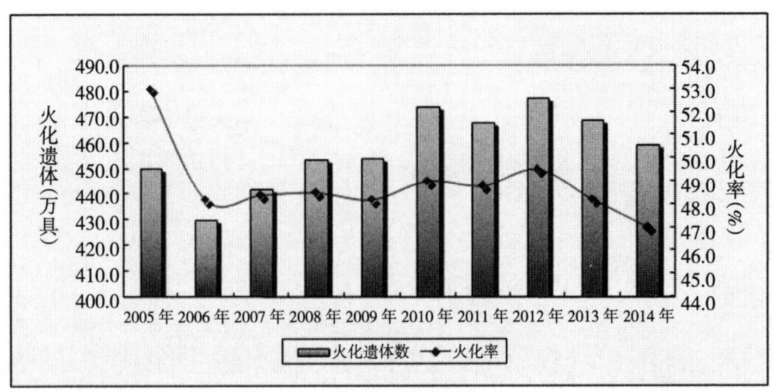

图 16 火化遗体情况

表 16 火化遗体情况

单位:万具、%

指标	2007 年	2008 年	2009 年	2010 年	2011 年	2012 年	2013 年	2014 年
火化遗体数	442.1	453.4	454.2	474.1	468.1	477.7	468.9	459.3
火化率	48.4	48.5	48.2	49.0	48.8	49.5	48.2	47.0

注释:

1. 图 1 和表 1 中“乡”包含“民族乡、苏木和民族苏木”。

2. 财政部、民政部下拨中央救灾资金不包含中央级救灾物资采购经费和中央拨付新疆生产建设兵团救灾资金。

3. 2014 年社区服务中心数量中含社区服务指导中心。

4. 部本级基金会数量中含涉外基金会和境外基金会代表机构。

5. 由于每年公报发布时,社会组织年检还未完成,社会组织捐赠款数均使用的是上年(2013 年)年检数据。

6. 离婚登记服务中法院判决、调解离婚数据来源于最高人民法院。

7. 本资料中的民政对象人数和机构数均为当年实际发生数和注册登记后的法定机构数,与当年批准数、计划数和预算数不可比。

8. 本资料部分数据因四舍五入原因,存在分项数据与合计数据不等情况,由此产生的误差,均未作机械调整。

9. 各项统计数据均未包括香港特别行政区、澳门特别行政区和台湾省。

后　记

民政工作历史悠久，源远流长。伴随社会发展演进，民政工作内容虽常有变化，但变中有恒，“以民为本、为民解困、为民服务”的核心理念历代相承，一些基本管理服务事项从未间断。特别是新中国成立后和改革开放以来，民政业务有增有减、功能有进有退、职责有分有合，工作始终紧紧围绕党和国家发展全局谋划，按照社会主义现代化建设的总体布局和重大战略部署扎实推进。2014 年，全国民政系统深入贯彻落实党的十八大和十八届三中、四中全会精神，根据“四个全面”的战略布局，切实履行保障基本民生、创新社会治理、支持国防军队建设、强化社会服务等方面职能，全面深化民政改革，加强民政法治建设，开创了民政事业发展新局面，服务了党和国家工作大局，为实现经济社会持续稳步发展、全面建成小康社会作出了积极贡献。但与此同时，我国经济社会发展已步入新常态，民政工作既面临着良好发展机遇，也面临着巨大考验和挑战。如何准确把握形势变化和任务要求，在“四个全面”战略布局下谋划推进民政工作，需要我们在回顾历史、正视现状的基础上，对今后一个时期民政事业的发展态势进行客观研判，切实把握好改革发展重点和工作着力点以及具体举措。为此，我们组织编写了这本《中国民政发展报告(2014)》，试图从政策研究者的视角，全方位展现我国民政事业的过去、现状和未来。这既是把握民政发展脉络，服务民政事业改革发展的应有之义，也是为了给社会各界人士全面了解民政、关注民政、支持民政提供一个蓝本。

《中国民政发展报告(2014)》(以下简称《报告》)是在民政部领导的大力支持下,由民政部政策研究中心(以下简称“政研中心”)专门组织内外部专业人员编撰而成。民政部部长李立国为《报告》作序,政研中心主任王杰秀担任主编,主持报告的总体设计,并反复修改、审定全文;政研中心副主任付长良、政研中心研究四室具体负责《报告》各项具体工作推进,谈志林、何立军负责《报告》初稿的修改和统稿,张静、何立军和科研处于建明负责《报告》地方创新部分典型案例的收集整理加工;华中科技大学公共管理学院蒋天文教授牵头负责《报告》主题展望部分(其中:国家行政学院马庆钰教授撰写了“社会组织发展展望”,民政部社会福利和慈善事业促进司尹冬华副处长撰写了“慈善事业发展展望”,吴淼、罗飞、吴峰、夏建军等参与了其他几篇文稿初稿撰写);民政部办公厅闫何清和政研中心研究一室许亚敏、首一苇撰写了《报告》发展现状部分初稿,王立标和政研中心在站博士后张乃仁撰写了《报告》历史回顾部分初稿;政研中心研究二室江治强、刘丽娟、王伟进,研究三室闫晓英、周京,《中国民政》编辑部徐富海等参与了《报告》部分初稿修改。中国社会出版社民政分社社长尤永弘、编辑樊虎等对《报告》的出版给予了大力支持。

编辑出版《中国民政发展报告(2014)》是一次较为全面反映年度民政工作的探索和尝试,鉴于水平和时间所限,《报告》还有许多美中不足之处,我们真诚欢迎大家不吝指正,同时我们将以此为开端,以后每年编撰出版一本《中国民政发展报告》,以更好地服务新时期民政事业的改革发展。

作者

2015 年 6 月 16 日